KB058367

스마트 시대, 인간을 인간답게 하는 생각

딥씽킹

• 본 저작물은 홍익대학교 교수 연구비 지원으로 저술되었습니다.

DeeP

성열홍 지음

스마트 시대, 인간을 인간답게 하는 생각

딥씽킹

Thinking

21세기북스

기술에 감성과 스토리텔링의 옷을 입히다

이제 우리는 신문을 시청할 수 있고, 잡지를 들을 수 있으며
영화와 함께 뒹굴고 통화를 볼 수 있습니다.
강의실을 어디에나 데려가고
서재를 통째로 휴대하고 별을 만질 수도 있습니다.
바로 지금……

앞뒤 논리가 전혀 맞지 않는 이 문구는 무슨 이야기인가? 그러나 이것이 아이패드의 광고 카피라면 쉽게 수긍이 갈 것이다. 아이폰과 아이패드로 촉발된 스마트 미디어는 대중매체로서의 오리지널 순수성을 거부하고 하이브리드 컬처 시대를 열고 있다. 인간의 오감이 혼합되고, 시·공간을 이동시킬 수 있는 스마트 기술 환경이 도래하면서 미디어의 고정관념도 혼용의 돌연변이에 의해 무너지고 있다.

IT 기업 간 기술 격차가 줄어들고 소비자들은 복잡한 기능에 기술적 피로감을 느끼고 있다. 소비자들은 디지털 제품의 기능보다 미학적 디자인, 느낌 등 감성적 요소를 중요시하고 있다. 이제 머리가 아닌 마음이다. 애플의 맥과 마이크로 소프트의 윈도우 운영체계(OS), 삼성전자와 LG의 스

마트 TV, 갤럭시와 아이폰 등에서 소비자들은 제품의 품질을 떠나 해당 브랜드에 스스로의 '의미'를 부여하고 있다. 이들의 마음속에 심어진 아날로그적 감성의 무게는 왜 우리가 '감성의 과학화'에 주목해야 하는지에 대한 이유를 설명해주고 있다.

세상에서 가장 비싼 책은 무엇일까? 우스갯소리로 페이스북이라고 한다. 그만큼 많은 사람들에게 영향력을 발휘하기 때문이다. 신문과 TV의 영향력은 점차 줄어들고, 유튜브나 페이스북, 그리고 트위터 같은 SNS(Social Networking Service)가 막강한 힘을 발휘하고 있다. 이 신생 미디어들은 세상에 존재하는 모든 콘텐츠를 공유하고 생산하면서 세상과 소통하고 있다. 여기에 참여하고 있는 개인들 자신 모두가 1인 미디어이며, 매스미디어보다 더 큰 힘을 발휘한다.

SNS를 통해 개인이 만든 동영상이 지구촌 수억 명에게 퍼지면서 세상의 여론을 흔들어놓기도 한다. 미디어를 제작하기 위한 전문 기술은 문제가 되지 않는다. 스마트폰을 활용하는 그들에게 촬영은 글쓰기보다 쉽다. 그 막강했던 CNN과 SNS는 수직적 관계가 아니라 수평적 관계가 되었다. 오히려 SNS는 '소셜 권력'의 형태로 파급력 측면에서 CNN을 넘어서기도 한다. 트위터에 의해 아랍권의 시민혁명이 촉발되고, 독재자들이 축출된 것을 보라. 소셜 권력의 혁명은 아직도 계속되고 있다.

우리 인류는 인터넷과 디지털 그리고 IT가 깔아놓고 있는 길을 따라 미래로 진화하고 있다. 향후 30여 년간 우리 앞에는 어떤 변화가 일어날까?

미래학자들은 다음과 같이 예측을 하고 있다.

·2014년 아시아, 세계경제의 33% 차지 | 꿈의 광컴퓨터 상용화.

·2016년 대한민국 경제 활동 인구 감소 시작.

·2021년 인공지능 로봇의 실용화.

·2024년 유전자 치료와 암 정복 가능.

·2025년 중국 세계 1위 경제대국 | 세계 인구 80억 돌파.

·2030년 인간 수명 120세 도달 | 전 세계 1일 생활권.

·2040년 싱귤레리티(Singularlity) 시대 | 인간의 영생 가능.

디지털과 인터넷을 기반으로 발전하고 있는 IT는 진화를 거듭하면서 나노 바이오로 발전하고 있다. 그 진화의 끝은 어디일까? 미국의 과학자 레이 커즈와일은 첨단 기술의 변화가 어느 한순간 급작스럽게 상승하여 정점을 통과하고 나면 우리가 상상할 수 없는 블랙홀 단계로 넘어간다고 했다. 이때는 나노 바이오 등 최첨단 기술들이 융합해 유비쿼터스를 대체하는 또 다른 세상을 맞게 된다. 약 150억 년 전 작은 한 점으로 모여 있었던 우주가 어떤 힘에 의해서 대폭발을 일으켜 우리가 살고 있는 우주가 생성되었고, 아직도 그 힘으로 우주가 팽창하고 있다는 빅뱅이론과 같은 논리이다.

그 결과 현재의 기술과 환경에서 90도 각도로 수직 상승하여 전혀 다른 신세계를 맞게 되는데 커즈와일은 이를 '싱귤레리티'라고 명명하였다. 싱귤레리티 사회에서는 인간만이 지능을 독점하던 시대에서 벗어나 새로운 형태의 인공 생명체 및 인공지능이 생겨나게 된다. 결국 싱귤레리티의 귀착점은 지능 인터넷을 기반으로 사람·사물·시스템이 대융합하는 것으로 해석할 수 있다.

지난 20여 년간 인터넷, 모바일, 스마트 빅뱅, 소셜 네트워크는 서비스의 폭발적 확산을 통해 마치 살아 있는 생명체처럼 끊임없이 변신을 거듭했다. 이와 같은 혁명에 대해 우리는 충분히 상상하지 못했다. 디지털이나 인터넷 기술은 선형적으로 매년 일정하게 진화하는 것이 아니라, 어느 순간에 기하급수적으로 폭발하면서 생태계의 기본 질서를 급변 진화시키고 있기 때문이다.

1991년 매사추세츠 공대의 팀 버너스 리는 문자 위주였던 인터넷과 달리 하이퍼텍스트 링크를 통해 다양한 형태의 웹페이지를 연결시키고 이동할 수 있도록 한 웹을 창안했다. "웹은 국경을 초월한 아이디어의 융합을 도모하기 위해 고안된 것"이라며 그는 웹을 사유화하지 않고 누구나 쓸 수 있도록 무료로 개방했다. 이처럼 인터넷에 기반한 웹의 출발은 기계 중심, 기술 중심이 아니라 인간 중심의 휴머니즘을 바탕으로 하고 있다.

웹과 디지털 기술의 발전으로 인터넷이 전 세계적으로 확산되었지만, 상용화가 가속화되면서 그 의미는 퇴색하게 되었다. 카드사 개인 정보의 대량 유출 사태, 온라인 해킹 등으로 개인 정보가 유출되고, 스팸메일은 하루에도 수없이 쌓여가며 익명의 악플이 우리 사회를 황폐화시킨다. 이

옆집에 누가 사는지는 몰라도, 채팅 친구나 카톡으로 연결된 친구는 무수히 많다.

인터넷 접속의 시대에서는 '어떤 지식을 얼마나 축적하느냐' 가 중요한 것이 아니다. 필요할 때 필요한 정보를 빠르게 찾아내 짜깁기하여 활용한다. 이렇게 현대인들은 '소유'보다 '일시적 사용'에 더 익숙해졌다. 이처럼 웹과 디지털 기술의 발전은 우리에게 깊은 통찰과 사고(Deep Thinking)를 빼앗아 갔다. 우리가 열광하는 '스마트한 세상'이 우리의 본성인 '휴머니즘'을 잡아먹고 있는 것이다.

인간의 뇌는 수식을 계산하는 컴퓨터 계산기보다 속도와 성능이 훨씬 떨어진다. 그러나 컴퓨터와 전혀 다른 방식으로 작동한다. 우리의 뇌는 감성과 소통하고 휴머니즘을 실현하며 미래를 예측한다. 그러므로 딥 씽킹이란 '생각의 크기와 폭, 그리고 깊이'로 디지털 세상에서 인간을 인간답도록 하는 도구이다.

맹자는 '무항산 무항심(無恒産 無恒心)'이라고 말하였다. 즉 '생활이 안정되지 않으면 바른 마음을 견지하기 어렵다'라는 의미이다. 급속도로 발전하는 기술을 따뜻하게 사용하고자 하는 딥 씽킹이 없다면, 기술이 인간을 지배하는 차가운 세상이 될 것이다.

우리가 추구해야 할 따뜻한 세상은 다음과 같은 세상이다.

사람이 기계를 학습하는 것이 아니라 기계가 사람을 학습하는 세상.

복잡한 IT 제품도 매뉴얼 한 장 없이 직감적으로 사용할 수 있는 세상.

실시간 자동 통역 서비스로 세상의 언어 장벽을 무너트리는 세상.

물을 마시면 그 컵이 사람의 건강 상태를 체크해주는 세상.

첨단 기술에 인간의 따스한 아날로그적 감성이 덧입힌 세상.

스마트 시대, 무엇이 사람을 사람답게 하는가? 우리에게 '더 빠른 시간'이 필요한 것일까?

무한 속도의 시대, 따뜻한 기술이 답이다. 인간의 감성과 기술이 공존하고 소통하는 세상이 우리가 추구해야 할 방향이자, 우리가 달려갈 실크로드가 될 것이다.

차례

9부. 디지털 빅뱅과 콘텐츠 마케팅의 힘

PART 1

세상을 자유롭게 하는 기술의 꿈,
신[新] 인류로 진화하다

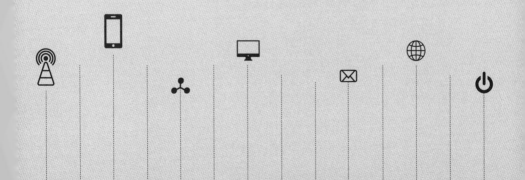

신인류는 감성의 공동체

1. 스마트 모바일 기술, 인류의 생물학적 특성을 바꾸다

어느 기업의 광고 슬로건으로 "기술이 인간을 자유롭게 하리라"라는 문장이 있다. 과거 우리 인류의 발전사를 보면 사상이 주도하던 시대라 요약할 수 있다. 그런데 이제 기술이 주도하는 시대로 흘러가고 있다. 이것을 보면서 기술이 인간을 자유롭게는 못할지라도 적어도 즐거운 세상을 만들어가고 있다는 생각을 하게 된다.

수많은 미디어가 등장했지만 그 핵심은 콘텐츠이다. 콘텐츠는 스토리텔링이란 이름으로 기술과 문화 그리고 예술을 연결해주고 있다. 그러다 보니 기술의 중심을 감성이 차지하고 있다. SNS와 같은 인터넷 공동체를 보라. 한마디로 감성의 공동체로 정의할 수 있다. 기술의 발전 속도가 점점 빨라질수록 사람들은 불확실한 미래를 이성으로 파악하려는 것이 아니라 감각으로 파악하려 든다. 그러므로 이성적인 문자보다는 영상이나 이

모티콘과 같은 감정의 표현 수단으로 교감한다.

이런 변화는 디지털과 인터넷에 의한 미디어의 기술 변화에 기인한다. 특히 모바일로 대표되는 인터넷 미디어는 자유로운 이동성과 접근성을 지니고 있어 언제 어디서나 접속할 수 있다. 인류는 이제 다양한 형태의 문화를 동시에 소비하고 공감할 수 있게 되었다. 그러면서도 인류는 '더욱 빠른 세상'을 갈구한다. 서울과 부산을 오가는 KTX의 운행 시간은 3시간도 되지 않는다. 이제 사람들은 인터넷 속도가 느려지면 자판을 두들기며 신경질을 내고, 더 빠른 속도를 원한다. 인류는 끊임없이 발전을 갈망하고 최첨단과 합리성, 효율성을 추구한다. 그러면서 아이러니하게도 '슬로우 라이프'를 그리워한다. 스마트폰과 TV를 멀리하고 승강기의 닫힘 버튼을 누르지 않고 기다리며 명상과 침묵의 시간을 갖고 일주일에 하루 이틀쯤은 아날로그로 살자고 주장한다. 그런데 과연 이것이 가능할까? 우주선을 타고 달나라에 왔다갔다하는 세상이지만 정작 이웃집과 소통하는 거리는 더 멀어지고 있다. 이런 불균형은 왜 오는 것일까? 한마디로 급진적인 속도로 발전하고 있는 사회 변화에 따른 부작용 때문이다.

한국의 인구밀도는 1㎢당 474명으로 세계 3위지만, 산악지대를 빼고 평지 중심으로 계산하면 세계 1위다. 특히 서울의 인구밀도는 1만 6181명으로 세계 최고 수준이다. 다른 도시들도 서울 모델을 따르고 있다. 이런 고밀도 사회는 치열한 경쟁을 불러일으키는 '속도 전쟁'으로 치닫게 돼 있다. 한국은 속도 전쟁의 첨단을 달리는 나라다. 그도 그럴 것이 세계에서 가장 빠른 압축 성장의 신화를 만든 나라가 아닌가. 압축 성장은 '초일극 집중 구조'와 그에 따른 '소용돌이형 경쟁 체제' 하에서 이루어졌다. 모든 행동은 '빨리빨리'와 '일사불란'의 지배를 받았다. '다양성'보다는 '동질성'이 지배 엘리트를 구성하는 원리가 되었다.[1]

그래서인지 한국인들은 대체로 성격이 급하다. 커피 자판기 버튼을 누른 뒤 커피가 채워지기도 전에 손을 집어넣었다가 덴 적이 있거나, 프린터나 팩스에서 출력되는 종이를 당겨 빼다 찢어진 경험을 누구나 한 번쯤 갖고 있다. 유독 '빠름'을 갈망하는 우리나라 사람들의 정서가 그렇다. 히말라야 트레킹이 일반화된 요즘, 네팔에서 사람들과 마주칠 때 가장 많이 듣는 단어가 '당신을 존중한다'는 인사말인 "나마스테"와 '천천히'라는 뜻을 가진 "비스타리"라고 한다. 외국인들이 한국에 와서 가장 먼저 배우는 말이 "빨리빨리"인 것과는 정반대이다.

> 롱텀 에볼루션(LTE)의 세상, 충분히 빠르다고 합니다.
> 충분하다는 것은 아직 그 이상을 만나지 못했기 때문입니다.
> 만나본 적도 없는 속도
> 상상해본 적도 없는 속도
> 존재한 적도 만나본 적도 없는 속도
> 아무나 가질 수 없는 속도…….

국내 한 통신회사가 4세대 이동통신 방식인 LTE보다 두 배 빠른 LTE-A를 상용화하면서 내건 광고 카피이다.

또한 "빠름, 빠름"이라는 경쾌한 멜로디의 시엠송(CM Song)을 대한민국 국민이라면 누구나 한 번쯤은 들어봤을 것이다. 이 역시 3G보다 10배나 빠르다는 4세대 이동통신 서비스의 광고에 등장한다.

도대체 모바일 인터넷 속도는 얼마나 더 빨라져야 할까? 2013년 중반 삼성전자는 갤럭시 노트3를 미국에 출시하면서 《뉴욕타임스》에 "차세대 혁신(The next big thing)을 위해서는 많은 것이 필요하다"는 광고를 게재했다.

지금도 충분한데 무엇이 더 많이 필요한 것일까. 트램펄린 위에서 점프하는 몇 초 만에 영화 한 편을 다운로드할 수 있다니 그 속도가 무척 놀랍지만 감동적이진 않다.

우리가 원하든 원하지 않든 스마트 모바일 기술은 이미 차세대 혁신을 넘어 인류의 생물학적 특징마저 바꾸어놓고 있다. 모바일 정보 기기의 발전은 우리를 더 빨리 걷고 더 빨리 일하는 인류로 탈바꿈시켜놓았다. 어느 연구결과에 따르면 도시에 거주하는 사람의 보행 속도는 1990년대를 거치면서 10% 이상 빨라졌다고 한다. 더욱 놀라운 것은 극동아시아의 변화가 더 크다는 사실이다. 중국의 광저우는 20%, 싱가포르는 30% 이상 더 빨라진 변화를 겪고 있다. 정보 기술이 사회의 리듬을 가속화하고 있는 것이다.[2]

빠름을 추구하는 우리의 모습은 모바일 속도뿐만 아니라, 일상의 모든 것을 바꾸어놓고 있다. 패스트푸드라고 불리는 햄버거, 피자, 치킨 등은 이미 우리의 입맛에 친숙한 음식이 되었다. 패션 코드에도 '빠름'이 담기고 있다. 패스트 패션(Fast Fashion)은 최신 유행하는 디자인을 즉각 반영해 저렴하게 판매하는 중저가 고품질 의류를 일컫는 말이다. 자라와 유니클로 등이 여기에 해당한다. 대중(Mass)과 명품(Prestige Product)의 합성어로 대중들이 쉽게 접근할 수 있는 매스티지 브랜드들은 구찌 등 명품 브랜드의 자리를 빠른 속도로 대체하고 있다. 우리는 이 제품들을 SPA(Speciality retailer of Private label Apparel) 브랜드라고 부른다. 이들 패션 업체는 생산부터 소매·유통까지 직접 맡고 백화점 등의 고비용 유통을 피해 대형 직영매장을 운영함으로써 비용을 절감시켜 저가격에 제품을 공급한다. 그리고 동시에 소비자의 요구를 정확하고 빠르게 파악하여 상품에 반영시키는 새로운 유통업체이다. 소비자는 신체와 같은 속도로 반응하는 SPA 브랜드에 매료되어가고 있다. 이들 제품을 소비하는 사람들은 "우리에게 럭셔리(Luxury)는 고가 상품이 아니라 적당한 가격에 내 스타일을 자신 있게 표현해주는 패션"이라고 말한다. 이들 패션 제품들은 속도의 진화를 무기로 옷에 대한 취향과 상식을 뒤집으며 패션의 세상을 바꾸었다.

인간이란 영장류는 다른 포유류와 어떻게 다른가. 한 의학 연구에 따르면 특정 유형의 반복성이 기존 유전자에 삽입되면 단백질이 만들어지는 속도가 달라져 생물학적으로 다른 특성의 진화가 일어난다고 한다. 모바일 기술은 SPA 브랜드보다 훨씬 강력하게 우리의 정신적·신체적 유전체 서열의 위치를 바꾸어 '호모 디지쿠스(Homo Digicus)', '호모 모빌리쿠스(Homo Mobilicus)', '호모 스마트쿠스(Homo Smartcus)'라는 신인류로 급속히 변화시키고 있다.

세상에는 실재하는 동일 사물이 두 개가 될 수 없다. 만약 같은 것이 다른 장소에도 존재한다면 그중 하나는 허위이다. 하지만 지금 디지털과 모바일은 우리가 어렸을 때 꿈꾸어왔던 순간 이동과 어디든 존재하는 편재성(Ubiquity)을 실현시켜주고 있다. 하느님과 천사가 지구 어디에서나, 누구의 마음속에나 존재하듯이 시간과 공간을 초월하여 음성, SNS, 영상의 다중적인 소통과 콘텐츠의 이동이 가능하게 된 것이다.

한 걸음 더 나아가 원격 대면이 가능한 텔레프레전스(Telepresence) 시장도 열리고 있다. 그룹 미팅을 위해 한국과 미국의 회사원들이 HD급의 스크린을 사이에 두고 서로 마주한다. 앞으로 처음 만나는 사람끼리 얼굴을 맞대고 회의하는 것은 과거의 방식이 될 것이다. 이제 홀로그램으로 형상화된 상대방이 화면 밖으로 걸어 나와 일단 상대방과 악수하고 난 뒤 회의를 시작하게 된다. 원격 대면 회의 시스템을 보급하고 있는 시스코의 찰스 지안카를로 부사장은 "제트기가 전 세계에 걸친 비즈니스와 만남이라는 새로운 지평을 열었듯이, 텔레프레전스도 멀리 떨어져 있는 사람들 간에 즉시성과 효율성을 지닌 자연스러운 의사소통의 세계를 펼칠 것"이라고 말한다. 텔레프레전스 기술은 이미 의료, 소매, 금융, 공공, 엔터테인먼트에 적용되기 시작했다. 2013년 1월 소녀시대는 가상의 홀로그램으로 버츄얼 퍼포먼스(Virtual Performance)를 전 세계에 생중계했다. 그리고 언제든지 유튜브를 통해 실제 공연보다 더 생생한 가상의 공연을 즐길 수 있게 되었다. 이제 아이돌 그룹 멤버 중 한두 명 정도는 홀로그램 가수 백댄서로 대체하는 것이 보편화 될지도 모른다.

'생얼로는 나가도 스마트폰이 없으면 못 나간다'는 어느 포털의 광고 카피, '책가방은 안 가져가도 스마트폰은 꼭 챙겨 간다'는 초등학생, '시급 5000원짜리 아르바이트 대학생도 100만 원이나 되는 스마트폰을 망설임 없이 구매하는 현상' 등에 대해 언뜻 이해하기 어렵다. 그러나 온통 모바일로 소통하는 세상이 되었고, 모바일은 세상을 편리하고 즐겁게 해주는 접속의 시대를 이끌고 있다. 이것이 오늘날의 라이프 스타일이다.

디지털과 인터넷, 모바일, 스마트 기기에 의해 진화된 신인류가 등장한 세상이다. 부모 세대에서 지식의 깊이가 중요했다면 자녀 세대에서는 지식의 효율성과 속도가 관심의 대상이 되었다. 이제 세상의 정보는 아주 가까운 내 주변에 머물고 있다.

2. 축적의 지식에서 접속의 지식 시대로

소셜 빅데이터를 통해 지난 4년간 '보다'를 분석해보면 'TV'와 '방송'의 비중은 꾸준히 하락하고 '영상'과 '앱'이 약진하고 있음을 알 수 있다. '바보상자'가 누려온 주도권이 '똑똑한 전화'로 넘어가는 것이다. 다중 작업(Multi-tasking)이라는 것이 있다. 요즘 젊은이들은 스마트폰을 보면서 식사하는 걸 당연한 일로 여기고 있다. 스마트폰으로 친구들과 대화하거나 웹 서핑을 하면서 TV는 귀로 '보고' 있다. 트위터 친구들의 방송 평가나 인터넷의 실시간 검색어에 따라 TV 채널을 돌리는 경우가 흔하다.[3] 이들은 TV 시청을 실시간으로 하지 않는다. TV 다시 보기를 통해 언제든지 자신들이 원할 때 원하는 콘텐츠를 찾아서 본다. 그러다 보니 방송사들의 실시간 광고 판매보다 VOD 광고 판매가 더 인기가 높은 현상까지 생겼다.

미디어로 서비스되는 모든 정보나 콘텐츠를 자신의 편의에 따라 자유롭게 이동하거나 수정하여 활용할 수 있게 되었다. 이제 두뇌에 축적하는 지식의 시대에서 인터넷에 연결하여 지식을 활용하는 연결의 시대로 들어선 것이다.

20세기 초 미디어 연구의 새로운 지평을 연 마샬 맥루한은 "미디어와 모든 기술은 인간의 확장물"이라고 표현했다. 그에 따르면 "의복은 피부의 확장, 바퀴는 발의 확장, 책은 눈의 확장, 전기는 중추신경의 확장"이다. 맥루한은 시간이 흐르면서 인간의 확장물인 미디어와 기술이 결국 우리의 생활을 지배한다고 주장했다. 상형문자, 알파벳, 영화, 라디오, 텔레비전, 시계와 같은 미디어와 기술들을 통해 우리 인간들은 세상을 접하고 메시지를 수용한다.

접속의 시대는 우리에게 행복한 진화를 의미하는 것일까? 반드시 그런 것은 아니다. 미디어는 수용자의 정신세계를 체계화하고 통제한다. 맥루한은 이들 도구에 의해 "우리 신체의 어떤 부분이 마비된다"고 지적했다. 이미 맥루한이 예견한 말은 현실화되었다. 인터넷이란 문명의 도구가 우리의 두뇌를 대신하고 있기 때문이다. 우리는 필요한 정보나 지식을 주기억장치이자 내장 하드인 머릿속에 저장하지 않고, 외장 하드(보조기억장치)인 스마트폰이나 PC에 저장한다. 스마트 기기가 발달하는 만큼 더 많은 정보가 두뇌에서 스마트 기기로 이동한다. 어쩌다 스마트폰을 잃어버리면 그야말로 '멘붕(멘탈 붕괴·정신적 혼란)'이 온다.

이제 필요할 때 필요한 정보에 접속하여 인터넷이 제공하는 지식을 활용하는 '접속의 시대'로 접어들었다. 대표적인 사례가 검색이다. 검색을 통해 우리는 새로운 볼거리와 지식 그리고 평가 대상을 충족한다. 인터넷 검색창에 뜨지 않는 내용은 마치 이 세상에 존재하지 않는 것으로 여겨지는 세상이 되어버렸다.

지식이란 무엇인가? 두 가지 뜻이 있다. 하나는 우리가 어떤 주제에 대해 직접 아는 것이며 다른 하나는 관련 정보가 어디에 있는지를 아는 것이다. 지식 기량이란 오랜 시간에 걸쳐 획득한 스키마에서 나온다. 바레트는 심리학의 개념인 스키마에 대해 "인간의 기억 속에 쌓인 지식의 구조로 인간의 지각과 대상과의 관계를 해석하는 것"이라고 설명했다. 그러나 인터넷은 스스로 깊이 아는 능력, 우리의 사고 안에서 독창적인 지식이 피어오르게 하는 능력, 풍부하고 다양한 지식의 연관 관계를 구축하도록 하는 능력을 축소하고 있다. 클릭으로 얻는 얕은 지식으로부터 지식의 박제화 현상이 심각하게 발생한다. 인터넷 접속의 시대에서 광고는 마치 고급 정보처럼 포장되고, 네이버를 정확한 지식이 담긴 백과사전으로 착각하게 만든다.

노자는 도덕경을 통해 말에 매이고 문자에 갇혀 있는 사람들에게 그것으로부터 벗어나라는 '자유에 대한 가르침'을 주고 있다. 『도덕경』에서는 서양의 '구체'보다 '현상'을 중요시한다. 현상이란 인식되기 이전의 감각을 말한다.

"道可道 非常道, 名可名 非常名"

도를 도라고 말하면 늘 그러한 실제의 도가 아니다.

이름을 이름 지으면 늘 그러한 이름이 아니다.

즉, 꽃을 꽃이라고 인간의 언어(관념)로 결정지어버리면, 그 꽃은 더는 항구적인 꽃이 아니다. 그것은 감각적으로 느껴지는 꽃이 아니라 인간의 주관에 의해 결정된 관념 속의 꽃이 되어버린다. 사랑을 '눈물의 씨앗'이라고 구체적으로 정의한다면 더는 다른 사랑을 논하기 어렵다. '소년을 어른으로 만들어주고 노인을 젊은이로 만들어주는 것, 그저 바라보기만 하여도 행복한 것, 아름답고 설레는 것'과 같은 추상적 개념이 더 사랑에 가깝다.

노자가 제시하고 있는 가르침은 '사랑(사물)에 대한 고착된 관념의 한계를 벗어나 자신이 다양한 논리의 주인이 되라'는 것이다. 학문도 마찬가지이다. 노자는 학문을 학문으로 정의하는 순간부터 의미가 없어진다고 말한다.

우리는 인터넷 검색이 제공하는 집단 지성의 지식을 너무나 신봉하는 세상에 살고 있다. 이를 지지하는 학자도 많다. "과거에는 인간이 우선이었으나 미래에는 시스템이 우선 되어야 한다"라고 주장하는 사람들이 대표적이다.

한 걸음 더 나아가 구글의 회장 에릭 슈미트는 "궁극의 검색엔진은 인간만큼 혹은 인간보다 더 똑똑할 것이다"라고 주장한다. 그가 만든 구글은 '측정의 과학'을 바탕으로 한다. 통계적이고 분석적이며 과학적인 서구의 미래예측학 개념이 그대로 담겨 있다. 그리고 웹에서의 디자인은 예술성에 기반한 사용자 인터페이스(UI: User Interface)로 시작하여 이제 사용자 경험(UX: User Experience)을 중시하는 과학이 되었다.

미국의 스마트폰 이용자들은 하루 평균 14번 정도 페이스북에 접속하는 것으로 조사되고 있다. 한국의 경우 고교생과 대학생 중 조사 응답자의 57%가 하루 평균 카카오톡을 2시간 넘게 이용한다고 답했다. 디지털 시대 권력 변동에 주목하고 있는 미래학자 니코 멜레는 『거대 권력의 종말』에서 '디지털 농노주의'를 우려했다. "아마추어 창작자들은 페이스북이나 트위터, 유튜브 같은 사이트에 현혹되어 자신보다는 미디어 플랫폼에 이득을 가져다주는 흥미로운 콘텐츠를 만들기 위해 돈과 시간, 에너지를 쏟아붓는다. 이들 창작자는 중세 시대 농노처럼 정작 자신들이 농사짓고 거주하는 땅을 소유하고 있지 않다. 그 땅은 페이스북이나 트위터, 텀블러(사진 공유 SNS) 등 다른 누군가가 소유하고 있다"고 말한다.

현대인들은 늘 누군가와 연결되어 있어야 안심이 되고 사이버상에 자신의 존재를 알아주는 청중이 많을수록 뿌듯함을 느끼는 세상 속에 있다. 그러나 자신에게 박수를 쳐주는 청중들은 진짜가 아닌 허상일 수 있다. 페이스북 같은 플랫폼은 자신들과 연결된 수많은 사람의 속성을 파악하여 비즈니스를 키워나간다. 이제 우리가 원하든 원하지 않든 간에 '접속과 연결'의 개념은 우리 사회의 가장 중요한 인프라가 되었다.

3. 공룡 생태계의 변화에서 찾는 기술의 진화

깃털은 차가운 피를 지닌 작은 공룡의 몸을 따뜻하게 하기 위해 진화했다. 온기를 주기 위해 사지를 덮었던 그 깃털은 단거리 비행에 안성맞춤이 되었다. 이 보온 혁신이 진화하면서 예기치 않았던 날개가 생겨 새가 출현했다. 공룡의 직계 후손이 새라는 증거가 여기저기서 풍부하게 발견되고 있다. 학자들은 공룡이 진화해서 시조새가 되었다고 주장하고 있다. 이들은 공룡이 분류학상으로 파충류인 도마뱀보다 조류인 새에 더 가깝다고 설명한다.

어린아이들, 특히 남자 어린이들이 가장 좋아하는 동물이 공룡이다. 그들 또래 아이들은 누구나 한 번쯤 공룡을 연구하는 학자가 되고 싶어 한다. 이들이 가장 궁금해하는 질문 중 하나가 "공룡이 왜 하루아침에 지구 상에서 사라졌을까?"이다. 여러 가지 설 중 하나가 온실 세계에 살던 공룡이 대륙 빙하가 시작되면서 멸종했다는 것이다. 또 하나의 설은 지름이 10km에 가까운 거대한 운석이 지구에 떨어지면서 공룡이 멸종되었다는 운석 충돌설이다.

공룡의 역사는 1억 6000만 년 동안 지구를 지배한 자연의 가장 위대한 성공 스토리이다. 영장류가 존재한 기간은 5500만 년 정도이고, 인류의 사촌에 해당하는 호미니드는 700만 년, 현생 인류는 겨우 20만 년 전쯤에야 지구 상에 모습을 드러냈다. 그리고 공룡은 아직도 멸종하지 않았다. 공룡은 다양한 형태로 진화하여 그 후손들을 지구 곳곳에 뿌려놓았기 때문이다. 공룡의 후손인 조류는 1만여 종으로 다른 척추동물에 비해 종수가 훨씬 많다. 파충류와 양서류가 6000여 종, 포유류가 4000여 종이므로 이를 능가한다는 점에서 공룡은 진화사의 진정한 승리자이다. 그러므로 현대 고생물 학자들은 공룡이야말로 "진화의 과정에서 가장 성공적이고 매혹적인 동물 집단"이라고 주장하고 있다.

공룡 학자이자 미국 유타 자연사박물관 연구 큐레이터인 스콧 샘슨은 그의 저서 『공룡 오디세이』에서 공룡과 인간은 서로 다른 지질시대에 살았지만 진화와 생태라는 점에서는 씨줄과 날줄처럼 밀접하게 연결돼 있음을 강조했다.

진화와 생태는 동전의 양면과 같다. 모든 생태계는 동일하게 순간순간의 에너지 흐름(생태)이 수백만 년에 걸친 정보의 흐름(진화)과 결합해 만들어내는 최종 산물이기 때문이다.

공룡의 진화에서 보듯이 기술의 진화도 인간의 생존을 위한 수단으로 발전한다. 기술의 진화가 거듭되면서 본래의 모습은 사라지지만 다른 형태로 그 원초적 기능은 존재한다. 이것이 우리 인간의 문명과 사회제도가 발전하며 존재하는 모습이다.

예를 들어 보자. 우리는 흔히 유럽의 중세기를 암흑기에 비유한다. 종교에 함몰되어 있던 중세 1000년은 르네상스를 맞아 비로소 발전할 수 있었다. 당시 봉건사회에서 영주들은 농민들에게 땅을 내어주고 소작료를 징수하는 대신 그들의 재산과 생명을 보호해주었다. 이러한 '쌍무적 계약관계'는 왕과 대영주, 소영주, 기사, 농민들의 관계를 유지할 수 있는 사회적 제도가 되었다.

봉건주의는 뜻밖의 작은 물건으로부터 시작되었다. 바로 등자의 개발로부터 비롯되었다. 안장만 가지고는 전쟁에서 개인이 혁혁한 공을 세우기가 어려워 기사계급이 생길 수 없었다. 그런데 등자가 발명된 후 비로소 말과 사람이 한 몸이 되어 높은 전투력을 갖추게 되었고 기사계급이 탄생할 수 있었다. 프랑크 왕국의 재상을 지낸 카를 마르텔은 교회의 영지를 몰수해서 전쟁에서 공을 세운 기사들에게 나눠 주었고, 이것이 봉건제도의 시작이 되었다.

이렇게 시작된 봉건사회를 근본적으로 변화시킨 것은 또 다른 발명품들에 의한 농업혁신이었다. 충적토를 개간할 수 있는 쟁기의 발명, 이 무거운 쟁기를 말이 끌 수 있게 한 방법의 고안 그리고 춘경지, 추경지, 휴경지의 순서로 농사를 짓는 삼포제의 도입이 바로 그것이다. 이를 통해 소출

량은 급속도로 증가했다. 여기에 물의 낙차를 이용한 회전력으로 방아를 찧는 물레방아 기술의 보급이 이루어지면서 디딜방아보다도 무려 17배 이상의 도정 생산 능력을 발휘했다. 물레방아 기술은 밀을 빻는 혹독한 노동으로부터 농노들을 해방해주었다. 농업기술의 비약적인 발전으로 잉여 생산물이 발생했고, 이를 팔아 사치품을 구입하게 되면서 상업이 성행했으며, 물류와 상업적 교역의 중심지에 사람들이 모여 살면서 도시가 형성되었다.

1769년에 제임스 와트가 증기기관을 발명하면서 또 한 번 온 세상이 바뀌었다. 물레방아와 비교할 수 없는 동력을 제공하는 증기 방아로 인해 우리 문명은 농업혁명에서 산업혁명으로 이어지게 되었다. 이것은 중세기를 지탱해 온 봉건사회가 산업자본주의사회로 넘어가게 되었음을 의미한다.

기술 진화는 지속적으로 사회를 발전시키는 과정이며, 모든 것을 더 효과적으로 조직화할 수 있도록 해준다. 그러나 이 과정은 쟁기나 등자의 발명, 증기기관의 발명에서 보듯이 미리 결정된 목표를 가지고 진행되지는 않는다. 무한한 미래로 계속되는 자연법칙은 없기 때문이다. 그러나 공룡의 진화처럼 오랜 세월에 걸쳐 인간의 생존을 위한 방향으로 씨줄과 날줄처럼 얽히면서 흘러간다. 기술 진화는 풍요로움을 더하고 안정성을 도모하며 물질적·사회적 자유를 증가시킨다.

과거에는 세상을 바꾸는 기술 진화의 대상은 도구가 중심이었다. 그러나 이제 '새로운 기술과 혁신을 추구하는 사람', 즉 '기업가 정신 (Entrepreneurship)'까지 진화가 적용되고 있다. 기업가 정신이란 위험과 불확실성을 무릅쓰고 이윤을 추구하고자 하는 기업가의 모험적이고 창의적인 정신을 일컫는다. 이러한 기업가 정신이야말로 경제를 발전시키고 기술을 진보시키는 원동력이자 이 세상을 움직이는 힘이 되고 있기 때문이다.

20세기 이후 현재까지 기술혁신을 통한 창조적 파괴로 세상을 움직인 기업가들이 대거 출현하고 있다. 대표적인 예로 조립라인 방식인 포드 시스템을 도입하여 자동차의 대중화와 대량생산 체계를 구축한 헨리 포드, PC와 인터넷을 통해 세상을 하나로 연결하는 데 결정적 역할을 한 빌 게이츠, 아이폰을 통해 모바일 혁명을 선도한 스티브 잡스를 들 수 있다. 그리고 초등학교 중퇴 학력으로 마쓰시타 전기를 창업한 경영의 신 마쓰시타 고노스케는 뛰어난 발명가이자 세상을 움직인 사상가였다. 재일교포 3세로 인터넷 사업을 통해 성공 신화를 일구어낸 손정의 소프트뱅크 회장 역시 도전과 모험의 기업가 정신을 실천한 대표적인 인물로 꼽힌다.

02
CHAPTER

동·서양의 과학,
과거와 미래를 들여다보다

1. 찰스 다윈과 부처가 만난다면?

인간은 어디에서 왔을까? 세상은 어떻게 생겨났을까? 서양 사람들은 예부터 그 답을 신에게서 찾았다. 그들은 신이 인간의 생명을 창조했다고 믿었고 이를 증명하기 위해 많은 노력을 기울였다.

여러 개의 부품이 시계공의 의도대로 정교하게 조립된 시계는 한 개의 부품이라도 빠지거나 고장 나면 제 기능을 할 수 없다. 생명체는 시계보다 훨씬 복잡하고 정교하다. 그래서 사람들은 지구 상에서 가장 복잡한 생명체를 계획하고 만들어낸 설계자, 즉 신이 있다고 믿는다.[4]

이러한 창조론에 맞선 새로운 주장이 찰스 다윈의 『종의 기원』이다. 다윈이 주장한 진화론의 요지는 다음과 같다.

생물은 필요 이상으로 자손을 낳는다(Overproduction).

개체 간에는 변이가 일어난다(Individual variation).

이들은 경쟁한다(Competition).

환경에 더 잘 적응하는 개체가 확률적으로 생존하게 된다(Survival of the fittist).

자연은 이러한 방식으로 생존력이 강한 개체를 선택한다(Natural selection).

다윈의 『종의 기원』은 종교계와 창조론자들의 엄청난 반발에도 불구하고 베스트셀러가 되었다. 다윈의 진화론은 가상의 조건들을 필요로 한다. 장기간에 걸쳐서 진화가 일어나고 한 종에서 다른 종으로 이행할 때마다 오랜 기간이 소요되기 때문이다. 다윈은 "존재하는 모든 것은 오직 물질뿐이며 정신적이거나 영적인 현상들은 부산물에 불과하다"고 말함으로써 유물론적 성향을 분명하게 드러냈다.[5]

그러면 동양에서는 인간의 진화에 대해 어떻게 생각했을까? 혼이 이 동물에서 저 동물로 옮겨가므로 진화하는 것은 육체가 아니라 영혼이라는 사고를 갖고 있었다. '의식이 진화하는 것이지 물질적인 육체, 생물학적인 육체가 진화하는 것은 아니다'라고 생각했다.

그러므로 동양의 명상가들은 인간으로 살았던 전생만을 기억하지 않았다. 명상의 의식이 깊어지면서 동물이나 나무, 바위 등으로 존재했던 전생을 기억했다. 붓다가 "한때 나는 코끼리였고 한때는 물고기였으며 한때는 나무였다"고 말한 것이 바로 이런 의미이다. 동양인들은 다양한 형상 속에서 헤아릴 수도 없이 긴 삶을 살고 있다고 믿었다.

시공을 초월해 부처와 다윈이 만난다면 과연 어떻게 소통할 수 있을까? 서로의 지식과 지혜는 어떤 지점에서 만나고 또 어떤 부분에서 대립

하며 치열하게 논쟁하게 될까? 나아가 불교와 진화론의 접점에서 어떤 지식이 새롭게 생겨날 수 있을까? 아니면 애초 상호 접점을 찾는 것 자체가 불가능하지는 않을까?[6]

　동양과 서양의 진화론에 대해, 사상에 대해, 사회제도에 대해 비교하는 것은 너무나 방대한 작업이다. 예를 들어 동·서양의 생활문화에서 발생하는 의식의 세계를 살펴보자. 동양의 농경문화와 서양의 유목문화는 성장 환경이 달랐다. 밀가루, 고기, 유제품을 주식으로 하는 서양인들이 사는 지역은 인구밀도와 습도가 낮았다. 그들은 살기 위해 이동을 했다. 이 과정에서 낯선 사람을 계속 만나다 보니 수평적 사회구조로 발전했고, 이익(먹을거리)이 있는 곳이면 어디든 달려갔다. 그래서 서양인은 동양인보다 이익 지향적이고, 개인주의가 강하며 외향적 성장을 중시한다.

　농경문화 중심의 동양인들은 쌀과 물고기를 주식으로 삼았다. 그리고 인구밀도가 높아 위계질서가 뚜렷했고 더불어 사는 것을 중시했다. 서양인처럼 외향적이면 남에게 피해를 주므로 내면적 가치를 중시했다. 그러므로 충성, 효도, 근면 같은 도그마에 가치를 두었다. 한마디로 방어적인 스타일이다.[7]

　『생각의 지도』를 쓴 미시건 대학 심리학과 교수 리처드 니스벳은 "동양은 종합적·관계 중심적 사고를 하는 한편, 서양은 분석적·개별 개체 중심적 사고를 한다"고 했다. 동양에서는 모난 돌이 정 맞고, 서양에서는 튀어야 인정을 받는다는 뜻에 가깝다. 볼펜을 고를 때 동양인은 가장 흔한 색깔을 서양인은 가장 튀는 색깔을 선택한다. 범죄 발생 시 동양인은 상황을 탓하고 서양인은 그 사람 자체의 인성을 탓하는 경향이 강하다. 니스벳은 이러한 동·서양의 차이는 고대 중국, 고대 그리스 시대부터 발현했다고 지적한다. 폐쇄적·동질적 국가였던 고대 중국에서는 타인과의 관계

가 가장 중요했으나 개방적인 해양 국가였던 고대 그리스는 개인의 자율성을 존중했다.[8]

경험을 중시하는 동양에 비해 논리를 중시하는 서양은 사물이나 현상의 원리에 집중한다. 동양의 지적 전통에서는 논리학의 영향력이 매우 미약했을뿐더러 현실과 괴리된 형식적인 논리를 거부했다. 그리고 인간 내부의 감각과 상식에 근거한 경험에 어긋나는 주장은 수용하려고 하지 않았다. 이것이 동·서양에서 과학 출발점의 차별점이 되고 있다.

2. 르네상스 이전에는 동양의 문화와 과학이 더 우월했다

서양은 모든 개념을 존재와 관념 그리고 이데아(인간이 감각하는 현실적 사물의 원형), 실존 등으로 구체화했다. 서양에서 기술직은 고대부터 우대받는 직종이었다. 물론 중세라는 엄청난 역사의 암흑기 시대를 거치면서 반문명 시대에 빠진 적도 있었지만 르네상스를 거치면서 다시 기술이 발전하기 시작했다.

중세기 유럽인들은 과학의 발전은 고사하고 형편없는 종교적 도그마에 취해 있었다. 마녀사냥으로 약 6만 명의 죄 없는 사람들이 죽어나갔다. 부자 과부들을 대상으로 "악마와 간통했다"는 소문을 퍼트리고 그들을 마녀로 신고하여 돈을 갈취했으며, 몸무게가 적게 나가는 미모의 마른 여성들 역시 다른 여성들의 질투로 마녀로 몰렸다. 이교도였던 개신교 신자들 상당수도 희생되었다.

과학자들은 어땠을까? 갈릴레오는 망원경을 가지고 달을 관측하여 분화구, 산맥, 계곡 및 그가 물이라고 생각했던 편평하고 어두운 영역들을 보게 되었다. 그리고 달과 같이 지구도 우주의 중심이 아니라 태양을 수행하는 행성 중 하나라고 판단하고 지구가 돈다고 주장했다. 그는 이 같은 주장으로 종교재판을 받아야 했고, 그의 연구가 이단이란 이유로 화형 당하는 것을 겨우 면한 채 가택 연금형을 선고받았다. 그의 저서는 1836년까지 교회법상 금서 목록에 올라 있었다. 로마 교황청이 이 같은 잘못을 인정한 것은 언제일까? 200여 년이 지난 1992년이 되어서야 당시 로마교회가 갈릴레오의 생각을 검열할 때 실수했다는 것을 공식적으로 인정했다.

그러면 비슷한 시기에 동양의 과학과 문화는 어땠을까? 14세기 초반까지만 해도 유럽 전체 전력을 다 합쳐도 중국 한 개 국가의 전력에 미치지 못했다. 세계 역사상 가장 위대한 로마제국의 최전성기 면적도 진시황의 제국보다 작았고 문화도 뒤처졌다. 14세기 초반까지만 해도 몽골군이 유럽 동부를 휩쓸고 있었으니 더 말할 필요가 없을 것이다.

흔히 과학기술에서 인류 최초의 킬러 애플리케이션은 말의 등에 걸친 등자라고 한다. 서로마제국이 멸망하던 서기 5세기까지 유럽에는 그 간단한 등자가 없어서 전투 기마병이 존재하지 않았다. 그러나 동양에서는 최소 기원전 2세기에 중무장한 기마병이 등장한다. 등자를 갖춘 기마병의 전투력이 월등하다는 것은 기본 상식이다. 우리나라 고구려 고분벽화에서도 등자 그림을 찾아볼 수 있다.

중국은 고대 과학기술 문명을 이끈 4대 발명품을 자랑한다. 종이와 나침판, 화약, 인쇄술이 그것이다. 그러나 아쉬운 점은 인쇄술은 불경을 인쇄하는 데 사용했고, 화약은 폭죽을 만드는 데 썼으며, 나침판은 풍수를 보는 데 이용했다는 점이다. 이 발명품들은 서양에 전파되어 크게 개량되었고 과학기술 발전에 더 유용하게 쓰였다.

과거 동양에서 화포와 총포를 사다 쓰던 유럽인들은 세월이 흐른 후 동양의 무기를 능가하는 신무기를 대함대에 장착하고 서인도제도로 항해를 나섰다.

사실 콜럼버스가 신대륙을 차지하기 전에 중국에게 먼저 기회가 있었다. 명나라 시대의 정화(鄭和) 원정대는 역사상 가장 큰 규모의 해상 선단으로 중국의 콜럼버스이자 바다의 실크로드 개척자였다. 선장인 정화는 1405년부터 1433년까지 29년 동안 남해 항로를 개척하여 인도양을 건너 페르시아 만과 동북 아프리카까지 진출했다.

그가 이끈 선단은 무려 300척의 배에 2만 7000명의 선원으로 구성된 엄청난 규모의 대함대였다. 각 배의 길이는 150미터였고 너비는 60미터로 전해지고 있다. 이에 비해 포르투갈에서 출발한 콜럼버스의 함단은 단 3척 배에 90명의 선원으로 구성되었다. 가장 큰 배의 길이도 18m 정도였고, 시속은 겨우 4노트(약 7.2km)에 불과했다. 그럼에도 불구하고 상대적으로 훨씬 열악한 조건의 콜럼버스 함대가 어떻게 정화 원정대보다 먼저 신대륙을 발견했을까? 왜 '근대 문명'은 서양에서 시작됐을까? 왜 산업혁명은 동아시아가 아닌 18세기 유럽에서 일어났을까?

『왜 서양이 지배하는가』를 저술한 미국의 역사학자 이언 모리스는 이런 의문점에 대해 "사회 발전 수준이 변화함에 따라 한때 중요하지 않았던 지역들의 발견과 자신들의 후진성들이 오히려 이점으로 작용하여 문화와 역사 발전의 원동력이 되고 있음"을 지적한다.[9]

대표적인 경우가 17~18세기 서유럽이다. 메소포타미아에서 태동한 서양의 문명이 지중해 지역으로 옮겨갈 때까지만 해도 서유럽은 후진적인 주변부에 불과했다. 그러나 아메리카 대륙이 발견되고, 대서양 경제가 지중해 경제를 대체하면서 서유럽의 지리적 약점은 엄청난 강점으로 작용하였고 그들은 패권을 잡게 되었다.

700년 이상 긴 잠에 빠져 있던 유럽 사회는 14세기에 이르러 르네상스 시대가 도래하자 기지개를 켰다. 과학과 기술에 대한 열정이 타오르기 시작했다. 코페르니쿠스와 갈릴레오의 창의적인 생각은 우주의 이해에 대한 새로운 혁명의 모티브가 되었고 유럽인들로 하여금 종교적 도그마에서 탈출하게 해주는 원동력이 되었다. 그리고 르네상스와 함께 찾아온 대항해 시대라는 탐험 러시도 유럽 발전에 큰 영향을 미쳤다. 신대륙으로부터 엄청난 양의 금과 은이 유입되자 유럽 사회는 이러한 광물을 통해서 지난 700년간 상실했던 기축통화를 구축하고 이를 통해 상업 경제가 발전하게 되니 이것이 바로 '상업혁명'이다.

3. 조선 시대 과학기술 문화 수준은 세계 정상급

조선 시대 장영실은 비천한 신분이었음에도 타고난 재능과 기술로 조선의 과학기술 수준을 비약적으로 끌어올리는 데 큰 역할을 했다. 그는 부산 동래현의 관노로 있다가 뛰어난 기술 재능으로 세종에 발탁되어 상의원 별좌로 임명되었다. 장영실은 세종의 든든한 후원에 힘입어 물시계인 자격루와 각종 천문 기기, 강우량 측정기인 측우기, 하천 수위 측정기인 수표 등을 제작했다.

세종은 이러한 공로를 인정하여 장영실에게 파격적으로 정5품의 벼슬을 주었으나 신하들이 가만히 있을 리 없었다. 노비 신분으로 관직에 중용된 장영실을 파직하라는 요구가 빗발치자 견디다 못한 장영실이 세종에게 달려가 벼슬을 거두어달라고 청하기에 이르렀다. 이에 세종은 장영실을 크게 꾸짖었다.

"과인이 살 수 있는 시간은 길어봐야 30년이지만 네가 가지고 있는 기술로 만들어낸 자격루와 천문 기기는 100년 아니 500년까지 길게 살아남아 이 나라 조선을 지탱할 힘이 되어줄 것이다. 너를 버리면 오늘의 소중한 인재를 잃는 것이오, 후손들은 뛰어난 문명을 잃는 것이다."

과연 우리나라 과거 역사에서 최고의 군주로 꼽히는 세종대왕다운 결단이었다. 장영실이 개발한 물시계인 자격루는 하루 오차 범위가 3~5분에 불과하다고 한다. 세종 때 가장 위대한 발명인 한글이 창제되었고, 앙부일구(해시계), 혼천의(천문 관측기)도 만들어졌다.

조선 시대 발명품의 대부분은 농사 활동과 관련이 있었다. 세계 최초의 측우기 또한 이와 무관하지 않다. 장영실이 개발했다는 설과 세종의 세자(문종) 아이디어로 개발되었다는 설이 있는 측우기는 이탈리아의 카스텔리가 만든 측우기보다 무려 200년이나 앞선다.

우리 조상은 농작물의 최대 생산과 안전한 생산을 위해 강우량 측정이 절실했다. 그래서 비가 온 뒤에 흙을 파서 빗물이 흙 속에 얼마나 스며들었나를 보고 판단했다. 그러나 이 방법으로는 비의 양을 정확하게 측정할 수 없었다. 그래서 세종대왕의 지시로 비가 언제, 얼마만큼 내리는지를 잴 수 있는 측우기를 연구했다. 여러 번의 시행착오 끝에 가랑비와 장대비의 양을 같이 재기 위한 최적의 둥근 철제 통이 완성되었는데, 높이가 약 32cm, 지름이 약 15cm였다. 이 측우기를 이용하여 전국의 각 도에서 우량 관측을 시행했다. 이 측우기는 현재 세계기상기구(WMO)가 정한 측정 오차에도 합격할 만큼 뛰어난 과학기술이었다.

이러한 노력의 결과는 현실의 성과로 이어졌다. 『세종실록지리지』는 고려 말 약 50만 결이던 농업 생산량이 세종시대에 이르러 160만 결로 3배나 증가했다고 기록하고 있다. 이는 오늘날 약 310만 톤에 해당하는 생산량이다. 더욱 놀라운 것은 2011년 기준으로 우리나라의 쌀 생산량인 430만 톤에 크게 뒤지지 않는 수치라는 사실이다. 조선조 15세기는 우리 조상이 이룬 창조경제의 원형이라고 할 수 있다.[10]

세종 때 발전시킨 신기전은 화살의 앞부분에 로켓 추진기관인 약통이 붙어 있는 형태로 15세기 최고의 첨단 과학 무기였다. 신기전은 주로 압록강과 두만강 중류 지방에 있던 4군 6진에서 여진족의 침략을 막기 위해 사용된 것으로 추정되고 있다. 신기전의 위력은 어땠을까? 당시 칼과 화살 그리고 창, 일부 총포가 무기의 전부이던 시절에 굉음과 함께 불을 뿜으며 날아가 폭발하는 신기전의 파괴력에 적들은 굉장한 공포를 느끼며 스스로 항복했다고 한다. 더구나 화차를 통해 100발을 한 번에 발사해 사거리 250m를 날려보내는 중신기전, 그리고 500~700m를 불과 10여 초만에 날아가 여러 개의 소형 폭탄이나 대형 폭탄을 터뜨렸던 대신기전은 당시로서는 상상을 초월하는 '첨단' 무기였다.

조선에는 장영실 이외에도 이천과 정약용처럼 훌륭한 기술자가 많았다. 그러나 과학기술을 맡은 사람들은 대부분 양반의 아래에서 정부의 하급 관직을 맡은 중인(中人) 계층이었다. 그리고 신흥 사대부 계층이 옹호하는 성리학에 눌려 과학이 제대로 힘을 펼 수 있는 분위기가 아니었다. 또한, 동양에서의 기술자는 철저히 도제 시스템으로 스승과 제자의 관계로만 이어졌다. 기술이 비공개로 전수되기 때문이다. 그러므로 기술의 전승이 끊어지는 경우가 많았다. 그리고 스승의 기술에 대한 도전은 생각하기 어려웠다. 그럼에도 세계에 내놓아도 빠지지 않는 세계적인 발명들이 조선 시대에 탄생했다는 것은 경이로운 일이다.

동국대 황태현 교수는 세종 때부터 이어온 조선의 발전은 18세기에 이르러 세계 최고의 경제부국이자 교육 및 문화복지 국가를 일구었다고 주장하고 있다. 1800년대까지 중국과 동아시아의 1인당 국민소득은 영국과 유럽을 앞질렀다고 한다. 경작 면적 기준으로 서기 1800년의 총요소생산성을 비교한 결과 잉글랜드가 100이라면 조선은 134였고 중국은 191이었다. 그러나 중국은 일부 성을 대상으로 조사한 것이므로 중국 전체는 잉글랜드보다 높았으나 조선과는 대등한 수준이었다. 그리고 1820년 1인당 GDP를 비교해보면 중국과 조선이 각각 600달러로 분석되고 있다(1990년 국제 기어리-카미스(Geary-Khamis) 달러 기준). 조선의 생활 수준은 18세기 영조·정조 시대 때 중국을 추월했으나 그 이후 하락하기 시작하여 다시 중국과 비슷한 수준이었다고 한다.[11]

1983년 일본 도쿄대 연구진이 편찬한 『과학사기술사 사전』에 따르면 1400~1450년의 세계 과학기술 주요 업적으로 올라온 기술 건수가 중국 5건, 일본 0건, 동아시아 이외 전 지역 28건이 기록되어 있는데 한국은 29건을 기록해 많았다.

03
CHAPTER

지식의 연금술사, '브리콜라주'가 세상을 지배한다

1. 새로운 게임의 법칙, 창조적 파괴와 브리콜라주

2011년 대한민국 극장용 애니메이션 업계에 큰 경사가 났다. 〈마당을 나온 암탉〉이란 애니메이션이 최초로 220만 관객을 동원하면서 대박을 터트렸고, 세계 60여 개 국가에 수출하는 개가를 올렸다. 여기에는 한국 콘텐츠진흥원과 경기도에서 '신화 창조'라는 이름으로 지원한 역할도 컸지만, 허름한 사무실에서 4년여 동안 집념을 불사른 오성윤 감독과 몇 명의 창의적인 브리콜라주(Bricolage)가 있었기 때문에 가능한 일이었다. 이들은 처음부터 체계적인 조직으로 뭉친 사람들이 아니었다. 열정과 손재주, 집념으로 모여들었다. 브리콜라주는 손에 닿는 어떠한 재료들이라도 가장 값지게 창조적이고 재치 있게 활용하는 인디언의 기술이라는 뜻으로 프랑스어 '브리콜레(Bricoler)'에서 유래되었다. 영어로는 DIY(Do It Yourself)와 비슷한 뜻이다.

자동차 왕 포드는 낮에는 에디슨 전동회사에 취직해 일했다. 그리고 저녁에는 창고에 틀어박혀 자동차를 만드는 데 몰두했다. 그의 이웃들은 밤새도록 뚝딱거리고 쿵쾅거리는 연장과 엔진 소리에 포드가 드디어 미쳤다고 생각했다. 포드는 1893년 마침내 자동차를 만들어냈다. 그리고 자동차의 대중화를 위해 다시 고심하기 시작했다. 1912년 어느 날 도축장을 둘러보던 포드는 도축장 작업자들이 모노레일을 이용하여 고깃덩어리를 운반하는 모습을 보고 자동차 생산의 컨베이어 시스템을 생각하게 되었다. 그렇게 착안한 포드의 컨베이어 시스템은 자동차 한 대당 조립 시간을 5시간 50분에서 1시간 33분으로 단축하여 대량생산과 대중화의 혁신을 가져왔다.

혁신의 대명사인 브리콜라주, 이 말은 프랑스의 인류학자인 레비스트로스가 브라질의 원시 부족을 연구한 저술 『야생의 사고』에서 인용한 용어이다. 태어날 때부터 야생의 사고를 가진 원주민들은 어떻게 브리콜라주를 실천할 수 있었을까? 이들은 예리한 감각으로 바다와 육지의 모든 생물체, 바람, 빛, 하늘의 색깔, 물결의 일렁임, 파도의 변화, 기류와 해류 등 자연 현상의 미묘한 변화를 관찰했다. 이를 통해 알아낸 구체적 지식을 바탕으로 직접 집을 짓고, 아플 땐 약초도 구해 먹었다. 신체의 능력이 일상의 구성 능력으로까지 연결되었던 것이다.[12]

스티브 잡스는 브리콜라주의 대표적인 리더이다. 자신이 그 모든 기술을 만들어내는 것이 아니라 수많은 사람의 기술과 재능을 조합하여 최고의 가치 있는 제품을 만들어냈기 때문이다. "만족시키려 하지 마라, 놀라게 하라(Don't aim to satisfy! Aim to surprise!)." 파괴적 창조에 방점을 찍은 혁신의 아이콘 스티브 잡스의 말이다. 2007년 그가 처음으로 세상에 공개한 아이폰은 단순한 전화기가 아니었다. 통화 품질이 떨어지고 무게도 무거웠다. 아이폰은 음악 플랫폼인 아이팟에 전화기의 기능을 더했고, PC에서나 즐길 수 있던 게임과 인터넷 커뮤니케이션을 함께 묶었다. 이런 아이폰의 성공은 확실한 차별성이 고객의 니즈에 부합했기 때문에 가능했다.

독창성과 예술성의 혼합이야말로 기술 수준이 균등해진 이 시대의 가장 강력한 신무기이다. 손에 닿는 어떠한 재료들이라도 가장 값지며 창조적이고 재치 있게 활용하는 브리콜라주의 육성에 우리의 미래가 달려 있다. 상상력과 창의성, 과학기술에 기반을 둔 새로운 성장 동력을 창출할 수 있기 때문이다. 그 결과 새로운 시장과 일자리를 만들어낼 수 있다. IT 기반의 창조경제의 예를 들어 보자. 이 분야는 모바일, 영상, 스마트, 소셜 중심의 융복합 콘텐츠로 발전하고 있으며 그 핵심은 예술적 창의성이다. 그리고 각 영역 간 산업의 칸막이가 없어지고 있다. 또한 디지털 배포 기술의 발달로 콘텐츠의 세계화가 일반화되었다. 국내에서 10만여 명 가까운 인력이 종사하고 있는 게임 산업에서 보듯이 융복합 콘텐츠 산업은 많은 일자리를 창출하고 있다.

실리콘밸리는 브리콜라주들이 모여 이루어진 도시이다. 소위 창조도시로 불리는 이곳에는 3T가 있다. 기술(Technology), 재능(Talent), 관용(Tolerance)이 바로 그것이다. 하버드 대학의 에드워드 글래저 교수는 "창의적인 생각은 비슷한 사람들이 아닌 전혀 다른 사람들과의 지적 교류에 의해 만들어진다"고 했다. 실리콘밸리에서는 이질적인 지적 전통이 충돌하기도 하고 융합하기도 하면서 새로운 혁신 문화가 만들어지고 있다. 부를 찾아 서부로 내달리던 황금광 시대 미국 노동의 역사 역시 이곳에서 시작되었다. 그리고 정치적으로는 매우 진보적이다. 아직도 이곳에는 히피 문화가 남아 있고, 다양한 예술가가 넘쳐난다. 이런 도시에 테크놀로지로 무장한 예비 창업자들이 몰려들어 차고 혁신(Garage Innovation)의 신화를 만들어내고 있다.

어느 날 빌 게이츠는 한 인터뷰에서 "지금 당신에게 가장 두려운 경쟁자는 누구인가?"라는 질문을 받았다. 많은 사람은 빌 게이츠가 오라클이나 선 마이크로 시스템, IBM, 애플 중 하나를 지목하여 말할 것으로 예상했다. 그러나 그는 뜻밖의 답변을 했다. "내가 가장 두려운 경쟁자는 지금 어느 창고에 처박혀 전혀 새로운 무언가를 개발하는 데 몰두하고 있는 누군가입니다."

빌 게이츠가 예상한 그 누군가가 오늘날 IT 업계를 쥐고 흔드는 공룡 기업 구글과 페이스북 등이다.

자기 분야에서 성공한 대부분의 사람은 융합형 전문가들로서 세상의 지식을 편집하고 가공해서 새로운 가치를 창출하는 브리콜라주들이다. 그들은 '지식의 연금술사'라 할 수 있다.

2. 우연의 발견, '세렌디피티'에도 규칙이 존재한다

2002년 개봉된 미국의 로맨틱 멜로 영화 〈세렌디피티〉가 있다. 모두가 사랑하는 사람을 위한 선물을 사느라 무척 활기찬 한 백화점에서 조나단(존 쿠삭 분)과 사라(케이트 베켄세일 분)는 각자 자신의 애인에게 줄 선물을 고르다가 마지막 남은 장갑을 동시에 잡으면서 첫 만남을 갖게 된다. 뉴욕의 한가운데서 처음 만난 두 사람은 들뜬 크리스마스 분위기 속에서 서로의 매력에 빠진다. 각자 애인이 있는데도 불구하고 맨해튼에서의 황홀한 저녁을 함께 보낸다. 그리고 두 사람은 서로의 이름도 모른 채 헤어진다. 한눈에 사랑에 빠진 조나단은 다음에 만날 수 있도록 전화번호를 교환하자고 제안하지만, 평소 운명적인 사랑을 원하던 사라는 주저하며 운명에 미래를 맡기자고 말하면서 헤어진다.

몇 년이 흐른 뒤, 조나단과 사라는 서로 완전히 다른 삶을 살아간다. 하지만 그 둘은 7년 전 뉴욕에서의 몇 시간 동안의 만남을 잊지 못하고 있다. 둘 다 서로의 약혼자와 결혼을 눈앞에 두고 있던 어느 날, 서로에 대한 그리움으로 뉴욕으로 향하게 된다. 스토리의 결말은 어떻게 될까. 영화의 제목이자 우연의 법칙인 '세렌디피티'에서 연상하면 된다.

세렌디피티는 행복한 우연, 운 좋은 발견, 재수 좋게 우연히 찾아낸 것, 뜻밖의 발견 등을 의미한다. 그런데 인류의 발전에 크게 기여한 발명이나 발견 등 위대한 업적은 대개 우연으로부터 이루어졌다.

'세렌디피티 법칙'은 영국의 작가 호레이스 월폴이 쓴 『세렌디프의 세 왕자들』이라는 동화에서 유래되었다. 왕자들은 전설의 보물을 찾아 떠나지만 보물을 찾지 못한다. 하지만 그들은 보물 대신 우연한 행운으로 인생을 훌륭하게 살아갈 수 있는 지혜와 용기를 얻는다는 이야기다. 이처럼 우연한 힌트를 통한 발견을 과학사에서는 '세렌디피티 법칙'이라고 한다.

우리는 역사적으로 실험 도중의 실패나 실수에서 문명의 위대한 발명품이 탄생한 경우를 무수히 봐왔다. 전쟁에서 수많은 부상병을 구해낸 페니실린은 1928년 플레밍이 인플루엔자 바이러스에 관한 연구를 하던 중 우연히 배양기에 발생한 푸른곰팡이 주위가 무균 상태라는 사실을 발견한 것을 계기로 세상에 나오게 되었다.

다이너마이트를 발견한 노벨도 마찬가지이다. 노벨은 큰 사고가 잦았던 액체 폭약을 생산하는 아버지의 일을 돕는 평범한 청년이었다. 어느 날 그는 실수로 실험대 위의 액체 시약병을 넘어뜨렸다. 때마침 실험대 위에 놓여 있던 숯가루 쪽으로 시약이 쏟아졌는데 모조리 스며들어 한 방울도 아래로 흘러내리지 않았다. 이때 노벨은 기발한 아이디어를 떠올렸다. '맞아, 액체를 고체로 만들면 무척 안전하겠구나!' 그는 많은 실험 끝에 숯가루 대신 액체 흡수력이 우수한 규조토를 사용하여 안전한 고체 폭발물을 만들었고, 이를 다이너마이트라고 이름 붙였다.

X선을 발견한 뢴트겐 역시 음극선에 관한 연구를 하던 중 신체를 관통하는 이상한 섬광을 발견했고, 1895년 최초로 자신의 아내 손을 사진으로 찍는 데 성공했다.

아인슈타인은 "나는 결코 이성적인 사고 과정에서 커다란 발견을 이룬 적이 없다. 상대성원리 역시 우연히 떠올랐다"고 말한다. 경영의 신(神)이라고 불리는 일본의 전자기기 회사 교세라 명예회장 이나모리 가즈오 역시 "창조적인 아이디어나 위대한 계기는 우연한 기회에서 찾아온다"고 했다.

세렌디피티는 우연의 법칙이지만 정말 단순한 우연이기만 한 것일까? 사실 우연에도 법칙이 존재한다. 세상의 우연은 단순한 우연이나 신의 은총이 아니라 99번의 실패를 딛고 한 번 찾아오는 영감에 의한 것이기 때문이다. 따라서 세렌디피티는 준비된 사람을 위한 우연의 법칙인 셈이다.

파스퇴르는 "우연은 준비된 자에게만 미소 짓는다"는 명언을 남겼다. 헤르만 헤세 또한 소설 『데미안』에서 "본래 우연이란 없는 것이다. 무엇인가를 간절히 소망했던 사람이 그것을 발견했다면 그것은 우연히 이루어진 것이 아니라 자기 자신이, 자기 자신의 소망과 필연이 가져온 것이다"라고 했다.

21세기의 화두인 창조경제를 실현하기 위해 정부나 ICT 업계에서는 앞다투어 스타트업 기업을 위한 인큐베이팅 프로그램을 내놓고 있다. 스타트업 기업이란 설립한 지 오래되지 않은 신생 벤처기업을 의미한다. 1990년대 후반 미국에서 이른바 '닷컴 버블'로 창업 붐이 한창 일었을 때 실리콘밸리에서 생겨난 용어이다. 스타트업 기업은 대개 고위험·고성장·고수익 가능성을 지닌 기술·인터넷·모바일 기반의 회사들이다. 구글, 페이스북, 트위터 등이 스타트업 기업으로 출발하여 글로벌 기업으로 성공한 사례들이다.

국내외 이동통신회사, 게임회사, 대형 소셜네트워크회사, 모바일회사들은 유망한 스타트업 기업들을 발굴, 자신들의 플랫폼 혹은 콘텐츠와 연계시켜 새로운 수익원 창출을 모색한다. 그러나 스타트업 기업들이 성공하는 확률은 매우 낮다.

스티브 잡스는 "가장 중요한 것은 용기를 갖는 것이다. 이미 마음과 직관은 여러분이 무엇을 원하는지 알고 있다"고 말했다. 세렌디피티 법칙이란 누구에게나 기회는 오지만 준비된 사람만이 우연히 찾아온 기회를 살릴 수 있음을 의미한다고 볼 수 있다.

3. 무의식의 감성을 읽어내는 과학, 뉴로 마케팅

독일의 사상가 아비 바르부르크느는 "악마는 디테일(Detail)에 있다"고 말했다. 큰 방향을 잡고도 작은 허점이나 오류로 일을 그르치거나 큰 피해를 입는 경우를 말한다. 그러나 디테일은 대체로 무의식에서 비롯되는 경우가 많다. 인간의 삶에서 무의식이 차지하는 비율은 대단히 높다. 어찌 보면 의식은 무의식이라는 광대한 바다에 떠 있는 작은 배일지도 모른다. 우리 내면의 무의식을 유용하게 활용하는 것이 디테일의 힘을 키우는 자양분이 될 것이다. 내 안의 또 다른 나! 무의식과 만나는 뉴로 마케팅(Neuro Marketing)이 마케팅에서 각광을 받고 있다.

현대자동차가 1986년 미국에 '엑셀'을 수출한 이래 무려 27년 만에 자동차 수출 800만 대를 돌파하면서 GM, 토요타 등과 어깨를 나란히 하고 있다. 대단한 성과가 아닐 수 없다. 그러나 「강남 스타일」의 싸이는 "자고 나니 유명해졌다"는 영국 시인 바이런의 말이 무색하게 하루아침에 '새'가 됐다. 전 세계적인 스타가 된 것이다. 중국에서 '싸이=새 아저씨'이다. 'Bird uncle' 싸이가 「강남 스타일」로 유명해지면서 예전 노래 「새 됐어」까지 덩달아 인기를 끌고 있다.

뉴로 마케팅 전문가들은 싸이의 열풍이 충분히 예견되었던 일이라고 주장한다. 뉴로 마케팅이란 뇌 속에서 정보를 전달하는 뉴런(Neuron)과 마케팅(Marketing)이 결합한 단어로, 소비자가 자각하지 못하는 무의식적 반응 같은 두뇌 자극 활동을 분석해서 마케팅에 접목한 새로운 마케팅 방식이다. 「강남 스타일」 곡 자체와 뮤직비디오에는 국적과 나이에 관계없이 누구나 한번 들으면 몸이 저절로 들썩이고, 그 멜로디가 머릿속을 계속 맴돌게 하는 요소가 있다. 그래서 '예견된 흥행'이었다고 평가하는 것이다.

뉴로 마케팅의 대가인 젬마 캘버트 박사는 뉴로 마케팅을 이용하면 소비자의 진짜 욕구를 알 수 있다고 했다. 소비자들은 신상품이 나왔을 때 자신의 진짜 욕구를 말하지 않는다. 자신의 욕구가 무엇인지 모를 수도 있고 주변의 이목 때문에 자신이 원하는 것을 말하지 않을 수도 있다. 신작 영화가 나왔을 때 영화 평론가나 전문가들은 흥행 예측에 대해 모호하게 답변하는 경향이 많다. 인간은 사회적 동물이기 때문이다. 그러나 인터넷에 익명으로 게재된 일반인들의 영화평으로 흥행 여부를 쉽게 예측할 수 있다.

코카콜라와 펩시콜라의 경우를 보자. 소비자들의 눈을 가리고 맛을 테스트한 결과 51%가 펩시를 선호했고 44%가 코카콜라를 선택했다. 이번에는 브랜드를 보여주면서 테스트한 결과 정반대 현상이 나타났다. 65%가 코카콜라를 선호한 반면 펩시는 단지 23%에 그친 것이다. 이후에도 같은 실험을 계속했지만 유사한 결과가 나왔다. 그 이유는 무엇일까. 뉴로 마케팅 관점에서 보았을 때 뇌의 반응은 정서, 학습, 기억, 학습 부위 등에 반응하여 콜라의 맛이나 경험보다는 브랜드, 평판을 보고 무의식적으로 특정 제품을 선택하는 경향이 크기 때문이라는 설명이 가능하다.

와인 블라인드 시음회에서도 마찬가지 결과가 도출되었다. 사람들은 동일한 와인을 두고 값이 쌀 때보다 비쌀 때 등급을 더 높게 매겼다고 한다. 정작 가격을 몰랐을 때에는 150달러짜리 와인보다 2달러짜리 와인을 더 좋게 평가하기도 했다.

나이키나 애플, 삼성, HP처럼 단순한 디자인의 브랜드 로고는 기억에 잘 남는다. 하지만 KFC의 인자한 할아버지 모습의 마스코트는 기억뿐만 아니라 호의적인 감정까지도 강하게 만들어준다. 말보로 담배나 빨간색 필기체의 코카콜라, 나이키처럼 오랜 기간 일관된 브랜드 이미지를 보유한 경우, 자기 유사성(Self-Similarity)이 높아 성공적인 브랜드로 정착할 수 있었다.[13]

뉴로 마케팅에서는 이질적인 사물 간의 통섭을 위한 '데페이즈망 기법'을 적용하기도 한다. 데페이즈망 기법은 초현실주의 미술에서 시작되었는데 르네 마그리트라는 화가가 즐겨 사용하던 기법이었다. 어떤 물건을 이질적인 환경에 옮겨놓고 물체끼리 기이한 만남을 연출시키는 것이다. 그는 사람 얼굴 위에 파이프를 하나 그려놓고 〈이것은 파이프가 아니다〉라는 제목을 붙였다. 그리고 물고기에 사람 다리를 그려놓은 그림 〈집단 발명〉을 통해 인어는 늘 상반신이 사람, 하반신이 물고기라는 생각을 뒤집었다.

이처럼 데페이즈망은 아직 세상에 없는 것을 보여줌으로써 세상 사람들이 느껴보지 못한 자극을 주는 기법이다. 데페이즈망 기법은 뭔가 새로운 아이디어를 내거나 발명을 할 때도 자주 쓰인다. 연필에 지우개를 붙였던 것이 그렇고, 청바지에 지퍼를 달았던 것도 그렇다. 휴대폰에 인터넷 기능을 넣은 것과 신발에 바퀴를 단 롤러스케이트의 발명도 마찬가지이다. 뭔가 어울리지 않는 것을 강제로 결합하는 데페이즈망 기법은 수학 공식으로 표현하자면 'A+B=C'가 된다.

스탠퍼드 대학의 김상배 박사는 강력한 접착력의 도마뱀 발바닥에서 아이디어를 얻어 유리벽을 타고 올라갈 수 있는 로봇 '스티키봇'을 개발했다고 한다. 이 역시 데페이즈망의 원리가 적용된 것이다.

대형 마트들이 불황을 타개하기 위해 상품의 진열을 새롭게 바꾸고 있다. 과거에는 생활용품은 생활용품끼리 음료는 음료끼리 과자는 과자끼리 채소는 채소끼리 진열했다. 그러나 요즈음 자외선 차단제 옆에 마스크 팩, 정육 매장 옆에 쌈장, 운동기구 옆에 에너지 음료, 쌀 매장 옆에 쌀벌레 퇴치제를 함께 진열한다. 관련 상품끼리 배치함으로써 매출을 조금이라도 높이려는 전략이다. 이러한 연관 진열 방식은 실제 매출을 높이는 데 적지 않은 도움을 준다고 한다. 알고 보면 이와 같은 디스플레이는 뉴로 마케팅의 일환으로 굉장히 체계적인 조사와 연구 아래 이루어진다.

뉴로 마케팅에서 가장 많이 활용하는 분야 중 하나가 시선 추적이다. 소비자의 시선이 어디서 이동하고 한자리에서 얼마간 머무르는지 등 다양한 분석과 추적을 통해 데이터를 생성하는 것이다. 행인들의 시선을 추적하기 위해 길거리에 광고판이나 대형 TV를 설치하고는 사람들이 광고물을 얼마나 보는지 그리고 광고가 얼마나 행인들의 시선을 끄는지, 어느 부분을 눈여겨보는지 등을 측정해 마케팅에 활용하기도 한다. 또한 소비자에게 카메라가 달린 안경을 쓰게 하고 매장에서 자유롭게 쇼핑하도록 한 뒤 그의 동선과 시선을 파악해 디스플레이를 바꾸어 매출을 끌어올린 사례도 있다.

일본의 혼다 사는 오토바이 디자인 설계에 뇌 과학을 접목시켰다. 혼다는 화가 난 사람의 얼굴과 같은 디자인을 한 오토바이 'ASV-3'를 개발했다. 인간의 뇌에는 얼굴을 잘 인식하는 신경회로 '얼굴 뉴런'이 있기 때문이다. 그 결과 상대편의 차가 이 오토바이를 발견할 가능성이 43% 향상되는 효과가 발생하여 사고를 미리 방지할 수 있었다.

미국 하버드 대학의 제럴드 잘트먼 교수는 "사람의 사고, 감정, 학습은 95%가 의식하지 못하는 상태에서 이루어진다"고 했다. 사람의 두뇌 활동을 분석해 무의식적 반응을 마케팅에 접목하는 뉴로 마케팅은 새로운 유형의 고객을 창출하는 방법으로 활용되고 있다.

PART 2

창조적 융합과 소통 그리고 공감의 시대

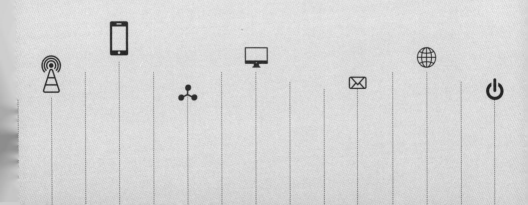

01
CHAPTER

세종대왕과 구텐베르크가 SNS 혁명으로 부활하다

1. 자로의 기술로 소통한 세종대왕과 구텐베르크

일찍이 미국의 저명한 인쇄 문화 연구가 카터는 "고려 말과 조선 초 무렵, 한국은 인쇄술에서 세계를 선도하고 금속활자의 사용을 고도로 발전시켜 중국에 역수출했다"고 지적했다. 그리고 한국의 활자 인쇄가 어떤 경로를 통해 유럽에 전해졌을 개연성이 충분하다고 말했다.

인쇄술 못지않게 세계에 내놓을 수 있는 우리의 독창적인 문화가 또 있다. 바로 훈민정음이라는 이름을 가진 한글이다. 미국 과학 잡지 《디스커버리》는 "한글은 간결하고 우수하기 때문에 한국의 문맹률이 가장 낮다. 세종이 만든 28자는 가장 훌륭한 알파벳이며, 세계에서 가장 과학적인 표기법 체계이다"라고 극찬하고 있다.[14]

몇 년 전 인기리에 방영되었던 한글 창제 과정을 다룬 TV 드라마 〈뿌리 깊은 나무〉에서 세종 이도는 말한다 "한글은 언로(言路)가 아닌 자로(字路)이다. 백성들에게 글로써 소통하게 하고자 한다."

그러나 반대 세력은 주장한다. "글자는 권력이다. 누구나 글자를 쓰는 것은 해가 서쪽에서 뜨는 것이다. 모든 사람이 글을 쓴다는 것은 사대부가 망하는 것이다. 이는 성리학으로 나라를 지배하는 조선이 무너지는 것을 의미한다." 그들은 지배 계층과 피지배 계층이 같이 사는 것은 균형과 질서 그리고 조화이므로 권력의 사대부가 결코 기득권이 아니라는 논리를 펼치고 있다. 이에 대해 세종대왕은 "언로는 차단될 수 있다. 백성들이 글자로 소통케 하여 자로로 언로를 열겠노라"며 한글 창제의 목적을 계속 강조했다.

조선 시대 백성들의 대표적인 언로인 신문고는 백성들의 억울함을 풀어주기 위한 제도로 설치되었다. 그러나 신문고는 그 취지와는 다르게 현실적으로는 불합리한 점이 많아 별 효과가 없었다. 먹고 살기도 힘든 지방 백성들이 시간과 돈을 들여 신문고를 울리기 위해 한양에 가는 일 자체가 쉽지 않았다. 그리고 함부로 상관이나 주인을 고발할 수 없도록 규제했다. 잘못 고발할 경우 오히려 자신이 처벌을 받을 수도 있었다. 혹을 떼려다 오히려 혹을 붙이는 격이다. 결국 신문고는 백성을 위한 것이 아니라 주로 서울의 관리들과 소수 지배층이 사적인 이익을 도모하기 위한 것으로 전락했다. 역사적으로 언로에는 많은 제약이 존재했다. 세종대왕은 이를 직시하여 자로로 언로를 대신하고자 하는 탁월한 선견지명을 가지고 있었다.

인류 최초의 문명인 수메르인은 5000년 전인 B.C. 3200년경에 이미 문자를 발명하여 쓰고 있었고 세계 최초로 인쇄도 했다. 수메르인의 10대 발명품으로 바퀴, 문자, 범선, 달력, 족집게, 비누, 운하, 도시, 화폐, 농기구를 꼽고 있다. 그들은 바닥에 아스팔트를 깔아 어떤 수레도 지나갈 수 있게 했고 지금의 수도와 같은 배관 시설을 각 가정에 갖추었다. 의사도 내과, 외과, 치과 의사로 구분되어 있었다고 한다. 인류 4대 문명의 하나인 메소포타미아 유역에 살던 수메르인은 우리가 생각한 것보다 훨씬 더 발전된 문명을 누렸다.

당시 수메르인들은 그림문자를 개량하여 만든 세계 최초의 문자를 점토판에 갈대로 찍어 썼는데 이것이 쐐기 모양을 닮았다고 해서 설형문자라고 불린다. 이 설형문자는 사람들의 힘과 지혜를 모으고 전달하는 매개체 역할을 했다. 문자를 통해 마을 간 농업기술이 전파되면서 거대 농업혁명이 일어났고 건축기술, 공예가 발달하게 되었다. 또한 신화, 종교, 역사, 법률, 교육 등 정신문명 역시 문자 덕분이었다. 그리고 이는 오늘날 서구 문명의 뿌리가 되었다.

1443년 세종대왕은 글자 자체를 창제했다. 비슷한 시기인 1434년에 구텐베르크는 지식과 정보를 쉽게 전파할 수 있도록 금속활자를 발명했다. 구텐베르크의 인쇄술은 지난 1000년의 인류 역사에서 가장 위대한 발명품으로 꼽히고 있다.

세종대왕과 구텐베르크는 공통점이 있다. 구텐베르크 역시 막힌 언로를 자로로 뚫어 종교혁명과 함께 유럽의 르네상스에 불을 지핀 선각자이기 때문이다.

마르틴 루터는 로마 가톨릭의 불합리한 조치들을 비판하기 위해 95개조 반박문을 썼고, 이 글은 구텐베르크의 금속 활판 인쇄술로 대량 인쇄되었다. 이 글은 불과 두 달 만에 유럽 전역에 퍼지면서 종교개혁이 시작되었다.

그로부터 약 600여 년 가까운 세월이 흐른 지금, 제2의 자로 혁명이 일어났다. 140자 단문으로 소통하는 트위터가 튀니지의 자스민 혁명을 촉발시키면서 아프리카와 중동의 독재 정권을 무너트렸고 중국에까지 그 영향을 크게 미쳤다. 국내의 토종 SNS인 카카오톡 역시 트위터 못지않은 파워를 과시하고 있다. 2013년 국내 기준, 대한민국 국민보다 많은 6000만 명이 가입하여 하루에 무려 50억 건이나 되는 메시지를 주고받는다. 페이스북이나 트위터, 카톡은 단순히 이성적인 문자로만 소통하는 것이 아니라 고대인들의 그림문자처럼 사진을 전송하면서 일상의 소소한 모습을 공유하고 공감을 이끌어내는 인류의 신(新)자로 시대를 열고 있다.

스마트폰이 만들어낸 '21세기형 생각하는 인간'은 어떤 유형일까? 로댕의 〈생각하는 사람〉처럼 온통 사고의 고민에 휩싸여 있는 인간이 아니라 깊이 생각하는 것을 거부하고 편리한 것만을 찾는 인간일 것이다. 손안의 스마트폰을 통해 세상의 모든 정보를 즉시 검색해볼 수 있게 되었고 정보와 재미 그리고 소통의 영역이 어마어마하게 확장되었기 때문이다.

무질서한 엄청난 양의 데이터 속에 숨겨진 질서의 패턴을 찾아 유용하게 활용하는 빅데이터가 각광을 받고 있다. 빅데이터의 추출물은 스마트폰과 결합되면서 이용자들이 한눈에 정보를 파악할 수 있도록 하는 '인포그래픽'으로 발전하고 있다. 이것은 복잡한 데이터와 도표를 대신해서 스토리를 중심으로 그림, 도형, 도표, 숫자 등으로 가공되어 제공됨으로써 빅데이터의 정보 가치를 높이고 있다.

우리가 다루는 빅데이터는 무려 약 30만 년 치의 정보량이다. 그런데 기껏 커봐야 5인치 내외인 스마트폰 화면에서 이런 방대한 정보가 살아남는 법은 무엇일까? 그것은 더 짧고 더 간단하고 더 빠르고 더 많이 담는 방법이다. 한 손에 스마트 기기를 쥐고 있는 사람들은 전문 서적처럼 복잡하고 빼곡한 정보를 원치 않는다. 대신 한눈에 들여다보고 파악할 수 있는 쉽고 편한 것을 원한다.

종이 신문사 역시 활자와 이미지만을 활용하던 과거 방식에서 변화하고 있다. 온라인 저널리즘 시대에는 '읽는 기사에서 보는 기사'로 뉴스 소비 패턴이 옮겨가고 있다. 스마트 미디어가 가져온 혁명은 비주얼 커뮤니케이션(Visual Communication)이다. 어떻게 작은 화면에 방대한 정보를 담을 것인가? 한마디로 '텍스트·동영상·그래픽을 결합하여 더욱 간단하게 그리고 한눈에 확 들어오는 정보를 디자인하라'가 해답이다.

SNS는 인포그래픽을 빠르게 확산시키는 도구이다. 스마트 시대에는 그림으로 표현하는 시각적인 설득력이 강한 수단이 되고 있다. 뇌는 무언가를 기억할 때 보는 순간을 기억하는 감각 기억, 단기 기억 그리고 장기 기억의 3단계를 거친다. 인포그래픽은 감각 기억을 자극함으로써 뇌에서 오랫동안 기억될 수 있게 하는 첫 번째 단계가 된다.

2. 작은 것이 아름답다. 인간을 위한 적정기술

실천적 경제학자이자 환경운동가로 유명했던 E. F. 슈마허의 명저 『작은 것이 아름답다』는 우리에게 많은 것을 시사해주고 있다. 그는 "과학적·기술적 해결책이 아무리 훌륭히 고안되거나 매력적이며, 경제성장이 인류에게 물질적인 풍요를 약속한다고 해도 환경 파괴와 인간성 파괴라는 극복하기 힘든 부산물을 낳는다면 미래는 결코 우리를 행복으로 인도하지 못할 것이다"라고 주장했다. 특히 환경을 오염시키거나 사회구조와 인간 본성을 훼손하는 것에 대해 크게 경계했다.

그는 경제력의 집중과 환경 파괴를 수반하는 거대한 기계화는 진보를 의미하지 않는다고 말한다. 우리는 우리 모두를 위협하는 파괴적인 움직임을 역전시킬 발명이나 기계를 만들 수 있는 기술혁신을 추구해야 한다. 슈마허는 이를 적정기술(Appropriate Technology) 또는 중간기술(Intermediate Technology)이라고 했다. 그는 적정기술을 '따뜻한 기술', '착한 기술', '인간의 얼굴을 한 기술', '사회 기술', '나눔을 위한 기술'로 표현하고 있다. 한마디로 적정기술이란 인간 삶의 질을 향상시키는 환경친화적이며, 인간 중심적 기술이다.[15]

산업혁명은 증기기관이 발명되면서 영국에서 일어난 운동이다. 증기기관은 처음에는 직조기에 쓰였다. 단 한 대의 직조 기계는 사람 수십 명이 여러 날 해야 할 일을 단 하루 만에 끝냈다. 영국의 식민지인 인도는 방직 공업의 원료인 목화가 많이 생산되었고 직물 상품의 소비 시장으로서 큰 몫을 차지했다. 인도의 간디는 수많은 사람을 실업자로 내몰고 지역 경제를 무너뜨리는 영국의 방직 기술 도입을 반대했다. 대량생산 기술 대신 물레를 돌려 천을 짜는 전통적인 인도의 기술이 지역 경제 자립에 도움이 되고 인도 국민의 삶을 향상시킬 수 있기 때문이다. 간디는 '카디 운동(Khadi Campaign)'을 통해 산업화와 물질주의로 생기는 피해를 막고자 했다. 그 스스로 물레를 이용해 옷을 만들어 입었고 간단한 생활용품 역시 자급자족했다. 영국에 대항하기 위해 했던 간디의 실천 운동이 적정기술의 시초였고, 오늘날 슈마허의 적정기술과 맥을 같이 하고 있다.

기술 중심의 성장 지상주의는 오히려 우리의 행복을 파괴하는 독이 될 수도 있다. 그러므로 무조건 기술을 수용하기보다는 때로 기술에 대한 성찰을 해야 한다. 적정기술은 화려하지 않다. 느리다. 그러나 따뜻하다. 무엇보다 중요한 것은 소외된 90%에게 다가가는 따뜻한 기술이라는 점이다.

과거 인도에 물레가 있었다면 현재에는 어떤 적정기술이 있을까? 아프리카에는 매일 6000명의 어린이가 오염된 물 때문에 목숨을 잃고 있다. 한 스위스 기업은 오랜 연구 끝에 정수 필터가 내장된 빨대인 라이프 스트로(Life Straw)를 만들어 보급했다. 이 빨대는 세균과 바이러스로 오염된 물의 99%를 걸러주고 있어 수많은 어린이의 목숨을 건져주고 있다.

땔감이 부족한 인도나 아프리카에 태양열 집열판으로 만든 곤로를 만들어 보내고 있는 단체들도 있다. 반짝이는 철판들을 둥그렇게 모아 붙여 초점이 모이도록 설계한 이 곤로를 이용하여 손쉽게 조리할 수 있도록 했다.

아프리카나 물 부족 국가에 사는 사람들은 물을 구하기 위해 포장되지 않은 길을 하루에 수 킬로미터씩 걸어 다닌다. 그 더운 날씨에 먼 길을 걸어서 양동이에 물을 긷고 온 길을 다시 돌아간다. 이러한 사람들을 위해 만든 적정기술이 Q-드럼이다. 도넛처럼 가운데가 뻥 뚫린 드럼통에 끈을 넣어 손쉽게 굴리면서 끌고 다니는 기술이다. 물통의 용량은 75L나 되지만 어린이도 손쉽게 움직일 수 있다. 특히 놀이 시설이 부족한 아프리카에서는 아이들이 서로 Q-드럼을 옮기겠다고 경쟁한다고 한다.

페트병에 세제와 물을 넣어 반투명 액체를 만든 뒤 지붕과 연결된 천정에 끼워놓으면 55W 전등을 켠 효과를 볼 수 있다. 이런 기술을 활용해 가난한 나라의 대낮에도 컴컴한 주택에 보급하고 있다. 또한 태양광을 모아 전기 에너지로 바꾸어주는 소형 발전기를 개발하여 휴대폰 충전은 물론 10시간 이상 전등을 사용할 수 있게 한 기술도 인기를 끌고 있다.

우리나라의 농토는 크게 줄지 않았지만 농촌에서 일하는 모습은 몇십 년 사이에 획기적인 변화를 겪었다. 과거에는 논에 모를 내고 잡초를 뽑고 수확하는 모든 과정이 노동력을 기반으로 이루어졌다. 사람의 노동은 농촌을 유지하는 원동력이 되었다. 그러나 지금은 농촌에 아이들 소리가 그친 지 오래되었다. 수많은 초등학교가 폐교되었다. 빈집이 늘고 있고, 촌로들만 남게 되었다. 농사는 상당 부분 기계가 대신하므로 예전처럼 많은 사람이 필요하지 않다. 이양기와 트랙터가 보급되어 농업 생산력이 높아졌다. 우리는 다행히 농경 사회에서 정보통신을 기반으로 한 신경제 사회로 빠르게 이동했다.

그러나 아직도 농업을 기반으로 삼고 있는 개발도상국에 트랙터 등 기계화된 농기구가 대량 보급된다면 어떨까? 그 지역에는 대규모 실업 사태가 발생하고 계층적 위화감과 혼란이 야기될 것이다. 그리고 트랙터에 들어가는 석유에 의존하게 되어 국제 원유 시장에 장악되는 농업 국가가 될 것이다. 그러므로 트랙터라는 높은 기술(High Technology)보다는 효율은 떨어지지만 쟁기와 호미 같은 전통적이고 원시적인 기술(Low Technology)이 훨씬 인간적이고 이들의 삶을 행복하게 발전시킨다.

일묵이란 유명한 스님이 가장 많이 들어본 질문 중 하나가 "스님, 무슨 재미로 사십니까?"였다고 한다. 그는 사람들이 왜 그런 질문을 할까 생각해보았다. 아마도 스님들은 일반 사람들이 재미있다고 생각하는 것들을 즐기지 않기 때문일 것이다. 일반인이 재미있다고 생각하는 삶은 돈이 많고 좋은 집과 비싼 차를 소유하고 노래와 춤을 즐기는 것 등이다. 그러나 깨우친 스님들에게 이 같은 재미는 한낱 욕망으로 보일 것이다. 일묵 스님은 재물을 얻으려는 욕망은 잠깐의 행복을 주더라도 계속 욕심을 불러오는 괴로움의 씨앗이라고 말한다. 미얀마 사람들에게 물어본다. "이 나라에서 누가 제일 부자입니까?" 그들은 답한다. "만족할 줄 아는 사람입니다."

그러나 좋든 싫든 밀려오는 거대한 초인류적 디지털 세상의 변화를 피해 갈 수 없는 세상이 되고 있다. 아마존의 정글에서 사는 원주민들이 하나둘 옷을 입기 시작하듯 말이다.

영국의 BBC TV가 1930년에 방송을 처음 시작할 때 가장 큰 고민은 TV를 통해 과연 무엇을 보여주어야 할 것인지 도무지 상상할 수 없다는 점이었다. 지금 생각하면 참으로 이해하기 어려운 일일지도 모른다. 그러나 당시에는 그것이 너무나 당연했다. 결국 BBC TV는 '창문을 청소하는 방법', '꽃에 물주기' 등을 촬영하여 보여주었다고 한다. 시간이 흘러 TV는 지구촌에서 가장 큰 문명의 전파자가 되었다. 한국인들은 하루 평균 3시간, 1년에 한 달 반, 평생 10년 정도의 시간을 TV 시청에 쏟는다고 한다. TV를 '바보상자'라고 비난하며 가급적 TV를 멀리하고 독서를 하라고 해도 우리는 가장 편리한 문명의 이기를 결코 외면할 수 없다. 물론 TV를 멀리해서 얻는 점이 있겠지만 외면하면 할수록 세상의 흐름과 단절될 것이다. 마치 우리가 종일 스마트폰에서 벗어나지 못하고 있듯이 말이다.

아직도 농업적 근면성을 바탕으로 행복하게 농사를 지으며 생활하고 있는 개발도상국 농부들에게 멋있고 의미 있는 디지털 세상의 미래 모습을 보여주며, 디지털 세상에 대한 사회적 원칙과 조건들을 만들어주는 것이 옳은 일인가? 아니면 스님의 세상과 일반인의 세상이 따로 있듯이 각각의 세상이 존재해야 하는가?

분명한 것은 해당 공동체의 정치적·문화적·환경적 조건에 적합하고, 해당 지역에서 지속적으로 생산과 소비가 가능하도록 만들어진 적정기술이야말로 그들의 삶의 질을 궁극적으로 향상시킬 수 있다는 점이다.

중앙아메리카에서 찬란한 문명을 이룩했던 마야인들은 밀림 속에서 약 2000~3000년 동안 번성했다. 가장 큰 미스터리는 이들이 9세기 중반 뚜렷한 흔적을 남기지 않고 감쪽같이 사라졌다는 점이다. 여기에 대해 질병, 종교의식, 자연재해, 생활 방식 등 여러 가지 가설이 있지만 여전히 풀리지 않는 숙제로 남아 있다.

마야인들은 천문학과 수학, 건축 등에서 놀라운 업적을 남겼다. 전성기에 건설된 '신들의 집합 장소'란 뜻의 '데오디와간'이란 도시는 면적이 20㎢

에 인구가 30만 명이나 되었다. 이 도시의 어마어마한 규모도 놀랍지만 석조 건물은 더 경이롭다. 약 100km나 떨어진 곳에서 운반한 석재를 자유자재로 주무르며 치밀한 구획 정리를 통해 거대한 계획도시를 건설했다. 더욱 놀라운 사실은 웅대한 건물들의 자리매김이 태양계의 행성 배치를 그대로 옮겼다는 점이다. 이것은 고도의 천문학 지식이 없었다면 불가능한 일이다.

『지금, 경계선에서』의 저자 레베카 코스타는 마야 문명의 멸망에 대해 의미 있는 시사점을 제시하고 있다. 그의 연구에 따르면 마야인들은 기후 변화나 바이러스에 제대로 대응하지 못했을뿐더러 스스로 멸망을 자초할 정도의 전쟁을 벌였다고 한다.

마야인들은 강우량이 적은 해에 재배할 작물의 종류를 정하고 공공 용수 사용량을 규제하는 등 물 보존에 주의를 기울였다. 그러나 강우량이 계속 감소하는데도 보존 외에 근본적 대책을 세우지 못했다. 이어 잘못된 고정관념인 '슈퍼 밈(Super Meme)'에 빠져 어린아이를 죽여 제물로 바치는 의식을 그 해결책으로 삼았다. 즉 마야 문명이 멸망한 근본 원인은 인간의 '생물학적 한계'에서 찾을 수 있다는 것이다. 문명이 발전하면서 사회의 복잡성이 커지는 데 비해 인간의 뇌는 그것을 감당할 만큼 빠르게 진화하지 못해 간극이 생긴다. 저자는 마야 문명, 로마제국, 크메르제국 같은 과거 인류 문명의 발전과 멸망 과정을 세밀하게 들여다보고 현재의 우리 지구촌도 복잡한 사회에서 나타나는 전형적 현상인 '슈퍼 밈'에 의한 인식의 한계 때문에 오류와 잘못으로 빠져들어 결국 멸망의 길로 접어들 수 있다고 경고한다.[16]

아마도 행복하게 살고 있는 개발도상국들 역시 이와 비슷한 길을 걸을지 모른다. 문명이 적정기술을 넘어 발전할수록 천연자원 고갈, 기후 변

화, 빈부 격차, 환경 파괴 등 여러 문제가 생기고 그들의 고유 문명과 행복
이 무너질지 모른다.

방글라데시에는 '조브라'라는 마을이 있다. 이 지역 사람들은 전통적으
로 농사를 지어왔다. 그런데 1980년대 후반에 이 지역에 매우 극심한 가
뭄이 들어 몹시 곤궁한 생활을 할 수밖에 없었다. 그러나 다행히 이들에
게는 바구니 짜는 기술이 있어 다른 수입원을 찾을 수 있었다.

그러나 문제는 이들에게 바구니 재료를 살 10달러조차 없었다는 점이
다. 은행에서 담보가 없는 이들에게 돈을 빌려줄 리가 없었다. 조브라 주
민들은 그대로 굶어 죽을 판이었다.

이때 무하마드 유누스라는 학자가 여행 중 우연히 이 마을에 들렀다. 그
는 굶어 죽을 수밖에 없는 동네 사람들에게 자신이 가진 음식을 나눠주
었다. 그러나 이것이 결코 근본적인 해결책은 될 수 없었다. 유누스는 자
신의 은행 계좌에서 각 개인에게 856타카(30달러 정도)의 돈을 빌려주었
다. 동네 사람들에게 이것은 삶의 실낱같은 빛이었다. 유누스에게 돈을 빌
린 이 마을 사람들은 열심히 바구니를 짜서 시장에 내다 팔았고 불과 3개
월 만에 대출 원금은 물론 이자까지 상환했다. 이 일을 계기로 무하마드
유누스는 많은 생각을 하게 되었다. 자신은 강의 한 시간으로 수백 달러
를 벌 수 있지만, 이들은 단 10달러가 없어 죽어가고 있었다. 빈부의 차이
와 불평등, 이를 자신이 연구하고 가르치는 경제학으로 어떻게 해결할 수
있을까? 그는 마침내 현실적인 방안을 찾았다. 가난한 사람들에게 대출
해주는 은행 설립을 결심한 것이다. 그는 동분서주했고 마침내 많은 독지
가의 참여로 은행을 세웠다. 그 은행의 이름이 바로 '그라민 뱅크(Grammin
Bank)'이다.

이 은행의 대출 조건은 가난을 증명하는 것이다. 그만큼 어려운 사람을

위해 설립된 은행이다. 현재 미국, 프랑스, 캐나다를 비롯한 58개국에서 빈민을 위한 그라민 뱅크가 설립·운영되고 있다. 이 은행을 통해 700만 명 이상의 빈민들이 돈을 빌리고 있다. 60억 달러가 넘는 돈이 대출되었는데, 놀랍게도 상환율이 97%이나 되는 탄탄한 은행으로 성장했다.

반드시 큰 것만이 위대한 것은 아니다. 작은 기술, 적정기술도 우리 인류의 발전에 크게 기여한다. 오히려 현대 문명의 전진을 가로막는 이기적 유전자 슈퍼 밈을 극복하는 데는 작지만 꼭 필요한 기술이 더 중요할지 모른다.

3. 디지털 시대에 신화와 스토리텔링, 인문학은 돈이 되는가?

21세기 첨단 과학의 시대에 왜 그리스 신화가 읽힐까? 그것은 우리가 감동받는 수많은 이야기의 원형이 바로 그리스 신화이기 때문이다. 현대의 수없이 다양한 작품들도 대표적인 모티브들을 기반으로 하고 있는데, 그 뿌리는 그리스 신화인 경우가 많다. 신화는 인류의 뇌리에 각인된 가장 오래된 이미지가 저장된 보고이자 상상력의 원천이다. 상상력이 곧 창조 능력인 시대에서 신화는 스토리의 영감을 제공해준다. 예를 들어 영화 〈아바타〉의 나비족 공주는 그림 형제의 동화 「개구리 왕자」에서 착안했는데 그 원형은 그리스 신화이다. 그리고 그리스 신화에 나오는 바다 요정 사이렌(Siren)은 스타벅스 커피의 로고가 되었다. 반지의 제왕이나 해리 포터 역시 신화를 기반으로 스토리가 창작되었고 문화 산업으로 크게 성공했다.

2003년 일본의 NHK에서 〈겨울연가〉가 절찬리에 방영되었고, 〈대장금)과 〈주몽〉이 동남아시아와 중앙아시아, 중동 지역에서 선풍적인 인기를 끌었다. 드라마를 중심으로 한 1차 한류가 아시아를 강타한 것이다. 그런데 이란과 아프가니스탄처럼 종교와 풍속이 우리와 완전히 다른 국가에서 왜 〈주몽〉을 그리 좋아한 것일까? 그런 점에서 한류 문화는 단군 이래 최대 사건이라 할 수 있다. 우리가 근대 이전에 여러 나라의 문화를 받아들인 길을 '실크 로드'라고 했다면 우리 문화를 세계로 전하는 길은 '한류 로드'라고 명명할 수 있을 것이다.

전문가들은 외국에서 〈주몽〉을 좋아하는 이유로 종교적 색채의 요소가 없으면서도 우정, 정직, 용기, 협동 등의 가치를 보여주는 교육적인 측면이 강하기 때문이라고 분석하고 있다. 여기에 재미를 만드는 요소가 잘 결합해서 대중적 인기를 끌 수 있었다고 해석한다. 그리고 중요한 한 가지가 더 있다. 주몽이 아버지를 찾아 나서는 모티브 자체가 그리스 신화 이래 인류에게 가장 보편적 스토리 중 하나여서 이질감이 적다는 것이다. '아버지 찾기', '출생의 비밀', ' 형제 갈등', ' 알파 걸', ' 복수' 등 19개 정도로 분류되는 그리스 신화의 모티브는 오늘날 모든 스토리의 원형이 되고 있다. 〈주몽〉은 이런 원형적 모티브를 토대로 퓨전 사극으로서의 창의성과 상상력을 더했다. 그것이 외국에서의 인기로 이어졌다고 볼 수 있다.

물질주의가 팽배한 디지털 시대에 인문학은 진정 배고픈 학문일까? 『문명의 충돌』이란 저서로 유명한 하버드 대학의 새뮤얼 헌팅턴 교수는 "21세기 문명의 핵심은 단순한 자연과학의 발전이나 산업 생산 혹은 물질적 풍요가 아니라, 삶의 질이나 문화적 가치의 실현이다"라고 말했다.

한국전쟁 직후 한국의 경제력은 아프리카 최빈국 가나와 비슷했다. 그러나 1990년 한국의 1인당 GNP는 가나의 15배를 넘는다. 새뮤얼 헌팅턴 교수는 그 원인을 '문화'에서 찾는다. 즉, 한국인들이 지니고 있던 검약, 투지, 근면, 교육, 극기 정신 등의 가치가 사회적 경제 발전을 일구어내는 데 중요한 역할을 했다는 것이다. 역설적으로 말하자면 학교에서는 인문학을 멀리하지만 기업들은 인문학에서 돈이 나온다고 생각한다. 고 이병철 삼성 창업주는 "내 모든 경영 기법은 논어에서 나왔다"고 말했다. 마이크로소프트 창업자 빌 게이츠는 "인문학이 없었다면 나도 없고 컴퓨터도 없었을 것이다"라고 했다. 스티브 잡스 역시 자신의 상상력은 IT 기술과 인문학의 결합에 기초한다고 밝히면서, "소크라테스와 점심을 함께할 수 있다면 애플이 가진 모든 기술을 내놓겠다"고 말했다. 세계적인 경영자들이 인문학에 집중하는 이유는 무엇일까? 인문학은 인간에 대한 이해와 통찰력을 주기 때문이다.

인문학 열풍에 대한 반론도 만만치 않다. 인문학은 결코 우리가 찾는 답을 직접적으로 주지 않는다. 그런데도 인문학은 사회 발전에 큰 기여를 한다.

어느 학부모가 자녀와 함께 문과, 이과 중 어디로 진학할지 상담하기 위해 상담사를 만났다. 상담사는 적성 판별법을 다음과 같이 설명했다. "갑자기 함박눈이 내립니다. 그러면 문과 적성에 맞는 학생은 하얀 눈의 아름다움에 취해 감탄사를 연발합니다. 그런데 이과 적성의 학생은 눈을 손바닥에 올려놓고 결정체를 살펴봅니다. 이처럼 문과는 감성적이고 이과는 논리적이라 할 수 있습니다."

과연 그럴까? 적성은 남성과 여성처럼 이분법적으로 나눌 수가 없다. 그 둘 사이에는 다양한 교차점이 존재한다. 현대는 혁신과 창의의 시대이다. 예술과 기술, 인문과 기술이 합쳐져야 힘을 내는 세상이 되었다. 인지과학·로봇·인공지능·빅데이터·뇌 과학·문화 기술 등은 화성의 이과, 금성의 문과로는 감당 못하는 산업이자 학문으로 자리 잡았다.[17]

존 그레이는 그의 저서 『화성에서 온 남자 금성에서 온 여자』를 통해 남녀가 근본적으로 심리학적인 차이를 보인다고 주장하고 있다. 남녀 간의 대표적 문화 차이는 남성은 주로 문제에 대한 해결책을 제시하려는 반면, 여성은 문제를 해결하는 데 관심을 보이기보다 주로 말하는 데 관심이 둔다는 점이다. 그러므로 저자는 남성과 여성을 화성과 금성이라는 각기 다른 행성에서 온 종족으로 설정했다. 우리 사회에서도 문과와 이과는 화성과 금성만큼 차이가 있다고 보는 경향이 강하다. 취업이 잘되는 실용 학문을 강조하는 대학에선 인문학이 여전히 찬밥 신세이다. 그들의 기준과 사고방식으로 볼 때 노자의 말씀에서 경영 방식을 직접 찾을 수 없다. 또 공학에서 못 푸는 문제를 인문학을 통해 답을 구할 수 없다.

그러나 낡은 이분법에서 벗어나 시야를 넓힐 필요가 있다. 다양한 관점에서 사유하고 해답을 찾는 것이 창조 시대의 필연적인 과제이며, 그래서 인문학이 필요하다.

칸트는 말했다. "경험이 없는 사유는 공허하고, 개념이 없는 직관은 맹목적일 수밖에 없다." 인문학은 칸트의 말처럼 인류가 걸어온 경험이며 발자취이고, 인간의 조건에 관해 탐구하는 학문이다.

"나이는 숫자에 불과하다", "넥타이와 청바지는 평등하다", "차이는 인정한다. 차별에 도전한다", "생각이 에너지다" 등의 카피로 유명한 광고인 박웅현은 그의 저서 『인문학으로 광고하다』에서 "잘 만들어진 현대적인 광고는 제작 기술과 세련된 정도가 기준이 되는 것은 아니다. 시대정신을 얼마나 담고 있느냐가 중요하다"고 말한다. 그리고 "창의성의 원천 가운데 가장 중요한 하나가 바로 인문학적 소양"이라고 덧붙였다.[18]

광고가 소비자들의 기억 속에 살아남기 위해서는 사람들과 소통해야 한다. 그리고 선동이 아닌 진정성을 지닌 광고가 시대를 아우를 수 있다.

공감이란 진정성과 통한다. 김난도는 그의 저서 『트렌드 코리아』에서 말한다. "진정성은 소비자 관점에서 경험적인 진실과 일치될 때 비로소 공감의 요소가 될 수 있다. 결국 소통은 공감을 지향하고 진정성을 지향한다."

미래학자 제러미 리프킨은 그의 저서 『공감의 시대』에서 "공감은 갈수록 복잡해지고 개인화되는 사회를 하나로 묶어주는 사회적 접착제이다. 공감이 없는 사회는 이제 상상조차 할 수 없다"고 말했다. 대림건설의 '이편한 세상'이란 아파트 브랜드는 '진심이 짓는다'는 스토리텔링으로 소비자의 진정성에 호소하고 있다. 인문학적 접근으로의 이 스토리텔링은 소박하기 그지없다. 그러나 소비자의 니즈를 정확히 파악한 적정기술을 그 속에 담아놓았다. 그리고 다정한 목소리로 소비자에게 말을 걸고 있다.

> 1층은 인기가 없다. 그럼 1층에 바람길을 만들자.
> 1층 문은 왕래가 많다. 그럼 1층 집에 출입문을 분리하자.
> 1층은 사생활 보호가 힘들다. 그럼 1.5층을 만들자.

대림의 광고 카피는 적어도 '사람이 사는 아파트'를 지향하는 건설회사의 진정성을 표현한다.

전래 동화 「빨강 망토 이야기」를 브랜드 스토리로 응용한 대림건설의 또 다른 광고를 살펴보자. 빨강 망토 소녀는 할머니에게 문병을 가던 중 숲 속에서 만난 늑대의 꼬임에 빠져 빵과 포도주를 빼앗기고 위험에 빠진다. 하지만 이 이야기에서 '안전'의 가치를 돋보이게 했다.

> 나쁜 마음 물러가라고 조명을 밝히고,
> CCTV는 잘 보이게,

70

나무 간격 조절하고,

막힌 시야는 틔워 주고,

놀이터는 가운데로…….

부모라면 누구나 아이들의 안전에 대해 걱정한다. '이 편한 세상'은 빨간 망토 소녀를 보호해주는 천사처럼 '아이들의 안전'을 염려하고 지켜주는 이미지를 부모들에게 심어줌으로써 따스한 인문학적 감정을 전달하고 있다.

경쟁의 문명 시대에서
공감의 문명 시대로

1. 브랜드 감성, 고객의 영혼과 유대를 맺다

매년 아이폰 신모델이 발표될 때면 수많은 사람이 줄을 서서 가게 문이 열리기를 기다린다. 신제품의 효용성을 미처 파악할 필요가 없다. 소비자들은 그동안의 체험과 참여로 형성된 브랜드 가치를 믿고 의심의 여지 없이 서둘러 지갑을 열어 신제품을 산다. 이처럼 잘 나가는 제품들은 공통적으로 '제품의 질'을 뛰어넘는 '브랜드 감성'으로 브랜드의 가치를 확보하고 있다. 할리데이비슨, 애플, 핫셀브라드 소비자들은 특히 브랜드 충성도가 강하다. 그들은 브랜드 스토리를 스스로 전파하며 입소문의 주체가 된다.

『마켓 3.0』의 저자 필립 코틀러는 말한다. "브랜드의 미션이 소비자들의 지성과 영혼에 성공적으로 주입되고 나면 이미 그 브랜드는 소비자들의 소유가 된다."

할리데이비슨의 예를 들어 보자. 할리데이비슨은 BMW나 혼다, 야마하에 비해 속도가 더 빠르거나 멋있는 모터사이클이 아니다. 오히려 무겁고 잘 나가지도 않고 소음이 심하다. 그러나 할리데이비슨의 '두둠두둠 두두둠' 하는 엔진 소리는 이미 마니아들에게 그들의 심장을 울리는 고동 소리가 되었다. 마치 애마를 타고 달리듯 도심을 질주하는 본능과 쾌감은 다른 제품과 비교할 수 없다고 생각하고 있다.

미국인들이 몸에 그려넣는 문신 중 가장 흔한 것이 '맘(Mom)'이며, 두 번째가 '할리데이비슨'이라고 한다. 고객이 스스로 할리데이비슨의 유전자를 자기 몸에 브랜드로 새겨넣는 것이다. 할리데이비슨의 모터사이클 가격은 평균 3000만 원 내외이다. 여기에 가죽 재킷과 각종 액세서리까지 판매한다. 매출의 20%가 이런 부가상품에서 나온다. 고객은 액세서리와 의류를 사는 데 대략 600만 원 정도를 쓰는 셈이다. 할리데이비슨의 고객들은 어떤 헬멧을 쓰든, 어떤 가죽 재킷을 입든 금방 티가 난다. 그 스스로가 할리데이비슨의 브랜드이다. 보통 사람들은 비바람도 안 막아주고 에어컨도 없는 모터사이클에 큰돈을 쓰는 마니아들을 좀처럼 이해하기 어렵다.

도로 위에서 요란한 배기음을 내며 달리는 할리데이비슨 애호가를 마주친 운전자들은 이들을 성가신 존재로 바라본다. 그러나 이들은 속도와 교통법규를 준수하며, 위험한 곡예 질주를 하지 않는다. 이들은 두 지점을 얼마나 빠른 속도로 통과했느냐를 목표로 삼지 않는다. 시속 200km 주파는 동호회 멤버들에게 결코 자랑거리가 되지 않는다. 두 지점을 얼마나 즐거운 마음으로 달렸는가가 더 중요하다고 생각한다.

할리데이비슨은 다른 브랜드에 비해 고장도 잦아 유지 비용이 만만치 않다. 전자적으로 제어되는 독일식 BMW나 효율을 중시해 정밀하게 만든 일본식 모터사이클과 비교해볼 때 할리데이비슨은 우락부락하고 털털거리며 촌스럽기까지 하다. 그러나 이것이 할리데이비슨의 매력이다. 속도와 브레이크는 독일제나 일본제보다 느리고 밀리지만 시속 70~80km로 바람을 맞으며 한적한 교외를 달리는 여유와 즐거움이 있다. 이러한 아날로그적 감성은 할리데이비슨에만 존재한다. 당연히 고객과 할리데이비슨 브랜드 간의 유대감은 단연 최고이다. 마치 영혼을 교감하는 수준이다.

할리데이비슨은 말한다. "우리는 고객의 꿈을 실현해드립니다. 이게 바로 우리의 미션이자 존재 이유입니다. 우리는 모터사이클로 고객에게 행복을 주고 고객의 꿈을 이뤄줍니다."

인간은 절대 논리만으로 설득되지 않는다. 논리적 토론보다 정서의 공유가 우선이다. 정서를 공유하지 못하면 사람의 마음을 움직이지 못한다.

1987년 일본에서는 '햄버거 가격 내리기 전쟁'이 벌어진 적이 있다. 업계 최강자인 맥도날드가 500엔이 넘는 햄버거 세트를 390엔에 팔기 시작하자, 롯데리아 등 다른 체인들도 가격을 400엔 이하로 내렸다. 하지만 일본 토종 햄버거 업체인 모스버거의 생각은 달랐다. 400엔이 넘는 세트 가격을 그대로 유지했다. 왜 그런 결정을 내렸을까? 모스버거는 가격이 약간 비싸도 정성이 담겨 있으면 모스버거를 즐겨 먹던 소비자들이 외면하지 않을 것이라는 확신을 갖고 있었다. 모스버거에는 '가족에게 대접하듯 정성껏 준비한 식사'라는 철학이 있었다. '제값'을 받는 대신 진심 어린 서비스로 지역 주민의 신뢰를 얻는다는 전략이었다. 이 회사는 매장이 있는 지역 농가와 특별 계약을 맺어 식재료를 조달해 사용했다. 당시 일본에서의 치열했던 햄버거 가격 할인 전쟁은 2년 후 맥도날드가 마침내 저가상품을 포기하면서 끝이 났다.

마케팅 3.0 시대에는 소비자가 제품과 감성적 교류를 어떻게 하는지가 성공 여부의 핵심이 된다. 소비자의 감성 소비 행태는 마케팅에서 제품 개발, 그리고 회사 경영에 이르기까지 적극적인 변화를 요구하고 있다. 베네통 CEO인 실바노 카사노는 이렇게 말한다. "베네통을 사랑하는 사람은, 자신이 곧 그 제품의 일부라고 느끼기 때문이다."

광고계의 전설 데이비드 오길비는 말했다. "매출을 올리지 못하는 광고는 쓰레기와 같다." 그런데 온·오프라인, 모바일의 다매체 시대에 과연 광고가 본래의 역할을 수행하고 있는지, 광고를 통해 매출이 얼마나 발생하는지 등의 질문에 광고인들의 답변은 궁색해지고 있다. 그렇다면 광고는 이제 무엇이 되어야 할까? 지금까지처럼 투자 대비 이윤(ROI: Return On Investment)이 되어야 할까? 이제는 오길비의 생각을 버려야 할 때이다. 광고는 이제 스토리텔링이 있는 콘텐츠 마케팅이 되고 있으며, 통합 마케팅이 되어야 하기 때문이다. 그러므로 투자 대비 이윤의 집착에서 벗어나 '투자 대비 가치의 패러다임(VOI: Value On Investment)'으로 전환해야 한다.

노트북이나 유명 브랜드 PC 등을 보면 '인텔 인사이드(Intel Inside)'라고 적힌 작은 마크가 붙어 있다. 얼핏 생각하면 별 의미 없는 상표처럼 보일지도 모른다. 마치 영화가 끝난 후에 나오는 엔딩 크레딧처럼 말이다. 우리는 엔딩 크레딧을 보며 영화에서 박진감 있는 사운드를 들려주었던 기술이 '돌비 디지털'이라는 사실을 알게 될 수도 있다. 그러나 대부분의 사람은 그 음향 기술이 구체적으로 무엇인지 별 관심이 없다. 인텔은 마이크로프로세서를 공급하는 반도체회사이다. 그런데 우리는 PC나 노트북을 살 때는 처리 속도가 얼마나 빠르냐, 메모리는 충분하냐, 게임은 잘되냐 정도가 주요 관심 사항이다. 그 안의 CPU와 각종 칩셋이 어느 회사 제품이며 어떤 특성을 지니고 있는지는 잘 따지지 않는다. 그런 것을 꼼꼼히 체크하는 사람이라면 아마 컴퓨터 전문가 소리를 들을 만할 것이다. 소비자에게 보이지도 않고 그 가치를 알기도 어려운 제품을 생산하는 인텔은 지속적인 '인텔 인사이드' 캠페인을 통해 마이크로프로세서의 프리미엄 브랜드로 소비자들의 머릿속에 각인되었다. 그리고 소비자들은 PC를 구입할 때 이 마크가 붙어 있는지 유심히 살펴보게 되었다. 제품 속에 들어 있어 눈에 보이지도 않는 인텔의 가치가 PC를 앞지르게 되었다. 이런 인텔이 AMD에 시장 점유율을 조금씩 빼앗기기 시작하자, 2010년부터 미디어 기업인 바이스와 함께 '크리에이터스 프로젝트(Creator's Project)'를 시작했다. 이 문화 프로젝트는 음악, 영화, 디자인과 건축 등을 선도하는 아티스트를 전 세계적으로 발굴하고 지원하는 사회 공헌 사업이다.

"기술은 예술을 확장하고, 사람의 삶은 예술에 영감을 받아 풍요로워진다." 이것은 '인텔 크리에이터스 프로젝트 2012 서울'의 기획 취지였다. 컴퓨터 기술이 예술과 결합하여 새로운 방식으로 유통되는 시대에 인텔은 새로운 방식으로 그들의 가치를 창출하고 있다.

2. 손목 위에 예술의 옷을 입힌 스와치 콜라보레이션

스마트폰의 등장으로 종이 지도와 시계, 다이어리 노트, 휴대용 게임기 등이 사라지고 있다. 다음 희생양은 손목시계가 될지도 모른다. 더는 시계가 필수품은 아니라는 사실은 분명해 보인다. 스마트폰이 전 세계의 시간을 알려주는 것은 기본이고 약속과 일정까지 챙겨주는 비서 역할을 하고 있기 때문이다. 이러한 추세에 살아남기 위해 요즈음의 시계는 단순히 시간을 알려주는 도구가 아니라 패션과 첨단 유행을 반영하는 자기 개성 표현의 패션 아이템으로 바뀌고 있다.

휴대폰 등장 이전에 손목시계에 대한 고정관념을 깨뜨리고 패션이라는 새로운 개념을 선도한 브랜드가 있다. 바로 스위스의 스와치이다.

로렉스와 오메가, 론진, 라도, 티쏘, 쩨르티나 등의 최고급 브랜드로 대표되는 스위스의 시계 산업은 1970년대 중반까지 누구도 넘볼 수 없는 독보적인 장인 산업이었다. 여유 있는 집안의 예물이나 부자들의 상징물이 스위스의 고급 손목시계였다. 1973년 무렵까지 스위스의 시계 시장 점유율은 무려 43%나 되었다.

그러나 1970년 후반 무렵 일본과 홍콩의 전자시계가 등장했고, 이들이 값싼 노동력과 대량생산 방식을 앞세워 세계 시장을 공략하기 시작하면서 스위스 시계 산업의 경쟁력은 급속히 약화되었다. 오랜 전통을 이어온 장인들에 의한 소규모 가내공업 형태로 운영되던 스위스의 1600여 개 시계 제조업체 가운데 1000개 이상이 도산했다. 약 9만 개 정도의 시계 산업 일자리도 2만 5000개 미만으로 줄어들었다.

스위스의 시계 시장 점유율은 15% 이하로 떨어지는 등 회복할 수 없는 심각한 상황을 맞게 되었다. 이때 스위스 시계는 고급 시계라는 등식을 버리고, 감성을 입힌 패션 시계로 창조적 발상을 시도한 사람이 스와치 창업자 니콜라스 하이에크였다. 시계 장인들은 그의 시도에 대해 지금까지 쌓아온 스위스의 고급 시계 이미지를 훼손시킨다는 이유로 한결같이 반대했다. 그러나 하이에크는 고급 시계를 주장하는 대신 플라스틱을 이용하여 충격에 강하고, 정확하며, 저렴하고, 대량생산이 가능한 시계를 만들어냈다. 스와치 시계가 원가를 절감하여 대중적인 시계만을 만들어내는 데 그쳤다면 그저 평범한 브랜드에 지나지 않았을 것이다.

하이에크가 추구한 변화의 핵심은 '패션'이라는 테마였다. 1983년 스와치는 현대적인 예술과 문화, 라이프 스타일을 시계 디자인에 반영하는 콜라보레이션을 추구하여 시장에 출시했다. 스와치가 내건 광고 슬로건은 "왜 두 번째 집인 별장은 소유하면서 두 번째 시계는 갖지 않는가?"였다. 그리고 시계에 과감한 색상을 도입했고, 어떤 제품도 1년 이상 판매대에 내놓지 않았다. 스와치는 '영원한 약속'이 아니라 '변화하는 패션'이기 때문이다. 전 세계 젊은 소비자들은 이런 스와치에 열광했다. 스와치는 지금도 각 분야 전문가들과 함께 예술, 패션, 스포츠라는 세 가지 가치와 감성을 담은 제품을 팔고 있다.

스위스 시계 산업의 위기 속에 스와치가 태어났다. 스와치는 작은 기계 뭉치에 혁신적인 컬러와 인간의 감성을 담아 성공했다. 스와치라는 브랜드 네임은 스위스 시계(Swiss Watch)이자, 두 번째 시계(Second Watch)라는 의미를 동시에 품고 있다. 이 슬로건을 앞세워 출범한 스와치는 현재 전 세계 시계 시장의 25%를 점유하며 매년 150종 이상, 1000만 개 이상의 시계를 판매하고 있다. "스와치는 혁신이고, 도전이며 즐거움이다." 이는 1억 번째 스와치 탄생 기념 행사에서 창업자 하이에크가 한 말이다.[19] 그리고 하이에크는 그의 부친과 마찬가지로 자본 시장보다 시계 산업에만 집중한다. "우리는 주식을 파는 게 아니라 시계를 판다"라고 말한다. 그들은 도산 위기에 빠졌던 오메가, 티쏘, 론진 등 100년 전통의 최고급 브랜드를 합병하여 새로운 시계 왕국을 건설했다.

이제 콜라보레이션은 다양한 분야로 확대되고 있다. 하이트진로와 유니클로가 만나 콜라보레이션 티셔츠가 탄생했다. 프라다는 한국의 역사가 담긴 경희궁 안에서 미술, 영화, 패션 등 다양한 이벤트 프로젝트를 시도해 새로운 이미지를 형성했다. 동서양 문화 교류의 기회를 얻는 동시에 국내외의 많은 유명 인사들을 초청해 프라다 브랜드를 알리는 계기를 마련했다. 화려한 로봇들이 보여주는 현란한 액션으로 많은 관객을 사로잡았던 영화, 〈트랜스포머〉는 미국 록밴드 '린킨 파크'와 콜라보레이션을 통해 "영화와 음악이 만나 역사상 최고의 시너지 효과를 낳았다"는 평가를 받았다.

인터넷에 올라온 질문과 답글의 한 토막을 소개하겠다. 먼저 이런 질문이 올라왔다. "고 1인데요. 반스나 올스타 컨버스는 평범해서 질리고, 뉴발란스는 흔하고. 정말 고민되는데 추천해주세요! 나이키나 아디다스는 사절." 이에 대한 답글은 다음과 같다. "푸마 미하라 야스히로는 어떠신지요? 흔하지도 않고 소장 가치도 있을뿐더러 디자인도 멋진 스니커즈지요."

'이건 좀 내 스타일이 아닌 거 같고, 저건 너무 평범해. 무언가 색다른 거 없나?' 21세기를 사는 소비자들은 이렇게 '평범함'을 넘어 '신기하고 특별함'을 원하고 있다. 소비자들의 높아진 눈높이와 욕구를 충족시키기 위해서 기업들은 다양한 콜라보레이션을 통해 기존과 다른 모습을 보여주고 있다. 이는 서로 다른 둘이 단순히 1+1=2라는 물리적 결합을 통해 합쳐지는 것이 아니다. 3이나 4 혹은 그 이상의 브랜드 가치와 시너지를 만드는 마케팅 방식이다. 그리고 상생과 창조의 미학을 실천해주는 융합 전략이다.

3. 보고 만지는 UI에서 느끼고 경험하는 UX 시대로

재미와 감동을 주는 이야기는 인류가 태동한 이래 시작된 가장 오래되고 가치 있는 산업이다. 이제 농업, 제조업, IT 등 어떤 분야의 산업이든지 그 속에 이야기, 즉 콘텐츠가 없으면 새로운 시장을 확보할 수가 없다. 그래서 우리는 콘텐츠 산업을 인류의 마지막 산업이라고 부르기도 한다.

이제 다양한 콘텐츠가 손안의 모바일 기기나 스마트폰을 통해 전달되고 우리는 이것을 즐기며 공유한다. 활자 매체와 TV, 그리고 아날로그 영화관을 통해 전달되는 스토리와 디지털을 통해 전달되는 스토리는 각기 다른 경험을 만들어낸다. 많은 디지털 기기 업체들은 경험을 통해 고객의 무의식을 움직이기 위해 집중하고 있다.

"착하게 살아야 한다. 정직해야 한다. 남자는 굳은 의지를 키워야 한다. 게임을 하지 마라. 공부를 열심히 해라." 우리는 부모님께 이런 말을 들으며 성장해왔다. 그러나 행동을 바꾸기 위해서는 무의식에 호소하는 것이 가장 바람직한 방법이다. 앞에서 말했듯 인간은 의식보다 무의식이 차지하는 비중이 훨씬 더 크다. 어린이들이 동네를 배회하는 길고양이에 대한 두려움을 떨치려면 어떻게 해야 할까. 가장 좋은 것은 '길고양이에게 직접 먹이를 주면서 길고양이가 사람을 공격하지 않고 전혀 무섭지 않다는 경험'을 해보는 것이다.

이것은 디지털에서도 적용할 수 있다. 첨단 기술로 무장한 스마트폰으로 반복적 경험을 통한 무의식적 기억에 효과적으로 학습시키는 것이다. 이를 위해서 소비자들에게 기술보다 사용자 경험(UX)을 넓혀주는 것이 바람직하다. 소비자가 새로운 경험을 통해 감성적인 만족과 훨씬 향상되고 있는 생활의 편의성을 무의식적으로 느낀다면 이는 성공한 것이다. 스티브 잡스의 아이폰은 단순한 휴대폰이 아니다. 노키아를 단숨에 누르고 하루아침에 전 세계 모바일 시장을 석권한 데에는 모바일 앱이라는 콘텐츠의 힘이 있었다. 그리고 손가락으로 터치하는 UI를 통해 접속하고, 이것이 누적되어 아이폰만의 새로운 디지털 경험인 UX를 창출했다. 혁신의 아이콘 스티브 잡스는 말했다. "만족시키려 하지 마라, 놀라게 하라."

갑자기 TV 리모컨을 찾지 못해 당황한 경험이 누구에게나 있을 것이다.

이럴 때면 소파 속이나 테이블 밑, 침대, 심지어 냉장고 속까지 뒤지게 된다. 그만큼 리모컨은 TV와 가장 밀접한 관계에 있다. 리모컨이 사용자 경험의 70% 가까이 점유하고 있다는 연구결과도 나와 있다. 스마트폰이 직관성으로 성공했듯이 리모컨 역시 직관적인 기기로 통한다. TV를 켜고 끄며 채널을 선택하고 볼륨을 조작하는 리모컨은 배워서 익히는 기기가 아니다. 리모컨의 숫자 배열부터 조작의 결과 값이 바로 화면에 나타나는 가장 강력한 UX의 수단이다. 그런데 TV가 디지털로 넘어가면서 서비스가 복잡해졌고 덩달아 리모컨도 복잡해지기 시작했다. 1950년도 미국의 제니스 사가 최초의 유선 리모컨을 선보였다. 그리고 30년 뒤인 1983년에 우리나라에서도 처음으로 리모컨이 등장했다. 제니스가 제작한 리모컨의 이름은 '레이즈 본(Laze Bone)'이었다. 손가락만 까딱해도 TV를 조작할 수 있으니 말 그대로 게으른 소비자들을 충성 고객으로 만드는 데 충분했다. 리모컨을 손에 쥐고 벽이나 소파에 기대어 TV를 본다고 해서 '린 백(Lean Back)'이라는 말도 나왔다.

혁신과 성공의 덫에 걸려 헤어나지 못하는 기업들은 오히려 사용자를 불편하게 만드는 UI와 UX에 도취해서 실패하곤 한다. TV가 아날로그에서 디지털로, 디지털에서 IPTV와 스마트 TV로 넘어가면서 수많은 버튼이 붙어 있는 TV 리모컨이 나왔다. 사용자들로 하여금 기가 질리게 하는 이런 리모컨은 고객을 잊어버린 '과잉만족'의 산물이다. 기능을 추가하는 것보다 빼는 것에서 오히려 차별화와 고객 가치가 발생할 수 있다. 모션 인식, 터치 패드, 음성인식 기능, 자판 등 스마트 환경에 적합하게 진화하면서도 간결하고 직관적으로 만드는 힘, 그것이 UX의 콘셉트이다.

사용자 경험, UX란 '사용자가 어떤 시스템, 제품, 서비스를 직간접으로 사용하면서 느끼게 되는 총체적인 경험'을 말한다. 아이폰에 대한 느낌과 경험이 좋으면 아이패드 혹은 아이패드 미니를 사게 되고 맥북도 구입하게 된다. 그리고 소비자들은 그 중심에 아이튠스라는 콘텐츠 허브를 두고 다양한 콘텐츠를 소비한다. 이를 통해 소비자의 반응이 확대되거나 통합되며, 업무 분야 역시 확대되거나 통합된다. 그러므로 UX란 제품, 시스템, 서비스를 사용하면서 인간이 얻게 되는 지각과 반응의 합인 셈이다.

인지과학자 로저 생크는 말한다. "인간은 선천적으로 논리를 이해하는 데 이상적이지 않다. 인간은 선천적으로 스토리를 이해하도록 만들어졌다." 소비자 경험도 마찬가지이다. 광고를 보면 이 대목을 쉽게 이해할 수 있다. 1993년 대우전자는 '탱크주의'라는 광고 캠페인을 통해 잔고장이 없고 내구성이 좋은 제품으로 포지셔닝하여 크게 성공했다. 당시 사람들은 TV를 보다가 화면이 안 나오면 임시방편으로 TV 수상기를 꽝 내려치기도 했고, 가전제품을 수리하는 전파사도 길가에 즐비했다. 이렇게 전자제품 고장이 잦았던 시절에는 당연히 품질 좋고 튼튼한 제품이 최고였다. 당시 대우 탱크주의를 선도했던 배순훈 사장은 광고에 직접 출연하여 이렇게 선언했다. "복잡하고 기능이 많은 제품보다 간단하고 고장이 안 나는 제품을 만드는 것이 세계적 추세입니다. 품질보다 더 좋은 광고는 없습니다. 대우 탱크주의!"

노트북을 코끼리가 밟고 지나간다든가, 휴대폰 위로 자동차 바퀴가 굴러가도 끄떡없다는 식의 광고는 이제 더는 소비자들에게 먹혀들지 않는다. 지금은 하이테크 제품에 감성을 접목하여 소비자에 어필하는 시대이다. 냉장고 광고에 '디자인, 맛, 편리성'을 강조하지 '튼튼함' 혹은 '내구성'을 내세우지 않는다.

2012년부터 인기 배우 장동건과 원빈의 '밥솥 전쟁'이 치열하게 전개되고 있다. 밥솥의 품격이 높아지면서 생긴 일이다. 분리형 뚜껑부터 오디오

부착까지 밥솥 기능은 고급화로 진화하고 있다. 눈이 높은 30~40대 '아줌마 파워'를 한눈에 확인할 수 있는 곳이 바로 이 밥솥 시장이다. 과거 대우전자의 탱크주의 시절과 같은 '튼튼한 밥솥'이나 '아름다운 주부'라는 환상 마케팅은 더는 먹히지 않는 개념이 되어버렸다.

쿠쿠와 쿠첸은 소비자의 마음을 빼앗을 수 있는 모델이 필요했다. 그들이 누구일까. 직접 밥솥을 사용하지는 않지만 여심을 사로잡을 수 있는 배우 원빈과 장동건이다. 쿠쿠 밥솥의 기술인 분리형 커버를 세척하고 난 원빈은 "여자들은 이렇게 깔끔해요?"라며 밥솥을 껴안는다. 쿠첸 광고에서 장동건은 오디오에서 흐르는 베토벤의 〈합창〉을 들으며 지휘를 한다. 하지만 이것은 오디오 기기가 아니라 밥솥에서 나온 음악 소리이다. 장동건은 '주방의 품격을 향상시키는 프리미엄 밥솥'이란 이미지를 강조하고 있다.

기술과 예술의 경계에서 창의적인 사고와 공감이 생겨난다. 이것이 디지털 시대의 사용자 경험이다. 원빈과 장동건이란 모델이 밥솥과 사용자의 감성을 이어주듯이 제품 자체에도 사용자 경험과 감성을 집어넣어야 한다.

테크네의 귀환, 기술과 예술의 하모니를 창조하다

1. 예술은 기술에 도전하고 기술은 예술에 영감을 준다

페이스북 본사 입구는 초현실주의 화가 르네 마그리트의 작품과 함께 표어 하나가 걸려 있다. "우리는 기술회사인가?(Is this a technology company?)"라는 문구이다. 이 문구는 직원들에게 페이스북이 기술 그 자체에만 머물러서는 안 된다는 사실을 늘 일깨워준다. 이에 비해 구글은 "사악해지지 말자(Don't be evil)"라는 표어를 내걸고 있다. 스마트폰을 가지고 돌아다니면 스마트폰의 위치 정보가 애플로 전송된다. 애플이 원한다면 개인의 사생활 정보를 완벽에 가깝게 파악할 수가 있다. 구글 역시 마찬가지이다. 검색과 지메일, 유튜브, SNS 서비스 등에서 수집된 개인 정보로 이용자들의 특성을 파악하여 '맞춤형 광고'를 제공한다. 예를 들어 평소 구글 플러스나 지메일 등을 통해 자동차에 관심을 많이 보인 이용자가 검색창에 '재규어'를 입력하면 동물보다 자동차 브랜드가 먼저 검색된다. 구글 신(神)은 우리가 지난 한 달 동안 무엇을 했는지 우리보다 더 잘 알고 있다. 구글 서비스에 개인 일정을 입력한다면 어떤 서비스를 받을 수 있을까? 구글은 당일 교통 상황을 자동으로 파악해 미리 알림 기능을 제공한다. 구글에 쏟아지는 비난의 눈초리는 언제든지 사생활 침해가 가능하다는 데 있다. '사악해지지 말자'는 구글의 모토는 어디로 간 것일까? 그러나 우리는 이미 이들 기술 속에 빠져들어 페이스북과 구글, 아이폰이 없으면 살기 어렵게 되었다.

"우리가 알고 있는 지식을 뇌에 저장할까, 구름(클라우드 서비스) 속에 옮겨놓을까?"

페이스북에서는 한없이 크고 뇌에서는 한없이 작아진다. 이것이 우리들의 모습이다.

우리는 누구나 알고 있다. 기술은 '서비스를 제공하는 수단이지 그 자체가 목적은 아니다'라는 사실을. 그러나 기술혁신에 매료되어 있다가 이제 인간의 인지 능력을 훨씬 초월해버린 기술의 복잡성에 대응하기를 포기하고 만다. 사용자를 질리게 하는 기능 업그레이드는 과연 누구를 위한 혁신인가. 과도한 기술의 복잡함에서 단순함의 미덕이 절대적으로 요구되는 시점이다.

『단순함의 법칙』의 저자 존 마에다는 "정교한 기계나 작은 화면에서 복잡성을 숨긴다는 것은 명백한 속임수의 일종이다. 그 속임수가 악의적인 사기라기보다 어떤 마술처럼 느껴진다면, 숨은 복잡성은 폐단이 아닌 하나의 즐거운 일이 된다"고 말하고 있다.

'복잡성을 숨기는 기술'의 대가는 바로 스티브 잡스이다. 그 복잡한 작동법을 단 한 페이지의 설명서 없이 어린아이도 이해할 수 있는 직관적인 터치식 UI로 만들었으니 그 안에 감추어진 복잡성은 상상하기 어렵다. 그러나 아무리 우수한 기술이라도 복잡성이 지나치거나 효율성이 떨어진다면 소비자의 외면을 받기 마련이다. 기술이 인간에게 의미와 감동을 주며 새로운 가치를 창출해내지 못한다면 무의미해질 수밖에 없다.

애니메이션 영화계의 흥행 보증수표인 픽사가 대표적인 예가 될 것이다. 오늘날의 픽사 스튜디오를 만든 원동력은 3차원의 정교한 컴퓨터 그래픽 애니메이션 기술이다. 1995년 〈토이 스토리〉를 시작으로 〈벅스 라이프〉, 〈토이 스토리 2〉, 〈몬스터 주식회사〉, 〈니모를 찾아서〉 등이 개봉될 때마다 사람들은 픽사의 디테일한 애니메이션의 묘사력과 질감에 대해 찬탄을 금치 못했다. 그러나 소비자들이 더 감동받은 것은 기술이 아니라 영화 속의 스토리이다. 픽사는 기술 회사가 아니라 스토리노믹스(Storinomics: Story+Economics) 회사이다. 스토리노믹스는 이야기를 통해 경제적 가치를 창출한다. 만약 〈토이 스토리〉에 우디와 버즈라는 캐릭터가 없었다면, 주인에게 버림받는 장난감들에 감정이입이 되지 않았다면, 신 나고 가슴이 따뜻한 모험담이 없었다면 현재의 픽사는 존재하지 않았을 것이다. 픽사의 영화가 진정으로 기억되는 것은 기술이 아니라 스토리 덕분이다.[20]

제임스 카메론 감독은 〈터미네이터〉, 〈타이타닉〉, 〈아바타〉로 너무나 잘 알려진 명장이다. 그는 대학교를 중퇴하고, 트럭 운전사 생활로 연명하면서 SF 영화의 꿈을 키웠다. 그는 항상 창의적인 발상으로 사람들의 생각을 뒤집으며 감동적인 영화를 선보였다. 특히 그가 만든 3D 영화 〈아바타〉는 그 누구도 흉내 내지 못할 기술력이 집중된 대작이다. 그러나 정작 그는 3D 기술에 대해 이렇게 말한다. "아바타 이전까지 3D 영화를 만든 감독들은 관객이 3D 입체 영화를 본다는 사실을 계속 느끼게 하는 것을 일종의 의무로 생각했던 것 같다. 나는 다른 방식으로 접근했다. '내가 지금 입체 영화를 보고 있어'라는 사실을 관객들이 끊임없이 되새긴다면, 영화 자체에 몰입할 수가 있을까? 중요한 건 3D 기술, 그 자체가 아니라 그 기술을 어떻게 사용할 것인지에 대한 철학이다. 3D 기술은 관객을 리얼리티의 세계로 들어가도록 하기 위한 '창문'에 불과하다." 그리고 그는 "세상의 모든 기술은 인간을 위한 것"이며 "인간과 기술이 균형을 이루는 접점에서 위대한 상상이 시작된다"고 말했다.[21]

테크놀로지는 영화에 큰 영향을 끼친다. 그리고 영화의 역사가 되기도 한다. 그러나 테크놀로지가 전부는 아니다. "예술은 기술에 도전하고 기술은 예술에 영감을 준다"고 픽사의 창립자 존 래세터는 말한다. 그의 말처럼 기술과 예술이 만나는 곳에 상상력이 피어난다. 영화에서 중요한 것은 영화 속의 스토리텔링이다.

2. 예술을 통해 브랜드 품격을 높여라! '데카르트 마케팅'

에리히 프롬은 1956년 『사랑의 기술』이란 책을 저술했다. 그는 이 책에서 "삶이 기술인 것과 마찬가지로 '사랑도 기술'이라는 것을 깨닫는 것"이라고 말한다. 그리고 "어떻게 사랑해야 하는가를 배우고 싶다면 우리는 다른 기술, 예컨대 음악이나 그림이나 건축, 또는 의학이나 공학 기술을 배우려고 할 때 거치는 것과 동일한 과정을 거쳐야만 한다"고 주장한다.[22] 그런데 이 책의 원제가 『The Art of Loving』이므로 『사랑의 기술』보다는 『사랑의 예술』이 제목으로 더 적합할 듯하다. 서양에서는 예술과 기술에 별다른 경계를 두지 않기 때문에 이런 오해가 생길 수 있다.

레오나르도 다빈치 같은 중세의 예술가들은 당대 최고의 기술자이기도 했다. 또한 미술이나 조각은 예술 작품이기 이전에 사고파는 상품이므로 기술적으로도 완성미가 높아야 했다. 우리나라에서는 태권도와 같은 신체적 운동을 무예라고 했고 중국은 무술, 일본에서는 무도라고 했다. 이처럼 기술과 예술은 동전의 앞면과 뒷면의 관계와 같다.

실용성과 가격, 이것은 제품을 고르는 가장 기본적인 수단이었다. 그러나 지금은 과거와는 달리 제품들의 기술 수준이 평준화되었다. 그러면서 제품을 고를 때 기능 못지않게 예술이 결합된 디자인을 중요하게 생각하는 소비 계층인 아티젠(Artygen: Arty Generation)이 점차 늘어나고 있다. 따라서 소비 선택에서 디자인이 관건이 되면서 '데카르트 마케팅(Techart Marketing)'이 부상하고 있다. '테크(Tech, 기술)'와 '아트(Art, 예술)'의 합성어인 '데카르트'는 유명 예술가나 디자이너의 작품, 스토리를 제품에 접목함으로써 브랜드 이미지와 품격을 높이는 마케팅을 말한다.

데카르트 마케팅은 브랜드의 이미지에 잘 어우러지도록 고흐·몬드리안·르누아르·앤디 워홀 등 대가의 명화(名畵)를 활용하기도 하고 현재 활동하는 화가, 사진가, 예술가 등을 직접 디자인에 참여시키기도 한다. BMW는 1970년대부터 유명 아티스트와의 콜라보레이션 작업을 통해 데카르트 마케팅을 개척했다. 앤디 워홀 등 현대 미술의 대가들과 콜라보레이션을 통해 17대의 아트 카 컬렉션을 진행했다. BMW의 신기술에 화려한 예술적 외형까지 더해지니 소비자 주목도를 상승시키기에 매우 효과적이었다.

배우 이승기가 모델로 등장한 삼성전자의 검은색 지펠 냉장고 디자인은 이탈리아의 유명 디자이너 마시모주끼가 직접 한 것이다. 이것은 쥬얼리 디자이너의 예술성과 삼성 지펠의 기술성이 만나 크게 성공한 데카르트 마케팅의 전형적인 사례이다.

이탈리아의 패션 브랜드 프라다와 LG전자가 함께 작업을 진행하여 만든 프라다 휴대폰은 100만 원이 넘는 고가품이다. 그러나 명품 브랜드의 힘을 등에 업어서인지 상당한 인기를 누리며 LG 전자의 이름을 각인시키는 데 크게 기여했다.

현대카드는 아무도 신경 쓰지 않던 크레딧 카드에 디자인의 바람을 불어넣어 성공한 케이스이다. 현대카드는 '지갑에서 꺼내 드는 카드가 예쁘면 더 좋지 않을까?'라는 발상을 기반으로 카드의 아트화를 이루었다. 이를 통해 업계 후발주자의 약점을 극복하고 빠른 시간 안에 선두권에 진입할 수 있었다.

데카르트 마케팅은 문화, 예술, 기술의 복합체를 창조한다. 그리고 감성 커뮤니케이션을 통해 소비자들에게 높은 가치를 주는 브랜드로 자리잡을 수 있는 징검다리 역할을 해주고 있다. 소비자들에게는 실용성과 예술성을 갖춘 '명품'을 갖고 싶어 하는 욕구가 존재하므로 데카르트 마케팅은 매우 유효적절하다.

프랑스의 사회철학자 장 보드리야르는 현대인들이 소비하는 것은 사물 그 자체가 아니라 '사회 계급 질서와 상징적 체계'라고 진단했다. 사람들은 상품의 기능보다는 상품이 상징하는 평판, 권위, 즉 '기호'를 소비한다. 결국 제품 자체보다는 브랜드의 아우라(Aura), 다른 제품이 흉내 낼 수 없는 고고한 분위기, 독특한 기운을 간직하고 싶어 한다. 버버리의 경우 독특한 체크무늬를 심벌로 쓰면서 아우라를 지니게 됐다.

'샤넬 넘버 5'라는 향수는 마릴린 먼로가 "두 방울의 '샤넬 넘버 5'를 잠옷으로 입는다"고 말하면서 섹시한 여성미의 상징으로 각인됐다.[23]

기술과 예술은 고대 그리스 시대부터 같은 의미로 사용되어왔다. 예술을 뜻하는 아트(Art)라는 단어는 라틴어 아르스(Ars)와 그리스어 테크네

(Techne)에서 파생했다. 아르스와 테크네는 말 조련술, 시 짓기, 구두 제조, 꽃병 그림, 요리, 의술, 통치술을 비롯한 인간의 모든 기술을 뜻하는 말이었다. 고대의 사고방식으로 볼 때 예술의 반대편에 서 있던 개념은 기술이 아니라 자연(Nature)이었다. 그러나 18세기 이후 현대인들은 고대의 예술 개념 가운데 많은 부분을 예술보다 한 단계 낮은 기술(Craft)로 분리하여 사용하고 있다.

플라톤은 예술가 특히 화가를 장인보다 훨씬 낮은 존재로 평가하고 폄하했다. 그는 미술은 사물의 실상(이데아: 원형)을 그대로 모방(Mimesis)하는 것이 아니라, 예술가가 보고 느끼는 원형의 가상(사물: 모형)을 모방하기 때문에 미술이야말로 존재(진리)로부터 가장 멀리 떨어진 활동이라고 주장했다.

시간이 흘러 장 폴 사르트르와 니체 같은 후대의 철학자가 예술가를 창조자로 부르면서 "예술가는 창조된 것(자연: Natura)을 모방하는 것이 아니라 창조 자체(Natura Naturans)를 모방한다"고 했다.

테크플러스란(TCEH+)란 기술에 인간적 가치(창의), 예술적 가치(감동), 디자인 가치(경쟁력)가 더해진 것을 말한다. 이것이 기술과 예술이 만나야 하는 이유이다.

현대 소비자들은 기술에는 감탄하고 예술에는 감동한다. 소득 수준이 낮을 때는 기능을 우선시하지만 잘살게 되면 기능은 기본이고 예술과 감동과 스토리가 있는 것을 원한다. 이제 감성의 '우뇌(右腦) 시대'가 세상을 지배한다.

프랑스의 철학자이자 과학자인 데카르트는 "나는 생각한다. 고로 존재한다"고 말했다. 데카르트 마케팅은 "나는 예술이다. 고로 잘 팔린다"고 외친다.

3. 유용한 기술은 감성과 스토리텔링으로 확산된다

한 여성 아이돌 그룹이 침대 광고에 등장해 "침대는 가구가 아냐, 침대는 과학이야"라고 노래한다. 가사 자체로만 보면 틀린 내용이지만 실제로는 맞을 수도 있다. 인간은 삶의 30%가량을 차지하는 수면을 통해 스트레스를 풀고 소진된 에너지를 충전한다. 그러므로 과학자들은 쾌적한 수면을 위한 '수면 과학'에 심혈을 기울이고 있으며, 침대에 과학을 접목시키고 있다.

잠의 질을 파악하기 위한 실험 대상자의 뇌파 측정 수면 실험, 침대 위 인체의 무게 분산을 파악하기 위한 압력 실험, 침실 온도·습도·항균을 위한 바이오·신소재 연구, 침대 속 스프링의 소음을 줄이기 위한 공학 연구 등이 바로 그것이다.

영철버거는 휴머니즘으로, 나물이네는 가족 마인드로, 총각네 야채가게는 문화 감각으로, 마술사 이은결은 아트 감각으로, 조앤 롤링은 미래 감각으로, 스티브 잡스는 인문학과 타이포그래피 지식으로 제조업과 유통업을 창조업의 반열에 올렸다. 창조경제를 만드는 것은 돈도 힘도 아니다. 이제 창의적 아이디어가 부가가치를 창출하는 산업이 된다. 그래서 지식이나 정보, 문화예술, 콘텐츠, 스토리텔링, 융복합, 인문학이 중요하다.[24]

고려대학교 근처에 있는 영철버거는 오랜 전통을 자랑하는 맛집이다. 단돈 1000원에 먹을 수 있는 맛있는 햄버거를 만들어 배고픈 대학생들의 사랑을 받아왔다. 그리고 수익금을 고려대학교 장학금으로 내놓기도 했다. 학생들이 제발 햄버거값을 올리라고 할 정도였다. 영철버거 매출이 10억 원이 넘는데도 이익은 낮아 신고 세액이 적자, 관할 세무서는 세금 탈루 혐의로 고발한 일이 있었다. 실제 영철버거는 매출액이 10억 원이면 재료비가 9억 5000만 원이다. 이때 영철버거를 먹으며 학교를 다니다 졸업해서 지금은 변호사와 회계사가 된 사람들이 나타났다. 이들이 단체로 나서서 세무서 직원들을 설득하여 다시는 이 가게를 건드리지 못하도록 사건을 해결했다고 한다.

이런 영철버거처럼 브랜드 안에 '재미와 감동'이란 콘텐츠가 있어야 한다. 재미와 감동이 진실하면 진실할수록 콘텐츠의 가치는 브랜드 가치와 함께 더 높아진다. 인간의 본성은 안정적인 생존 단계를 확보하고 나면 곧바로 재미와 감동을 추구하는 방향으로 흐른다.

"아프냐? 나도 아프다." 이것은 2003년 조선 시대 여형사 '다모(茶母)'의 이야기를 다룬 TV 드라마에 등장했던 명대사이다. 페이스북이나 트위터와 같은 SNS가 태동하기도 전에 인터넷의 〈다모〉 드라마 게시판에는 하루 7~8만 건의 댓글이 올라오며 수많은 다모폐인(茶母廢人)을 만들어냈다.

요즈음의 게임은 과학이자 첨단기술이다. 대형 온라인 게임을 개발하는 비용은 얼마나 들까? 스타크래프트의 초반 개발비가 1억 달러를 넘어섰으며 보통 중소 규모 이상의 게임 개발비가 보통 수십억 원에서 수백억 원을 오간다. 그만큼 정교한 개발 기술과 인력이 투입된다. 그러나 비용보다 더 중요한 것은 정교한 스토리 구성이다. 멀티플레이어 온라인 롤 플레잉 게임인 MMORPG(Massively Multiplayer Online Role Playing Game)는 게임에 참가하는 구성원들끼리 아이템과 정보를 공유하거나 거래하기도 하고, 함께 집단 전투 같은 활동을 진행하기도 한다. 이처럼 게임과 현실의 구분을 넘어 현실에서 할 수 있는 모든 것을 게임 속에서도 실현하고자 한다.

디지털 스토리텔링을 만들기 위한 상상력은 어떻게 창조되는 것일까? 상상(想像)이란 말의 어원은 다소 엉뚱하다. 코끼리를 한 번도 본 적이 없는 중국 사람들이 인도에서 온 코끼리의 뼈만 보고 '코끼리의 형상을 머릿속에서 그렸다'는 데서 유래된 말이다. 중국 사람들이 코끼리의 뼈만 가지고 살아 움직이는 코끼리의 형상을 그려낼 수는 없었을 것이다. 그들에게는 과학적인 상상력이 필요했다. 흩어진 뼈를 조합하고, 여기에 살을 입혀 그려진 코끼리의 형상을 세워 걷게 하면서 코끼리의 모습을 완성해나갔을 것이다. 여기에는 예술적 상상력이 동원되었다. 결국 코끼리의 형상은 과학적 상상력과 예술적 상상력이 결합되어 한 번도 본적이 없는 코끼리의 복제품으로 태어났다.

좌뇌와 우뇌의 기능이 다르다는 것은 이제 누구나 알고 있는 상식이다. 언어와 수리를 담당하는 좌뇌는 분석적인 사고를, 그리고 예술과 상상을 담당하는 우뇌는 직관적인 사고를 담당한다. 그런데 이제 좌·우뇌가 합쳐져야 소비자가 찾는 제품이 탄생한다. 좋은 품질과 기능, 그리고 싼 가격의 제품을 찾는 것은 소비자들의 기본 욕구다. 여기에 잊을 수 없는 체험, 디자인, 스타일, 스토리라는 우뇌적 사고가 더해져야 한다. 미래학자 다니엘 핑크는 말한다. "농경 시대와 농부, 산업화 시대와 공장 근로자, 정보화 시대와 지식 근로자의 시대를 지나 개념과 감성의 하이콘셉트, 하이터치의 시대로 진입하면서 우뇌형 인재들이 부상할 것이다." 이제 디자인과 소셜이라는 단어로 설명할 수 있는 하이콘셉트, 하이터치의 시대는 우리의 현실이 되었다. 트렌드와 기회를 잘 포착하여 예술적·감성적 아름다움과 스토리를 만들어내어 소비자의 공감을 이끌어내는 하이터치 인재가 필요한 시대가 되었다.

스마트폰에서 크게 히트한 애니팡은 고사양의 온라인 PC 게임과 달리 눈에 띄는 예술성을 갖지 않는다. 그럼에도 애니팡이 선풍적인 인기를 끌었던 이유는 SNS에 기반을 둔 공유 시스템을 지녔기 때문이다. 온라인 게임 개발자들은 오랫동안 오감을 통해서 즐기는 최고의 예술과 정교한 기술을 추구해왔다. 그리고 다른 예술 장르가 갖지 못한 체험성을 더욱 깊게, 더욱 다양하게, 그리고 더욱 리얼하게 발전시켰다. 이에 반해 애니팡의 사용자들은 지금껏 느끼지 못했던 타인과 상호작용할 때의 미묘한 공감대를 느끼게 되었다. 게임의 이면에는 정교한 기술이 녹아들어 있지만, 사용자들은 하트를 공유하며 함께 즐거워하는 과정에서 소박한 예술의 동시 참여성을 느끼게 되는 것이다.

앤디 워홀의 작품을 살펴보자. 초창기 수많은 사람, 심지어 예술가들조차 앤디 워홀의 작품을 "저것이 어떻게 예술이냐? 그저 인쇄물에 불과하다"고 비판했다. 그러나 아이러니하게도 상업적인 예술가로서 비판을 받음으로써 사람들의 입에 오르내리며 더욱 유명해졌다. 앤디 워홀은 기술이 있는 예술가를 고용하여 다양한 작품을 만들었고, 단 하나의 작품이 아닌 대량 제작하는 공장화를 실현했다. 그럼에도 그의 작품은 대단히 비싸다. 그가 마릴린 먼로를 그린 작품은 30억 원이 넘는다. 그의 판화 역시 피카소 판화의 두 배가 넘는 금액이라고 한다.

이제 누구도 "앤디 워홀의 작품은 예술이 아니다"라고 반기를 들지 않는다.

앤디 워홀의 아방가르드적 작품이 주류적 언어로만 해독되었다면 쓰레기로 가치 절하되어 사라져버렸을 것이다. 그의 작품을 통해 예술의 성스러움이나 엘리트주의, 형식주의, 원본 중심의 사고 틀이 깨졌다. 다량 복제가 가능한 아트 기술이 시대적 감성과 스토리와 융합되어 그림에 실리면서 예술로 승화되었다.

캐나다를 상징하는 아이콘은 무엇일까. 나이아가라 폭포, 로키 산맥, 오로라, 밴쿠버 동계 올림픽 등 주로 자연 환경과 연관된 것들이 많다. 그런데 정작 캐나다인들은 삶의 행복과 즐거움, 여가를 가장 중요하게 여긴다. 세계적 명성을 얻고 있는 그 유명한 〈태양의 서커스〉는 퀘벡의 상징이다. 연간 1조 원 이상 벌어들이고 있는 이 서커스는 현대 예술이 보여줄 수 있는 최고의 공연이라는 찬사를 받고 있다. 이런 사실을 알고 나면 〈태양의 서커스〉가 캐나다 사람들과 잘 어울리는 아이콘이라는 생각이 들 것이다. 〈태양의 서커스〉는 "21세기 공연의 새로운 패러다임을 창조했다", "인류 역사상 가장 훌륭한 볼거리 중 하나다" 등의 호평을 받으며 각종 비즈니스 서적에서 블루오션 전략의 대표적인 성공 사례로 등장하고 있다.

〈태양의 서커스〉는 기술과 예술의 집합체이다. 동물의 곡예가 없는 서커스, 기술보다 스토리를 우선하는 역발상이 흥행 요인이다. 그러나 화려함의 극치를 보여주는 의상과 소품, 어느 미술 작품보다도 아름다운 분장, 영감을 자극하는 음악 등이 하나로 혼합된 공연의 이면에는 완벽에 가까운 기술 시스템이 뒷받침해주고 있다. '빅 탑'이라 불리는 초대형 공연용 막사를 자체 제작하는 것은 물론 전기마저 전용 자가 발전기로 자체 공급할 정도이다.

원래 기술은 유용성과 경제성이 핵심이다. 아무리 좋은 기술이라도 경제성이 없으면 의미가 없다. 그러나 예술은 유용성보다는 '아름다움'이 더 중요한 가치이다. 시, 그림, 조각, 건축, 음악 등의 예술이 비록 생활 자체에 유용하지는 않더라도 충분히 아름다우면 예술로 인정받는다. 그런데 물질적·정신적으로 풍요로워진 현대 소비자는 기술의 유용성만으로는 만족하지 못한다. 예술적 미학이 그 속에 담겨 있어야 한다. 기술에 예술의 혼이 들어 있으면 거꾸로 유용성과 경제성이 생기는 것이 지금의 현실이다.

PART 3

세상의 역사를 바꾼 문화적 DNA

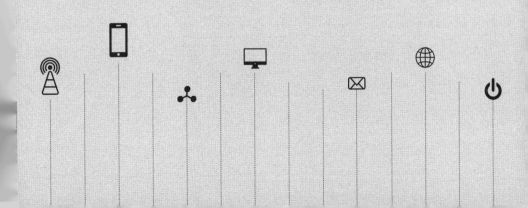

01
CHAPTER

포스트 디지털 르네상스,
또 하나의 세상을 깨우다

1. 다른 꽃의 가루로 꽃을 피워라, 메디치 효과와 차고 혁신

중세 이탈리아의 권력과 부를 장악했던 메디치 가문은 르네상스의 발상지인 피렌체에 세상의 온갖 창의적인 사람들을 불러들였다. 당시 피렌체의 인구는 불과 6만 명에 불과했지만 이곳에 조각가와 과학자, 시인, 철학자, 화가, 건축가들이 모두 모였다. 재력만 있다고 메디치 효과가 생기는 것은 아니다. 플라톤이 세운 아카데미의 운영 규칙처럼 '당신이 하고 싶은 일을 하라'는 메디치 가의 철학이 있었기에 가능했다. 이미 수백 년 전에도 자유로운 분위기 속에서 창조와 혁신이 나온다는 것을 알고 있었던 것이다.

피렌체에 모여든 이들이 서로의 지식을 연결하고 통섭하면서 창조적 폭발, 즉 르네상스가 일어났다. 이질적인 분야가 연결된 힘이 바로 '메디치 효과'이다. 즉, 전혀 다른 분야의 것들이 서로 융합하는 과정을 통해 창조적인 아이디어가 발휘되는 현상을 말한다. 이질적인 집단이 모여 소통하며 실리콘밸리라는 혁신 도시를 만들었듯 당시 피렌체도 그러했다.

복잡계 물리학의 산실인 미국 샌타페이 연구소의 고프리 웨스트 박사는 흥미로운 질문 하나를 세상에 던졌다. 도시의 인구가 늘어날수록 그 도시의 창조적 역량도 함께 늘어날까? 그는 연구를 통해 '도시가 2배 더 크면 창조적 역량은 2.2배 더 커진다'는 사실을 발견했다. 심지어 뉴욕이나 런던, 도쿄처럼 10배 더 큰 도시들은 그 창조적 역량이 17배 더 크다는 사실을 발견했다. 고프리 웨스트 박사의 이러한 연구결과는 "아이를 낳으면 서울로 보내라"는 우리의 옛 속담을 과학적으로 증명한 최초의 연구인 셈이다. 그렇다면 왜 인구가 늘어날수록 도시의 창조적 역량이 급속도로 증가할까? 여러 이유가 있겠지만, 창의적인 아이디어는 세상과 고립된 개인의 능력으로 만들어지는 것이 아니라 사람과의 소통으로 만들어지기 때문이라고 설명할 수 있다. 특히 창의적인 생각은 비슷한 분야에 속한 사람이 아닌 전혀 다른 분야에 속한 사람들 간의 지적 교류에서 만들어진다고 하버드 대학교 경제학과 애드워드 글래즈 교수가 밝힌 바 있다.[25]

많은 사람이 피아노 치는 법을 알고 있다. 손가락으로 건반을 누르고 가끔 페달을 밟아주면 소리가 난다. 그런데 이 원리가 전혀 무관해 보이는 분야에 적용되었다. 위클 피아노 건반은 수동 타자기를 탄생시키는 아이디어의 연결고리가 되었다.

유원지의 놀이기구였던 에스컬레이터는 1900년 파리 박람회에서 이동 계단으로 발전하여 처음 선보였다. 가시철사의 발명가는 가시가 달린 식물에서 아이디어를 얻었다. 최초의 신호등은 어떠한가. '멈춤'을 지시하는 빨간색 신호밖에 없었다. 그러나 여러 사람의 아이디어로 파란색, 노란색이 추가되었다. 이처럼 창조성이란 서로 다른 것들을 연결하는 것을 의미한다. 이처럼 혁신의 공간에서는 새로운 생각들이 계속 유입된다. 다른 분야 사람들과의 지적인 대화와 정보의 안테나를 통해 혁신적인 아이디어와 제품들이 탄생한다.

애플, 마이크로소프트, 구글과 페이스북 등 수많은 IT 기업이 실리콘밸리의 차고에서 출발했다. 부족한 자원과 도구, 열악한 환경이 항상 불리하지만은 않다. 부족함을 채우기 위해 새로운 연결 관계를 찾는 노력이 혁신으로 발전되기 때문이다. 이질적인 아이디어와 콘셉트를 가진 사람들이 함께 뭉쳐 더 창의적인 무엇인가를 만들어낸다. 서로 다른 학문과 예술, 문화, 사고를 가진 인물이 섞이는 지점인 경계에서 새로운 창조와 혁신이 일어난다.

1976년 외톨이 몽상가 스티브 잡스와 천재 기술자 스티브 워즈니악이 만나 애플 컴퓨터를 공동 설립했다. 선배 스티브 워즈니악이 만든 컴퓨터 설계도를 본 후배 스티브 잡스가 실물을 만들어 팔면 어떻겠냐고 제안한 것이다.

"우리가 손해를 본다 해도 회사를 차려볼 수는 있잖아. 일생에 한 번, 회사를 차려보는 거야." 이렇게 두 히피에 의해 설립된 회사가 바로 애플 컴퓨터였다. 회사 설립을 위해 스티브 잡스는 자기의 자동차를, 스티브 워즈니악은 당시로선 상당히 고가의 장비였던 자신의 계산기를 기꺼이 팔았다. 이들에게는 회사 설립 자체가 한없는 즐거움이었다.

공자는 "知之者 不如好之者, 好之者 不如樂之者(지지자 불여호지자, 호지자 불여 낙지자)"라고 했다. '아는 사람은 좋아하는 사람을 당하지 못하고, 좋아하는 사람은 즐기는 사람을 당하지 못한다'는 의미이다. 사람들이 자신이 좋아하고 즐겁게 생각하는 일을 할 때 변화와 혁신, 창조의 에너지가 솟아난다.

영국의 케임브리지 대학교 근처인 그란체스터에 오차드 티 가든이 있다. 사과나무 가든이라고도 불리는 이곳은 1900년대 초반 시인 루퍼트 브룩과 함께 영국의 지식인들이 차를 마시며 지적 교류를 하는 공간이었다. 거기에서 경제학자 케인즈, 작가 버지니아 울프, 수학자이자 철학자인 버트런드 러셀, 철학자 비트겐슈타인, 시인 바이런 등이 그란체스터 그룹을 이루고 새로운 문화와 역사를 만들었다.

오차드 티 가든은 케임브리지 대학교가 70명 가까운 노벨상 수상자를 배출하고, 더 나아가 영국이 경제 강국에서 문화 강국으로 도약하는 데 크게 기여한 지적(知的) 터전이었다. 서로 다른 장르와 문화가 섞이고 서로 다른 사고를 가진 사람들이 모이고 모여서 교류하고 놀게 하는 것이야말로 창의적인 인재를 키우는 길이다. 오차드 티 가든은 그런 경계이자 혁신의 공간이었다.

새롭고 다양한 물자와 정보, 사람이 모이고 뒤섞이고 넘쳐나는 곳에서 인류 역사에 큰 족적을 남긴 인물이 탄생했다. 그들은 부족하고 어려운 환경에서 세상의 변화를 선도했다. 다산 정약용 선생은 18년간 유배된 강진의 '다산초당'에서 『목민심서』, 『흠흠신서』를 집필하여 조선 후기 실학의 꽃을 피웠다. 모택동은 베이징 대학교 도서관 사서 시절 방대한 지식과 접촉하면서 중국 공산당 지도자의 내공을 쌓았다.[26]

데자부(Deja vu)는 경험을 하지 않았는데도 마치 경험한 것처럼 느끼는 가시 체험을 말한다. 부자데(Vuja de)는 반대로 이전에 어떤 것을 수없이 보았으나 마치 맨 처음 보는 것 같은 느낌을 갖는 것을 말한다. 예를 들어 문화 인류학자들은 전부터 있었으나 여태까지 보지 못한 것을 보는 능력을 가진 사람들이다. 창조와 발견도 마찬가지이다. 남들이 가지 않은 신대륙을 발견하는 것이 아니라, 부자데처럼 남들이 보지 못한 것을 찾아내는 것이다. 어쩌면 자주 보아 너무나 익숙한 까닭에 남들이 보지 못하고 있는지 모른다. 유에서 무를 이루려는 접근법만 고집하기 때문에 창조와 발명이 어렵게만 보일지도 모른다. 혁신 즉 이노베이션도 마찬가지이다.

특히 조직에서의 이노베이션은 창의성과 실행력이 있는 사람에 의해 이루어진다. 미국의 디자인 회사 아이데오의 창립자인 톰 켈리는 『이노베이터의 10가지 얼굴』에서 한 분야의 아이디어를 다른 분야로 접목시키는 것을 혁신의 중요한 덕목으로 꼽았다. 그는 조직 내에서 이런 역할을 하는 사람을 '타화수분자(他花受粉者: The Cross-Pollinator)'라고 명명했다. 타화수분이란 곤충이나 바람, 물 따위의 매개를 통해 다른 꽃에서 꽃가루를 받아 열매나 씨를 맺는 일을 말한다.

"다른 꽃의 가루로 꽃을 피우라!" 이는 메디치 효과를 표현하는 다른 말이기도 하다. 다른 분야의 아이디어와 콘셉트를 가져와서 새롭고, 더 좋은 것을 만들어내는 사람이 바로 타화수분자이고, 그 중심에는 연결이란 키워드가 있다.

조직과 사회의 타화수분자들은 언제나 새로운 상품을 만드는 사람이다. 이들이 외톨이 몽상가로 치부되기도 하지만 어느 순간 천재가 되기도 한다. 이들은 엉뚱하게 보이는 아이디어와 콘셉트를 함께 엮어서 새롭고, 창의적인 그 어떤 것을 만들어내며 기업의 이노베이션을 성사시키는 역할을 하기도 한다.

21세기의 디지털 르네상스는 메디치 효과와 혁신의 차고를 통해 시작되었다. 이 혁신을 일으키는 사람들은 '데자부'가 아니라 '부자데'를 실천하는 사람들이다. 21세기의 치열한 경쟁 환경에서 '처음 접했지만 왠지 낯설지 않은 느낌'의 데자부가 필요한 것인가? 아니면 '익숙한 것도 낯설게 느끼는' 부자데가 필요한 것인가? 기존의 것을 새로운 시각으로 보고 관념이나 상식에 대해 거꾸로, 바꾸어, 거슬러 생각하는 역발상 즉 부자데가 더 중요하다. 부자데 역발상은 남들이 생각하지 못한 다른 방향의 시도이기 때문에 경쟁자가 없다. 그리고 특별한 무엇인가를 추구하는 소비자의 일탈 심리 충족을 통해서 강력한 브랜드 이미지를 형성할 수 있게 한다.[27]

세계적인 디자이너, 화가, 사진작가, 패션 전문가, 예술가들을 동원하여 해마다 100종류 이상의 새로운 디자인을 개발하고 있는 스와치 시계, 영화의 신기원을 마련한 제임스 카메론 감독의 〈아바타〉, 태블릿PC의 선구자 아이패드는 부자데의 대표적 사례이다. 이들은 이전에 전혀 없던 혁신적인 것들은 아니다. 〈아바타〉는 인디언, 베트남전, 이라크전, 제국주의, 환경주의 그리고 아즈텍 멸망과 인류의 대재앙을 다룬 추리소설『가이아 이론』에서 모티브를 빌려왔다.

그러나 이를 만든 사람은 누구에게나 익숙한 기존의 대상을 완전히 새로운 시각으로 바라보고 생각지도 못한 아이디어로 대상을 새롭게 창조해내는 역할을 한 부자데의 달인이다.

2. 세상을 바꾸는 문화 복제 유전자, 밈

문화라는 주제는 그 범위가 너무 넓어서 간단히 정의하기 어렵다. 국어사전에 따르면 문화란 '자연 상태에서 벗어나 삶을 풍요롭고 편리하고 아름답게 만들어가고자 사회 구성원에 의해 습득·공유·전달되는 행동 양식'이다.

인간의 행동에 영향을 미치는 학습된 신념, 가치관인 문화는 어떻게 전파되고 계승되는가? 영국의 심리학자이자 과학저술가 수전 블랙모어는

『문화를 창조하는 새로운 복제자, 밈』이라는 책에서 "인간에게는 탁월하고 보편적인 모방 능력이 있다"고 말한다. 인간은 모방을 통해 언어와 행동 등을 학습한다. 아이들은 부모를 따라 하며 말을 배우고 행동을 익힌다. 몇 세대에 걸쳐 발생하는 유전자와는 달리 '모방'은 비유전적 방법을 통해 전달되는 문화의 요소이며, 이를 '밈(Meme)'이라고 부른다.

동물들에게도 사람들처럼 모방의 문화가 있다. 동물들 역시 사람들과 마찬가지로 도구를 만들고 사용한다. 그리고 사용법을 다른 동물들에게 전달하고 가르치기도 한다. 2006년 어느 날, 아프리카 세네갈 남부 퐁골리 숲에서 침팬지들이 나뭇가지를 뾰족하게 갈아 창을 만든 뒤, 속이 빈 나무둥치 속에서 잠자고 있던 갈라고 원숭이를 찔러 사냥하는 모습이 발견됐다. 이뿐만이 아니다. 콩고민주공화국 괄루고 삼각지대의 침팬지들은 낚싯대를 만들기도 한다. 침팬지들은 풀줄기를 이빨로 다듬어 끝을 솔처럼 갈라지게 한 낚싯대를 만들어 흰개미를 낚아 올린다. 이 낚싯대를 이용하면 평소 사용하던 일자형 막대기보다 열 배나 많은 흰개미를 잡을 수 있다는 사실을 터득하고 있는 것이다.

동물의 행동을 결정짓는 데는 두 가지 요인이 작용한다. 진(Gene: 생물학적 유전자)과 밈(Meme: 문화적 유전자)이 그것이다. 전자는 한 생명체에서 다른 생명체로, 후자는 모방을 통해 뇌에서 뇌로 복제된다. 아프리카 침팬지들의 행동을 통해 동물에게도 생물학적 유전자뿐만 아니라 문화적 유전자가 존재한다는 사실을 알 수 있다.

그런데 인간의 문화 유전자는 집단의 동질성 확보와 문명의 발전에 기여하고 있다. 한국 문화의 원형은 '문화 유전자'에서 찾아볼 수 있다. 곰삭음, 정, 자연스러움, 공동체, 어울림, 해학, 흥, 예의, 역동성, 끈기 등의 문화 유전자는 오랜 옛날부터 현재에 이르기까지 한국인의 정신과 문화에 큰 영향을 끼치며 다양한 형태로 되풀이되어 나타나는 문화 코드들이다. 다양한 문화권과 나라에서 공감을 얻고 있는 한류(드라마, 영화, 문학, K-팝, 한식 등)의 힘 역시 이 문화 유전자를 통해 나오고 있다.[28]

어느 시대이든 문화의 힘은 막강하다. 한 국가가 지닌 문화의 힘은 그 국가의 국력과 직결된다. 고대의 그리스가 그랬고 중세의 로마가 그랬으며 근대의 영국과 현대의 미국이 또한 그렇다. 특히 할리우드로 대표되는 미국의 문화 산업 비중은 전 세계 시장 점유율의 절반을 넘어서고 있다. 우리는 지금도 그리스·로마 신화를 통해 스토리의 원천을 찾고 있으며, 비틀즈와 마이클 잭슨을 그리워한다. 그리고 〈아바타〉와 같은 할리우드의 블록버스터 영화에 매료되고 있다.

21세기는 문화의 세기이며 이미지의 시대이다. 영화, 텔레비전, 만화, 광고 등 온갖 이미지들이 욕망을 자극하며 우리를 세뇌하고 유혹한다. 이미지의 중요성은 영상 미디어의 발달과 함께 현대사회에서 더욱 증폭되고 있다. 뉴미디어의 발달과 감성의 확장으로 이미지의 무한 확대가 이루어지고 있는 것이다.

지구 상에서 가장 성공한 '밈'은 성서, 영화, 스마트폰일지도 모른다. 이 중에서 인터넷 기반의 스마트폰이나 모바일 미디어 등을 통한 '밈'은 손익 자체가 관심사가 아니다. 인류의 생물학적 유전자와 마찬가지로 자신의 복제를 많이 퍼트리는 것이 목적이다. 인간은 자연계의 모든 구성원 가운데 가장 뛰어난 공감 능력(Empathy)을 가지고 있다. 그러므로 싸이의 「강남 스타일」처럼 밈에 의해 복제된 콘텐츠, 또는 패러디로 재복제된 콘텐츠가 순식간에 전 세계로 퍼진다.

레오나르도 다빈치, 에디슨, 피카소, 백남준 등 최고 천재들의 공통적인 사고법은 무엇이었을까? 그들은 복잡한 발명 아이디어나 데이터, 생각을 어떻게 표현했을까? 그들의 메모는 뜻밖에 단순하다. 대부분 인포그래 픽으로 접근했기 때문이다. 한마디로 '절제의 미학 + 인지의 과학 = 인포 그래픽'이다. 인포그래픽은 데이터를 정보로 가공하는 것이며, 사람에 다 가가고자 하는 욕구의 표현이다. 천재 과학자들이나 예술가들이 낙서처 럼 끄적거린 그림 속에서 우리는 쉽게 메시지와 공감을 찾아낼 수 있다. 레오나르도 다빈치 이래 수백 년 동안 이어진 인포그래픽 사고가 스마트 미디어 시대에 비주얼 씽킹(Visual Thinking)으로 계승되고 있다. 한 장의 그림 이나 절제된 표현의 메시지가 훨씬 강한 공감을 불러온다.

비주얼 씽킹의 짧은 메시지는 문화적 유전자인 '밈'으로 쉽게 복제되어 확산된다. 이제 글을 '읽는(Reading) 시대'에서 글을 '시청하고 보는(Watching) 시대'로 바뀌었다.

SNS 사용자들에게 소셜은 관계다. 그리고 반응이고 실시간이며, 재미 이고 일상이다. 이를 전달력 있게 표현하기 위해 아래처럼 텍스트를 비주 얼화하는 것이 핵심이다.

그림으로 생각을 정리하고,

그림으로 문제를 해결한다.

페이스북을 사람 냄새나게 하는 힘은 캐릭터에서 나온다.

캐릭터가 잘 잡히면 이야기를 소통하기 수월해진다.

비주얼 텍스트는 감성적인 한 줄 시(詩)를 써라.

비주얼 스토리텔링을 위해 제품에 스토리를 입혀라.

아날로그 인포그래픽을 사용하여 정보를 시각화하라.

웹툰 패러디를 인용하되, 유명한 웹툰일수록 유리하다.

스마트폰으로 개인과 기업의 모든 것을 1초에 담아라.

TED에 소개된 시저 커리야마 감독의 이야기는 감동적이다. 그는 매일 1초를 촬영하여 그의 인생에서 모든 특별한 순간들을 모으는 프로젝트를 시작했다. 하루 1초, 1년 365초, 10년 3650초, 앞으로 30년을 더 산다면 1만 950초 즉 3시간짜리 자화상을 만들 수 있을 것이다. 1초가 모여 만들어진 3시간짜리 삶의 기록물처럼 강력한 스토리가 어디 있을까. 이제는 SNS처럼 개인이 가장 감동적이고 강력한 미디어가 되었다. 그 중심에는 문화를 복제하는 유전자인 '밈'이 존재하고 있다.

3. 비가 새는 명품 우산은 비싸도 왜 팔리는가?

나카무라 우사기의 에세이 『나는 명품이 좋다』에는 이런 대목이 소개되어 있다. 백화점에서 샤넬 마크가 붙은 우산 가죽 케이스를 집어든 그녀에게 종업원은 말한다.

"손님, 이 우산은 비가 많이 올 때에는 사용하지 말아주세요."

"네? 우산인데, 비가 올 때 사용하지 말라고요?"

"비가 조금 내릴 때는 괜찮지만, 명품 우산은 컬러를 보호하기 위해 일반 우산 같은 방수처리가 되어 있지 않기 때문에 비가 많이 내릴 때는 샐 염려가 있습니다."[29]

왜 그녀는 비가 새는 우산을 사 들고 백화점을 나서는 것일까? 샤넬이라는 명품이기 때문이다. 건물 청소부 아주머니에게 명품 가방은 몇 달치 임금을 한 푼도 쓰지 않고 고스란히 모아야 살 수 있는 대상이다. 시장의 가치 평가로 환산하면 그 아주머니의 1000시간 노동과 특정 핸드백 하나가 등가 관계에 놓이게 된다.

그러나 정말 그 명품 핸드백 하나의 가치가 1000시간 노동의 가치와 같을까? 그렇지 않다. 명품을 소비하는 이유는 효용성 때문이 아니다. 우리 시대의 최고 아이콘이므로 명품을 소비한다.

명품 시장에서 '사회적 가치'는 '시장 가치'와 전혀 다른 문제이다. 명품 시장에서는 다른 제품과 달리 '부', '후생', '가치', '편익' 등의 개념이 섞여 시장 가치와 구별되고 있다.

명품에는 후광 효과(Halo Effect)가 크게 작용한다. 1995년도에 개봉된 〈비포 선라이즈〉라는 영화가 있다. 무대는 오스트리아의 수도 빈이고 영화 속 이야기는 단 하룻밤의 사건이다. 미국 청년 제시(에단 호크)는 우연히 프랑스 여대생 셀린느(줄리 델피)를 만난다. 이들은 우연히 만난 사랑을 우연으로 간직하며 이별을 택한다. 그런데 제시와 셀린느는 왜 한눈에 반했을까. 제시는 잘생긴 미국 남자이고, 셀린느는 지적인 프랑스 여자이기 때문이다. '잘생긴 미국 남자'란 이미지가 상대에게는 한마디로 '멋있다'는 느낌을 준다. 반면 '지적인 프랑스 여자'가 주는 이미지는 '낭만적'이다. 이런 후광 효과가 그들을 만나게 했다.

어떤 대상에 대한 일반적인 견해가 그 대상의 특성에 영향을 미치는 '후광 효과'가 명품의 선호도에도 영향을 주고 있다. 명품을 몸에 걸치고 있으면 재력 있고 세련됐다는 느낌을 줄 수 있기 때문이다. 대형차를 선호하는 이유도 이와 마찬가지이다. 스티브 잡스가 CEO로 복귀하자 애플의 주가가 뛰었고 그가 사망하자 주가가 떨어졌다. 이는 스티브 잡스의 후광 효과 때문이다.

〈악마는 프라다를 입는다〉는 명품 패션 전문 잡지사를 배경으로 한 영화이다. 이 영화에서 젊은 친구들이 술집에 둘러앉아 명품의 가치를 놓고 논쟁을 벌이는 장면이 나온다. 그중 "명품은 유틸리티를 위한 것이 아니다. 그것은 아이덴티티를 의미한다”는 대사는 명품에 대한 논쟁을 깔끔하게 정리한다. 명품은 쓰임새 자체가 아니라 가지고 다니는 사람의 신분을 드러내는 것이 존재 이유라는 뜻이다. 남들과 차별화되고 싶은 욕망, 자신의 위상을 과시하고 싶은 욕망, 이것이 명품 소비의 본질이다.

일본에서는 장인이 만든 훌륭한 물건을 명품이라 일컫는다. 명품은 고급 브랜드를 넘어서는 매우 귀한 물건을 의미한다. 마케팅 측면에서 볼 때한 상품이 고급 상품이 되기 위해서는 단지 비싸거나, 최첨단의 기능을 갖추었거나 희소하거나 하는 정도로는 부족하다. 소비자들이 그 이상의 가치를 느낄 수 있어야 명품이라고 할 수 있다.

그리스 젊은이들은 요트를 한 척 구입하는 것이 평생 돈을 버는 목적이다. 이들에게 요트는 명품이다. 한국의 젊은이들이 선호하는 대상은 그리스 청년들과 다르다. 이들에게 결혼 문제를 꺼내면 “차도 준비 못 했는데어떻게 결혼하느냐”는 농담을 한다. 이들에게 차는 집보다 더 큰 의미가있다. 중년층들에게 ‘하우스 푸어’가 사회문제이지만, 젊은 층에서는 비싼수입차를 샀다가 유예 원금을 상환하지 못해 낭패에 빠진 ‘카 푸어’가 문제가 되고 있다. 그럼에도 이들은 명품 차를 소유하는 데 집착한다. 그것은 희귀성이란 가치 때문이다. BMW가 일반 차처럼 흔하다면 누가 그 비싼 값에 사겠는가? 명품은 다른 사람과 나를 구별해주는 수단이 된다. 그리고 명품은 나를 더욱 가치 있게 만든다는 느낌을 준다.

20세기 마케팅의 키워드는 단연 ‘니즈(Needs)’였다. 물자가 흔해진 21세기의 키워드는 무엇일까? 그것은 ‘원츠(Wants)’이다. 니즈와 원츠를 어떻게 구분할 수 있을까? 니즈는 우리 생활에 없어서는 안 되는 필요한 물건이다.그러나 원츠는 없어도 살아가는 데 지장이 없는 물건이다. 한마디로 원츠는 소비자들의 ‘욕구’를 말한다. 그럼에도 꼭 사지 않아도 되는 비기능적인 물건이 마케팅의 핵심으로 부상하고 있다. 명품에 대한 소비자의 욕구가 존재하기 때문이다.

"물은 인간의 생존을 위해 절대적으로 필요한데 왜 생존에 지장이 없는 다이아몬드가 물과 비교할 수 없을 정도로 더 비쌀까?" 효용 가치가 높다면 가격도 당연히 비싸야 올바른 이치인데 말이다. 이와 같은 '가치의 역설(Paradox of Value)'은 애덤 스미스가 『국부론』에서 딜레마에 부딪혔던 문제이다. 그는 이 모순을 해명하기 위해 많은 노력을 했지만 두 가치의 모순을 풀지 못하고 '어떤 재화는 사용가치와 교환가치가 다르다'라고 해석하는 데 만족해야 했다. 나중에 경제학에서는 '스미스의 역설(Smith's Paradox)'이라 부르기도 했던 이 숙제를 '한계'라는 개념의 발견으로 풀어냈다. 물이 없는 사막이 아니라면 물은 얼마든지 마실 수 있다. 그러나 희소성의 가치가 있는 다이아몬드는 그렇지 않다. 당연히 사람들은 추상적인 재화로서 '물과 다이아몬드'의 선택이 아니라 현재 시점에서 주는 구체적인 재화로서 만족감이 높은 대상을 선택하게 된다. 경제학의 '한계'란 '하나 더'를 의미한다. '하나 더'라는 한계효용은 크면 클수록 그 상품은 가치가 높아지게 된다. 결국 명품은 소비자들의 '니즈'가 아닌 '원츠'라는 욕망을 자극함으로써 존재의 가치를 높이는 것이다.

디지털은 탄생과 소멸의 연속이다

1. 십진법 사고에서 바라본 이진법의 세상, 섬광문화

우주 정거장에서 인간과 외계인 수학자가 만나 진지하게 고급 수학에 대해 논의했다. 그러나 둘 사이에는 학술적인 대화가 지속되지 못했다. 우선 숫자 개념이 서로 달랐다. 인간이 '13'이란 숫자를 이야기하는데 외계 인은 '1101'이라는 식으로 이어나갔다. 의아해하던 인간은 외계인의 손을 보고서야 비로소 그 이유를 알아차렸다. 외계인의 손가락이 두 개밖에 없 었던 것이다. 인간은 열 개의 손가락을 이용하여 십진법을 쓰고 있었지만, 외계인은 0과 1의 이진법을 사용하고 있었다. 인간과 외계인의 사고방식 은 그렇게 달랐다.

이진법은 0과 1, ○와 ×, 예스와 노 등으로 따지는 방식이다. 손가락이 열 개인 인간에게는 생소하지만, 십진법보다 논리 조립이 간단하다. 인류 가 언제부터 이진법을 고안해냈는지 정확히 모르지만 기원전 7세기 '영[零]'

의 개념을 이해하기 시작한 고대 인도에서 비롯됐다는 주장이 있다.[30]

한 연구기관의 보고서에 따르면 이진법이 세계를 최소한 1000배 빠르게 만들었다고 한다. 이진법은 디지털 혁명을 일으키면서 아날로그 시대보다 정보처리 능력을 혁신적으로 진보시켰다.

디지털의 이진법 단위는 과거 도량형과의 단절을 의미한다. 이 단절은 이진법적 사고인 '무(0)'와 '유(1)'로부터 나온다. 한마디로 있지 않으면 없는 것이다. 사람의 목소리를 아날로그로 표현하면 연속 파형의 형태로 나타난다. 그러나 디지털화하면 0과 1의 조합으로 표시된다. 자연 상태의 아날로그 정보는 연속적인 물리량이다. 예를 들어 선은 점들의 모임이다. 서로 떨어져 있는 점들이 모여 이어진 것처럼 보인다. '이어졌다'고 이해하는 것이 아날로그적 관점이다. 그러나 '떨어졌다'고 보는 것이 디지털의 관점이다. 디지털적 관점에서 볼 때 디지털 그 자체가 '탄생과 소멸'의 연속이다.[31]

십진법은 아날로그를, 그리고 이진법은 디지털을 표상한다. 이 둘은 수학의 기본 원리이며, 도량형으로서 과학과 기술을 발전시킨 원동력이다.

왜 우리는 그 지겨운 수학을 공부해야 할까? 사쿠라이 스스무는 『일상생활 속에 숨어 있는 수학』에서 다음과 같이 말한다.

"수(數)는 입을 열지 않는다. 다만 침묵한 채 우리가 모르는 곳에서 조용히 우리 삶을 떠받치고 있을 뿐이다. 수학이란 것은 우리의 필요에 의해 고안된 하나의 도구이다."

그의 말처럼 우리 인류는 진화하면서 수와 단위가 필요해졌다. 그리고 점차 우리 생활에 필수적인 수단과 도구가 되었다. 대항해 시대 뱃사람들의 항로 결정을 위해 삼각함수와 로그, 지수 등이 고안되었다. 이는 선원들의 생명과 직결된 문제였다. 지퍼는 수학의 빗면의 원리를 이용하여 개발되었다. 자동차가 안전하게 멈추는 제동 거리 계산은 이차방정식이 있기에 가능했다. 자동차 필수품인 내비게이션에도 수학의 원리가 도입되었다.

고대로부터 사람들은 인체와 자연물을 도량형의 기준으로 삼았다. 중세 유럽에서는 보리, 기장 등 농작물을 길이와 질량의 표준으로 선택했다. 영국 고대 법규에서는 1페니(Penny)는 밀 32알의 질량이고, 1그레인(Grain)은 보리 한 알의 질량이었다. 영국의 헨리 1세는 자신의 팔을 앞으로 쭉 뻗어 코끝에서 손끝에 이르는 거리를 '1야드'로 정했다. 또한 영국의 리차드 대왕은 자신의 발 길이를 '피트'로 정했다.

동양은 어떠한가. 『손자산경(孫子算經)』에서는 "도(度)의 시작은 홀(忽)에서 시작된다. 홀은 누에가 뱉어낸 실을 말하며 10홀은 1초(秒), 10초가 1호(毫), 10호가 1리(厘), 10리가 1분(分)이다"라고 했다.

중국 자금성을 설계할 때는 십진법을 기초로 하여 이른바 '천척(千尺)을 세(勢)로 하고, 백척(百尺)을 형(形)으로 한다'는 척도 규정을 적용했다.

디지털 시대의 이진법 콘텐츠는 아날로그 시대의 십진법 콘텐츠와 다르다. 아날로그 시대에는 천일야화처럼 긴 이야기에 감동을 흠뻑 받았다. 그러나 디지털 시대에는 짧은 게 좋다. 스마트폰을 통한 대화보다는 문자 메시지가 선호된다. 그리고 문자메시지는 한 줄을 넘지 않는다. 디지털 세대의 간결하고 호흡이 짧은 문화가 의사소통에서뿐만 아니라 문화 콘텐츠, 교육, 패션, 소비 등 각 분야로 빠르게 확산되고 있다. 음반 시장은 어떠한가. 10곡 내외가 실리는 정규 음반과 달리 2~4곡 정도가 들어가는 싱글 디지털 음반이 일반화되었다. 그리고 새 음반에서 한두 곡을 내려받는 온라인 음악 시장이 대세이다. 인터넷을 이용해 클릭 몇 번으로 원하는 정보를 찾는 데 익숙한 소비자들은 조금이라도 길고 무거우면 부담스럽고 지루해한다. 1분 뉴스, 짧은 패러디, 신문 헤드라인, 미니 드라마, 코미디 한 토막, 짤막한 시사 해설 등 짧고 자극적인 섬광 문화에 익숙하다. 성인들은 아무래도 필요한 정보를 빠르게 검색하여 활용하는 섬광 정보에 취약하고 이 때문에 디지털 격차가 발생한다.

2. 왜 미국은 최초의 우주선 경쟁에서 소련에게 선수를 빼앗겼을까?

우리가 알고 있는 역사의 상식 중에는 잘못 전해진 것이 참 많다. 나폴레옹은 155~158cm정도의 작은 키로 알려져 있다. 그는 "내 키는 땅에서부터 잰다면 작지만, 하늘로부터 잰다면 그 누구보다도 크다"라는 명언을 남겼다고 전해진다. 과연 "내 사전에 불가능이란 없다"고 한 황제다운 당당한 발상이다. 그러나 실제로 나폴레옹의 키는 약 169cm로 당시 평균보다 더 컸다고 한다. 당시 프랑스는 피에드(1피에드는 32.50cm)라는 단위를 사용했는데 그의 키는 5.2피에드로 170cm에 가까웠다. 나폴레옹의 키가 작다는 오해가 생긴 것은 나폴레옹의 적수였던 영국이 프랑스 단위 피에드를 피트로 오인하여 계산했기 때문이라고 한다.

근대의 위대한 수학자이자 상대성 이론의 개척자인 알베르트 아인슈타인은 수학에서 낙제했다고 알려져 있다. 그러나 아인슈타인은 낙제는커녕 15세 이전에 미적분을 마스터 했으며, 17세 때 대수와 기하학에서 최고 등급을 받은 천재였다고 한다.

우주선을 최초로 쏘아 올린 나라는 어디일까? 미국이라고 착각하기 쉽다. 1969년 아폴로 11호를 달에 쏘아 올리고 닐 암스트롱이 인류 최초로 달에 첫발을 내딛은 것을 기억하기 때문이다. 그러나 답은 소련이다. 구 소련은 미국을 제치고 1957년 인류 최초의 우주선 스푸트니크호를 발사했다. 미국은 이를 '스푸트니크 충격(Sputnik Crisis)'이라 불렀다. 2차 세계대전이 끝난 후 1950년대의 미국과 소련은 자본주의 진영과 공산주의 진영으로 나뉜 냉전 세계의 중심축이었다. 당시 미국은 장거리 미사일과 같은 무기 체계와 과학기술 전반에 걸쳐서 당연히 자신들이 앞서 있다고 생각하고 있었다. 그래서 소련의 스푸트니크 발사로 받은 충격과 자존심의 상실은 실로 대단했다.

양국의 기술 격차는 어디에서 비롯되었을까. 면밀하게 분석한 결과 '측정 격차'가 가장 큰 문제였다는 것을 발견했다. 우주선과 미사일이 목표 지점으로 정확히 날아가기 위해서는 정밀 측정이 핵심이 된다. 소련은 일찍이 미터법을 채택하여 우주 시대의 허용 오차를 1억 분의 1까지 줄였다. 그런데 미국은 미터법을 채택하지 않고 영국의 야드파운드법을 고수하고 있었다. 왜 그랬을까? 도량형과 같은 단위는 과학의 영역을 넘어 정치적인 문제이기도 하기 때문이다.

도량형 측정의 세계에서 글로벌 스탠더드인 미터법은 1789년 프랑스 혁명의 산물이다. 당시 봉건 영주들은 제각각인 도량형으로 농민을 억압했다. 우리나라 조선 시대에도 마찬가지였다. 지방의 탐관오리를 적발하기 위해 왕은 암행어사를 임명했다. 이때 왕은 어사에게 어사의 신분을 상징하는 마패와 봉서(封書), 암행어사의 직무를 규정한 사목(事目), 그리고 놋쇠로 만든 자인 유척(鍮尺) 등 네 가지를 하사했다. 이 유척은 조선 시대 도량형 제도에서 일종의 표준 역할을 했다. 조선 시대에는 지금처럼 규격에 맞는 자 같은 것이 대중화되지 못했다. 지방 수령들은 도량형을 속여서 백성으로부터 세금을 과다하게 거둬들여 착복하기 일쑤였다. 암행어사는 각 고을에서 쓰는 자나 되가 정확한지 유척으로 확인해서 문제가 되는 고을 수령에게 벌을 내렸다.

프랑스의 혁명 세력 역시 도량형 통일이야말로 구체제를 타도하고, 자유와 평등을 구현하는 핵심이라고 생각했다. 그래서 파리를 지나는 지구 자오선을 기준으로 기본 길이의 단위 '미터'를 만들어냈다. 이렇게 만들어진 미터 단위는 프랑스 혁명이라는 역사적 사건과 함께 시작되었다.

프랑스는 도량형을 통해 프랑스의 혁명 정신을 세계에 전파했다. 역사가들은 "미터법은 아이러니하게 프랑스 군대의 총검 뒤에서 행진했다"고 말한다. 특히 프랑스의 영향력 아래 있었던 아프리카의 신생 독립국들은 1960년대부터 미터법을 따랐다. 그러나 미국은 어땠을까. 미터법의 기준이 되는 자오선이 파리를 지나는 것 자체가 못마땅했다. 미국은 아직도 야드를 고집하고 있다. 비록 최초의 우주선은 '측정 격차'의 문제로 소련에게 뺏겼지만, 미터법이 아니어도 잘 먹고 잘살고 있으니 자존심을 버리고 굳이 돈까지 들여서 프랑스의 도량형을 도입할 필요를 못 느꼈을 것이다.[32]

예전에는 사회 안정을 위해 도량형 관련 표준이 중요했다. 그러나 요즈음에는 길이나 무게, 시간 등 표준을 얼마나 정확히 잴 수 있는가에 따라 새로운 과학 분야를 만들어낼 수도 있고 신산업을 만들 수도 있다. 그래서 표준 과학의 중요성이 부상하고 있다. 우리나라 역시 오랫동안 사용해오던 '평'을 '㎡'로 법정 계량 단위를 변경했다. 이에 따라 25평, 32평, 40평 등 아파트 평수 단위가 '㎡'로 바뀌어 무척 혼란스러웠다. 골프장 역시 과거 야드로 표시된 거리가 이제 모두 미터로 바뀌었다. 범용적인 국제 표준에 맞춰 여러 계량 단위를 바꾼 것이다. 이처럼 도량형 단위는 항상 인간과 보조를 맞추면서 역사를 등에 지고 미래로 나아가고 있다.

그러나 우리 인간은 디지털에 의한 정보화 공간에서 숫자의 덫에 헤매고 있다. 정보의 전자화로 현실 공간이 확장되어 만들어진 가상공간이 커지고 있다. 인터넷 사이트에 접속하다 보면 "비밀번호가 일치하지 않습니다. 다시 확인하고 입력해주십시오"라는 요구를 자주 받게 된다. 그러나 정작 비밀번호가 생각나지 않는다. 은행 계좌, 쇼핑몰, 이메일 등 우리가 외워야 할 ID와 비밀번호는 과연 몇 개나 될까. 보통 사람도 10개 이상은 될 것이다. 게다가 해킹 위협에 주기적으로 변경을 요구할 뿐만 아니라 심지어 알파벳과 아라비아 숫자를 혼합하여 40개 자리의 ID를 요구하는 경우도 생겼다. 그러나 이러한 복잡성은 인터넷 세상에 사는 우리에게 피할 수 없는 일이다. 이진법의 디지털 시대에 우리는 아직도 십진법에서 헤매고 있다. 마치 범선의 돛과 닻의 관계라고 할까? 돛은 가속을 위한 도구이고 닻은 정박을 위한 도구로서 정반대의 기능을 하고 있다. 돛을 높이 달아야 빠른 속도로 항해할 수 있지만 닻을 내려야 정박할 수 있다. 배가 출발할 때는 돛이 올라가지만 닻도 함께 올라간다. 디지털 공간에서의 편리성은 인간에게 기술적 피로도를 배가시키는 그림자를 드리우고 있다.

3. 위대한 진화는 기술혁신의 패러독스에서 시작된다

사람이 진보시킨 기술이 오히려 사람을 불편하게 만드는 역설(逆說), 이것이 오늘날 디지털 세상의 모습이다. 기술이 발전할수록 통제가 어려워지기 때문이다. 그것은 '단순함의 상실'에서 비롯된다. 마이크로칩의 밀도는 약 1년 반마다 2배로 늘어난다는 '무어의 법칙(Moore's Law)'이 있다. 그런데 문제는 인간은 '무어의 법칙'에 따라 움직이지 않는다는 데서 생긴다. 인간의 수용 속도가 이를 따라가지 못하기 때문이다.

1998년까지 세계 통신량의 50% 정도를 담당했던 인터넷은 이제 온 지구를 뒤덮고 있다. 지구인들은 물리적인 공간 대신 이 세상 어디에도 존재하지 않는 가상의 공간에서 생활한다. 그러므로 네트워크에서 유통되고 스마트 기기에서 소비되는 무형의 디지털로 존재하는 가상 재화(Virtual Goods)가 미래 사업의 핵심으로 떠오르고 있다. 아마도 30년 전의 사람들이 갑자기 현재의 가상 세상으로 이주해 온다면 하루도 살아갈 수 없을 것이다.

이 가상의 세상에서도 치열한 약육강식의 경쟁이 펼쳐지고 있다. 막대한 비용을 들여 광케이블을 깔며 인터넷을 주도했던 통신회사들이 주력 사업인 음성통화 사업에 안주하는 사이 구글과 아마존, 네이버 등은 통신회사들이 깔아놓은 네트워크에 무임승차하면서 가상의 공간에서 엄청난 부를 창출하고 있다. 수조 원대의 투자를 한 통신사는 네트워크에 대한 이용료만 받는데 실속은 콘텐츠 비즈니스를 하는 사업자들이 챙기고 있다. 통신사업자들은 '단순 통로 제공자(Dumb Pipe)'의 역할에 그치는 딜레마에 빠졌다. 진화는 이렇게 기술혁신의 역설에서 시작된다.

산업혁명 이래 사회의 변화 속도가 매우 빨라지면서 급격한 변화에 직면한 당시의 사람들은 두 가지 사고와 반응을 보이게 되었다. 한 부류의 사람들은 산업화 사회의 눈부시게 빠른 발전 속도를 긍정적으로 받아들인다. 또 다른 부류는 기술의 폭발적인 발전이 궁극적으로 인간에게 해롭다고 생각한다. 이들은 기술의 발전이 너무 빨라서 인간의 통제를 벗어나게 되었다고 주장했다. 특히 1, 2차 세계대전을 겪으면서 기술의 발전이 오히려 인간에게 해가 된다는 생각이 더욱 굳어지게 되었다. 이들은 결코 원하지 않았지만, 역설적으로 전쟁을 통해 과학기술이 발전하게 되었다.

전쟁에서 과학기술은 승패를 가르는 중요한 요소가 되었다. 1차 세계대전에서 패전국이 된 독일에서는 전쟁 이후 전차 개발이 금지되었다. 독일은 전차 대신 사륜구동 차 개발을 시작했고, 1937년 메르세데스 벤츠

G5 모델을 생산하게 되었다. 2차 세계대전에서 독일군은 G5를 통해 월등한 기동력을 자랑하며 전쟁에서 승승장구했다. 오늘날 산악 지형을 거침없이 달리고 섭씨 50도에 달하는 뜨거운 사막의 열기를 뚫고 질주하는 내구성이 우수한 SUV 차량의 고향은 전쟁터였다.

자동차 역사에서 2차 세계대전은 큰 의미가 있다. 자동차가 전쟁 도구로 쓰이는 암울한 시기인 동시에 가장 획기적 발전을 이룬 시기이기도 했다. 전쟁 동안 민간용 자동차는 전혀 생산되지 못했다. 하지만 전쟁 이후다시 만들어진 자동차는 이전과 전혀 다른 제품으로 발전했다. 특히 자동차 엔진 기술 발전은 비약적인 수준이었다. 2차 세계대전 동안 자동차 제조사들이 모두 전차, 지프나 항공기 엔진을 만들어야 했기 때문이다. 영국 롤스로이스-벤틀리나 SAAB는 연합군의 전투기 엔진을 만들었고, 독일 BMW나 일본 후지중공업(현재 스바루 브랜드)은 독일군과 일본군 전투기의 엔진을 만들었다. 전쟁 이전까지 자동차는 로망의 충족이나 과시를 위한 물건이었다. 그러나 전쟁 이후로 자동차는 막강한 엔진을 탑재한 실용적인 운송수단으로 다시 태어났고 인류의 발전에 크게 기여했다.

더욱 아이러니한 것은 전쟁이 과학기술과 과학자들이 대우받는 계기가 되었다는 사실이다. 재래식 무기로 싸웠던 1차 세계대전 당시 과학자들은 모두 징집되어 참호 속에서 죽어갔다. 그러나 2차 세계대전의 양상은 달랐다. 독일과 미국 가릴 것 없이 현대 병기를 개발하기 위하여 과학자들을 우대했다. 과학자들은 국가의 소중한 재원으로 징집을 면제받았고 그 대신 전쟁에서 이기기 위한 병기와 전투 기술을 개발했다. 이처럼 과학이 인류의 삶을 행복하게 만들어주는 도구로 활용되지 못하고 인류를 파멸시키는 수단으로 내몰리면서 기술에 대한 비관론이 철학적 사유로 이어지게 되었다. 그리고 현대 기술에 대한 회의적인 시각들이 좀 더 정교화되면서 유럽을 중심으로 기술철학(Philosophy of Technology)이 본격적으로 출현했다.

그리고 과학기술의 사회적 역할이 날로 중요시되고 있는 현대사회에서 과학기술의 사회적 성격을 설명하고자 하는 학문으로서 과학기술사회학(Sociology of Science & Technology)이 1970년대 이후 태동했다.

2012년 한 광고 캠페인이 사람들의 이목을 끌었다. SK텔레콤의 "사람은 꿈꾸고 기술은 이룹니다"라는 카피이다. 이 광고는 사람들의 꿈을 이뤄주고 가능성을 키우는 기술의 역할에 대한 메시지를 담고 있다.

우리는 기술의 역사, 그리고 기술을 바탕으로 발전한 인류의 역사를 '혁신'의 역사로 표현한다. 하지만 기술의 발전은 전쟁터를 더 불붙게 해 인류를 파탄에 빠뜨리기도 했다. 오늘날 최첨단의 디지털 기술 역시 사람들을 소외시키는 현상을 발생시키고 있다. 그래서 기술에 대한 새로운 시각이 필요하다는 인식이 확산되면서 기술과 철학의 만남에 대한 의미가 깊이 공유되기 시작했다.

그러면 기술철학이나 기술사회학이 그리는 세상은 무엇일까? 그것은 기술이 사람에게 헌신하는 세상이며, 기술이 추구해야 할 가치는 기술 자체가 아니라 무엇보다도 '사람'에 있다는 '기술 인본주의'이다.

디지털 임팩트와
새로운 커뮤니케이션의 혁명

1. 인터넷의 AISAS, 소셜미디어의 SIPS 마케팅 모델로 바뀌다

"너 어제 그 TV 선전 봤어?" 우리가 흔히 쓰는 말이다. 하지만 잘못된 표현이다. 우리는 별다른 생각 없이 '광고(Advertising)'와 '선전(Propaganda)'을 혼동하고 있다. 광고는 기업이 고객에게 상품이나 서비스를 판매하기 위해 매체를 통해 상업적인 메시지를 전달하는 것을 의미한다. 이에 반해 선전은 정치적인 목적을 띤다. 개인이나 단체, 기관, 국가 등이 특정 이념을 전파하여 집단 구성원들의 태도를 통제하기 위해 다양한 매체를 활용해 메시지를 전달하는 것을 말한다.

"대중을 지배하는 자가 권력을 지배한다." 이 말은 나치 정권에서 선전 장관을 지낸 괴벨스의 논리이다. 히틀러와의 운명적인 만남으로 스물여덟 살 청년의 인생은 180도 달라졌다. 괴벨스는 인간의 감정과 본능을 예리하게 꿰뚫어 보는 타고난 통찰력으로 히틀러의 집권을 도왔다. 그는 모든 국민에게 라디오를 보급하여 히틀러의 일거수일투족을 중계했고, 자연스럽게 나치의 사상을 무의식적으로 주입했다. 그리고 1935년에 최초로 TV 방송을 시작하여 베를린 올림픽을 전 세계로 중계하면서 나치당을 선전했다. 괴벨스는 99개의 거짓과 1개의 진실을 배합한 효과가 100% 거짓보다 더 큰 효과를 낸다는 것을 누구보다도 잘 알고 있었다. 대중들은 처음에는 믿지 않았지만 메시지가 되풀이되면서 무의식중에 진실로 받아들이기 시작한다. 나치의 선전은 유대인을 증오의 대상으로 만들어 600만 명을 학살했으며 패색이 짙은 상황에서도 전쟁의 승리를 굳게 믿게끔 했다. 1945년 독일 패전과 함께 히틀러는 자살했고 그다음 날 괴벨스도 일가족과 함께 자살했다. 전쟁 후 많은 나라에서는 괴벨스의 선전선동 기술을 연구했다. 괴벨스는 최초로 라디오와 TV를 정치에 이용한 사람이 되었다. 괴벨스는 선전과 선동에 대해 궤변과도 같은 많은 어록을 남겼다.

나에게 한 문장만 달라. 나는 누구라도 범죄자로 만들 수 있다.

거짓말은 처음에 부정되고 그다음에도 부정되지만 되풀이하면 결국 모든 사람이 믿게 된다.

거짓과 진실의 적절한 배합이 100%의 거짓보다 더 큰 효과를 만들어 낸다.

증오와 분노는 대중을 열광시키는 가장 강력한 힘이다.

전쟁에서 승리하려면 반드시 국민에게 낙관적인 전망을 심어주어야 한다. 그래서 긴장을 해소하고 유쾌함을 던져주는 오락 영화가 필요하다.

광고와 선전이 지향하는 방향은 유사하다. 그래서 사람들은 광고와 선전을 쉽게 혼동한다. 선전은 광고와 유사한 기능을 한다. 그러나 사실을 왜곡하고 대중을 기만하기 위한 의도적이고 조작적인 면을 내포하기도 한다. 그러므로 광고와는 본질적으로 다르다고 할 수 있다. 선전과 달리 광고는 합리성에 바탕을 두며 판매 증진을 목적으로 한다. 한마디로 선전은 이념적·정치적 성격이 강한 데 비해 광고는 비이념적·기업적 성격이 강하다.

1920년대 미국의 경제학자 롤랜드 홀은 전통적인 소비자 구매 행동 이론을 발표했다. 그의 이론에 따르면 소비자의 행동 방식은 주의(Attention)—관심(Interest)—욕구(Desire)—기억(Memory)—행동(Action) 순으로 이루어진다. 우선, 소비자가 상품에 대해 '주의'를 둔 후 '관심'을 가지고 살펴본다. 이 단계에서 상품에 대한 소비자의 평가가 향상됨으로써 소비자는 상품을 구매하고자 하는 '욕구'를 형성한다. 그리고 '기억'하게 된다. 마침내 소비자는 '행동' 즉, 그 상품을 구매하게 된다. 이것이 롤랜드 홀이 주장한 AIDMA 모델이다. 이 모델은 인터넷이 등장하기 이전까지 오랫동안 광고 업체들이 채택해온 전략이다.

2005년 일본 최대 종합광고대행사인 덴츠는 롤랜드 홀의 AIDMA 모델을 인터넷 시대에 적합한 AISAS 모델로 바꾸었다. 덴츠가 연구한 모델은 '주의'와 '관심'은 AIDMA 모델과 똑같지만 이후 단계는 다르다. 검색(Search)—행동(Action)—공유(Share) 순으로 구매 행위가 발전한다고 본다. AIDMA가 1인의 소비에 한정된 모델이었다면 인터넷 시대의 AISAS 모델은 검색과 공유를 통한 '관계의 확장'을 중요한 개념으로 본다.

이제 현명한 소비자들은 더는 기업의 제품 광고에 의존하지 않는다. 괴벨스처럼 능수능란하게 선전한다 하더라도 쉽게 현혹되지 않는다. 대신 제품을 미리 사용해본 소비자들이 적어놓은 사용 후기를 보고 구매 결정을 한다.

온라인 쇼핑몰 옥션의 구매 조사에 따르면, 80%에 이르는 사람들이 사용 후기와 타인의 평가를 공유하면서 제품의 구매를 결정한다고 한다.

특히 전자제품은 인터넷에서 검색한 제품을 백화점이나 대리점에서 확인해보고 온라인으로 구매하는 경우가 허다하다. 오프라인 매장에서 둘러보고 나서 온라인에서 구매하는 쇼루밍족(Showrooming)이 대표적이다. 쇼루밍족들은 온라인 가격 비교를 통해 더 저렴한 가격으로 원하는 물건을 구매한다.

덴츠는 2011년 새로운 모델을 발표했다. SIPS 모델이다. AISAS 모델이 PC를 이용한 인터넷 검색을 고려했다면 SIPS 모델은 소셜미디어의 부상을 반영하고 있다. SIPS 모델은 공감(Sympathize)—확인(Identify)—참가(Participate)—공유와 확산(Share & Spread)의 소비자 행동 모델을 말한다. 트위터, 페이스북 등 사람과 사람 사이의 네트워크를 형성하는 소셜미디어가 대세가 되었다. 이와 함께 소비자의 행동도 바뀌고 있다. 이제 광고도 소셜미디어처럼 공감을 중시하는 방향으로 진행되고 있다. 소비자들은 구매 행동 자체가 기업 활동에 '참가'하는 것이라 여기고 있다. 이제 착한 기업이 아니면 소비자의 감시로 더는 살아남기 어렵게 되었다. 그리고 정보를 전파하는 방식이 소셜미디어를 통한 '확산'으로 변화했다.

지금까지의 웹은 발신자와 수신자가 비교적 구분되었다. 그러나 소셜미디어에서는 대부분의 소비자가 리트윗(RT)이나 좋아요(Like) 버튼에 의해 동시에 정보를 발신하는 사람이 된다.

이제 기업은 소셜미디어의 발신원을 향한 공감을 제공하고 호의적인 기업 이미지, 브랜드와 상품에 대한 공감도를 형성해야 한다. 소셜미디어 상에서 공감은 유통 화폐나 마찬가지다. 그리고 소비자의 평판 획득 매체(Earned Media)이다. 그러므로 깊은 공감을 얻은 응원자, 서포터를 만들면 그들은 자발적으로 친구, 지인에게 전달하고 그 친구, 지인이 다시 정보를 전하는 물결형 커뮤니케이션을 이룬다. SIPS 모델의 핵심은 한 번에 100만 명에게 전달하는 매스마케팅과 다르다. 100명에게 먼저 전하고 그들이 또 100명에게 전하고, 그 후에 또 100명에게 전해져 100만 명(100×100×100)이 되는 커뮤니케이션이다.[33]

2. 21세기 신예술 '스마트폰 그래피'

과거 전문가라고 하면 한 분야에 깊이 있는 지식을 갖춘 사람을 의미했다. 대학에서 경제학을 전공하고 박사 학위를 받으면 그 사람은 경제학 전문가이고, 미술과 춤을 전공한 사람은 예술 전문가이다. 이들은 자신이 전공한 분야에 대한 전문 지식밖에 가지고 있지 않다. 그래서 전공 분야가 아닌 다른 분야에 대해서는 문외한이거나 전문가가 아니다. 그러나 정보의 양이 폭발적으로 확대되고 있는 디지털 시대에 전문가의 위상은 바뀌고 있다. 이제 더는 한 분야에 정통한 사람을 전문가라 일컫지 않는다. 다양한 지식을 융합하여 자신의 분야에서 새로운 지식을 창출하는 사람이 전문가이다.

디지털의 전도사 니콜라스 네그로폰테는 그의 저서 『디지털이다』에서 "원자(Atom)는 과거의 것이고 비트(Bit)는 미래의 것이다"라고 했다. 일상생활에서 쓰이는 여러 필수품의 성격은 물질의 최소 구성단위인 원자로부터 정보의 최소 구성단위인 비트로 교체된다. 그리고 0과 1로 구성된 비트는 디지털 언어를 만들어 순식간에 엄청난 정보의 양을 처리해낼 수 있다. 그리고 더욱 높은 질을 생산·유지할 수 있다. 그만큼 새로운 지식과 정보의 양도 폭발적으로 증가하고 있다. 3년이면 현재의 지식이 모두 낡은 것이 되고 마는 세상이다.

과거 아마추어와 프로 사진가를 구분하는 방법이 있었다. 카메라 렌즈 뚜껑을 덮고 다니면 아마추어이고, 덜렁덜렁 뚜껑을 열고 다니면 프로이다. 아마추어는 카메라를 자랑하고 프로는 사진을 자랑한다. 아마추어는 좋은 사진을 보면 흉내 내려고 하고 프로는 자기가 먼저 찍지 못한 것에 절망한다.

그런데 스마트폰이 등장하면서 사진의 세계에서 프로와 아마추어의 간극이 좁혀지고 있다. 소위 21세기 신예술 '스마트폰 그래피' 붐 때문이다. '아이폰으로 만드는 사진 예술'이란 의미로 미국에서는 '아이폰그래피'라고도 하며 '아이포노그래피(iPhoneography)'로 더 잘 알려져 있다.

아이폰 카메라 해상도와 이미지 품질이 점점 향상되어 프로가 사용하는 카메라와 비교해도 뒤지지 않는다. '아이포노그래퍼'들이 허리케인이 지나가는 현장의 생생한 모습과 전쟁터에서의 긴박한 상황들을 포착한 사진들이 《뉴욕타임스》의 1면이나 《타임》 표지를 장식하기도 한다.

아이폰이 전쟁터나 오지의 생생한 모습을 담기 위해, 위험한 현장을 누비면서 무거운 장비와 수많은 렌즈를 둘러매고 고군분투하는 전문 사진가들의 수고를 덜어주고 있다.

《내셔널지오그래픽》의 한 기자는 3개월 동안 등반가들과 함께 에베레스트를 오르면서 아이폰으로 사진을 찍었다. 그리고 독자들에게 매일매일을 생생하게 전달했다. 에베레스트 정상은 겨우 2인용 식탁 넓이밖에 안 되는 매우 좁은 공간이다. 그래서 전문 산악인들도 정상에 오르면 체력 소모를 줄이기 위해 1~2분간 사진을 찍고 급히 하산을 서두른다. 정상에 서는 기쁨도 잠시뿐이고 바로 내려갈 생각을 해야 한다. 호주머니에 쏙 들어가는 스마트폰은 아마추어 등반가인 《내셔널지오그래픽》 기자에게 최상의 도구였다.

사진이란 기술이 처음 발명되었을 때 서구의 많은 실사 화가들은 자신들의 일자리를 빼앗는 카메라에 대해 엄청난 반감을 가졌다. 그리고 이후에는 '사진이 예술이냐, 기술이냐'라는 논쟁이 벌어졌다. 진보적 시각을 가진 화가나 비평가들은 사진을 예술로 인정했지만 기존의 보수적인 미술계와 비평계는 사진을 예술로 인정하지 않았다. 어떤 화가들은 사진의 등장으로 회화의 죽음이 초래되었다고도 말했다. 그러나 사진의 실사에 위기감을 느낀 회화는 인상파와 큐비즘 등 초현실주의 미술 장르로 발전했다. 사진이 오히려 미술의 진화에 기여한 것이다.[34]

언제 어디서나 클릭 한 번이면 찍을 수 있고 공유까지 가능한 스마트 사진은 21세기의 새로운 예술이 되고 있다. 단순한 클릭 몇 번으로 빛과 색상을 조절하고 불필요한 부분을 손쉽게 편집하여 잘라낼 수도 있다. 특히 1980년대 이후에 태어난 세대인 디지털 원주민들은 한 개의 디바이스로 멀티태스킹을 하는 능력이 뛰어나고 테크놀로지에 대한 적응력이 우수하다. 이들은 아이폰으로 프로 못지않은 사진을 촬영하고, 영화 전문가 못지않은 단편 영화를 만들어낸다.

우리의 문명은 '더 빠르게, 더 크게, 더 강하게' 진화해왔다. 그리고 큰 것이 작은 것을, 빠른 것이 느린 것을 잡아먹는 밀림의 법칙이 지배해왔다. 그러나 디지털 사회에 들어서면서 '작은 것이 아름다운 세상'이 되고 있다. 다양한 기능을 구현하기 위해 복잡하게 만든 제품이 소비자에게 외면을 받는다. 더 많은 것이 더 좋은 것이라는 생각의 타성에서 추가적인 기능을 자꾸 덧붙여도 고객들에게 과잉 만족이 될 수 있다. 스티브 잡스는 말한다. "단순함이 복잡함보다 더 어렵다. 생각을 명확하고 단순하게 만들면 산도 움직일 수 있다." 그는 이런 철학으로 아이폰을 만들었고, 수

128

많은 '아이포노그래피 마니아'들을 탄생시켰다. 그래서 사람들은 말한다. "뉴턴의 사과는 과학을 바꾼 사과이고, 스티븐 잡스의 사과는 문화를 바꾼 사과이다."

스티브 잡스를 시작으로 전개된 모바일 시대에 경쟁이 치열해지면서 오랫동안 대세로 자리 잡았던 통찰력이라는 뜻의 인사이트(Insight) 경영이 포사이트(Foresight)로 전환되고 있다. 포사이트란 데이터와 축적된 경험에서 나오는 판단을 통해 미래를 상상하고 예측하는 것을 말한다. 특히 디자인과 예술적 감각은 포사이트 경영의 핵심이다. 예술적 감각을 통해 고객의 감성과 욕구(니즈)를 충족시키려는 것이 목적이기 때문이다. 포사이트 경영의 원조 중 한 사람으로 이돈태 탠저린 대표가 꼽힌다. 그는 2000년 영국항공(브리티시에어웨이)의 비즈니스 좌석을 두 승객이 마주하도록 S자로 디자인해 만성 적자에 허덕이던 업체를 부활시킨 일화로 유명하다. 비행기 실내 공간은 180도로 누울 수 있을 정도로 넓어졌지만, 항공사는 20% 이상 더 많은 좌석을 배치해 매출을 높일 수 있다. 이것은 포사이트 경영의 대표적 사례로 소개되고 있다.[35]

요즘에는 등산 장비가 발전하고 다양한 등산 루트들이 개발되어 웬만한 아마추어도 히말라야를 쉽게 등정할 수 있다. 그러나 여기에도 한계가 존재한다. 해발 5400m가 아마추어 등산가가 오를 수 있는 최고 높이다. 그 고도 너머에는 아이스폴이라는 거대한 빙벽이 가로막고 있어 아마추어가 범접할 수 없는 전문 산악인들만의 공간이다. 빙벽은 그렇게 아마추어와 프로페셔널을 경계지었다. 그러나 디지털의 세계에서는 21세기 신예술 '스마트폰 그래피'와 같이 프로를 능가하는 아마추어의 시대로 접어들고 있다.

3. 28분과 114분의 차이, 기술과 예술의 하이브리드

28분 대 114분. 이것은 1만 미터 달리기와 마라톤 기록을 비교한 것이 아니다. 우리 국민의 하루 독서량과 스마트폰 인터넷 사용 시간이다.

서울의 한 지하철 안내 방송에서 유머러스한 멘트가 흘러나왔다. "스마트폰에 발이 달려서 잠깐 한눈파는 사이에 도망가는 것이 아니니까 승하차 시에는 스마트폰이 아닌 자신의 발을 보셨으면 좋겠습니다." 스마트폰을 들여다보면서 승하차하는 승객들의 안전을 위해 내보내는 당부의 말이다. MIT의 사회심리학자 셰리 터클 교수는 그의 저서 『외로워지는 사람들』을 통해 스마트폰 등장 이후 다 함께 있지만 실상은 따로따로 디지털 기기에 빠져 있는 우리의 삶을 묘사하고 있다. 원제 그대로 '다 함께 홀로'이며, 시쳇말로 '수구리 문화'이다. 즐겁게 회식을 하자고 다 함께 모인 자리에서도 누군가는 꼭 고개를 숙이고 어딘가에 문자를 보내고 있다. 이처럼 우리는 언제 어디서나 다 함께이면서 따로따로인 상황에 익숙해졌다.

TV를 보면서도 스마트폰을 만지작거린다. 축구나 야구 또는 드라마를 보면서도 스마트폰을 통해 시청 내용에 대한 의견을 SNS에 올려 공유한다. 아니면 포털 검색 등을 통해 현재 시청 중인 콘텐츠에 관련된 내용을 검색한다. 잠자리에 들기 전 가장 늦게까지 침대 위에서 만지작거리는 것이 태블릿PC나 스마트폰이다. 자칫 이들 기기가 얼굴에 떨어져 코뼈가 부러질지도 모를 정도이다.

스마트폰과 태블릿PC, 전자책 기기 등으로 직격탄을 받는 곳이 바로 서점이다. 2012년 한국출판연구소에서 전국 249개 시·군·구의 서점을 조사한 결과, 경북 영양군을 비롯한 4개 군은 아예 서점이 하나도 없는 '서점 사망 지역'으로 나타났다. 그리고 강원도 고성군을 비롯한 30곳은 서점이 한 곳뿐으로 '서점 멸종 위기 지역'이었다. 서점이 고사하고 있는 것은 대도시도 예외가 아니었다. 인구 5만 명당 서점이 1개 미만인 지역도 적지 않은 것으로 나타났다. 한국출판연구소 자료에 의하면 1997년에 전국 5407개에 달하던 서점이 2011년에는 1752개로 줄었다고 한다. 이제 대학가 앞에서도 서점을 찾아보기 어렵게 되었다. 그 자리에 음식점, 커피숍, 호프집, 미용실, PC방 등이 들어섰다.

이런 현실에 대해 우리는 마냥 부끄러워하고 개탄해야만 할까? 지식을 전달하는 수단이 바뀌어가고 있으니 어쩔 수 없는 자연스러운 현상으로 받아들여야 할지도 모른다.

초고속 유·무선 인터넷망으로 세상이 촘촘히 엮인 초연결 사회에서 지식 교류의 주역은 도서관에 비치된 활자로 인쇄된 책이 아니라 클라우드 컴퓨팅에 연결된 전자책이다. 책가방은 안 가져가도 휴대폰은 꼭 챙겨야 학교에 간다는 초·중학교 학생들의 행태에 어른들은 혀를 찬다. 당연한 반응이다. 그러나 미래는 다르다. 개화(開花)를 앞둔 디지털 교과서가 확산되면 당연히 종이책을 담는 책가방은 필요 없어진다. 지금의 아이들은 종이 교과서가 없어지는 미래를 미리 체험하는 세대들인 셈이다.

젊은이들에게 스마트폰은 휴대폰을 넘어 세상과 소통하는 통로이다. 기성세대들은 국경으로 가두어진 물리적 국가에 살고 있지만 글로벌 D(디지털) 세대들은 국경이 없는 가상 국가에 더 매력을 느낀다. 유튜브와 페이스북, 트위터를 통해 소통하며, 문화적 동질감을 느끼고 콘텐츠를 소비한다. 그러므로 28분과 114분의 차이를 너무 부끄러워하거나 자탄할 필요가 없다.

현대는 디지털 노마드 시대이다. 인류의 역사는 '정착민'의 손에 의해 기록되었으나 역사를 이룩한 것은 '노마드'라고 한다. 유럽의 인류사는 '정착'

이란 개념에 집중하고 있다. 그러나 유목민의 후예 칭기즈칸은 열악한 환경에서 끈질긴 생명력으로 살아남아 세계를 정복했다. 노마드적 삶의 양식과 문화는 21세기 현대인들의 필연적인 패러다임이 되고 있다.

어른들에게 영화는 예술이나 오락이지만 가상 세계와 현실 세계를 오가는 데 익숙한 아이들에게는 일상생활이다. 이들에게 촬영은 글쓰기보다 쉽다. 아이들과 영화를 만들어보면 그들이 얼마나 뛰어난 전문가들인지 입이 다물어지지 않을 정도이다. 유튜브와 같은 개인 미디어가 세계인들이 공유하는 미디어로 등장하고 있는 현실에서 콘텐츠 제작과 유통의 주도권은 잘 교육받은 성인들이 아니라 청소년이나 젊은 층으로 이동하는 중이다. 그들이 만든 방송과 영상이 세상을 바꾼다.

독재에 반대하는 튀니지의 대규모 시위와 일본 대지진의 긴박한 상황을 세상에 알린 것도 유튜브였다. 하루 20억의 조회 건수, 어느 매체도 따라올 수 없는 호소력과 정보 공유, 세상을 바꾸는 도구로 성장한 유튜브는 '자신만의 재능과 창의력을 전 세계 사람들에게 보여줄 수 있는 꿈의 공간'이 되었다.

PART 4

차가운 기술과 따스한 기술

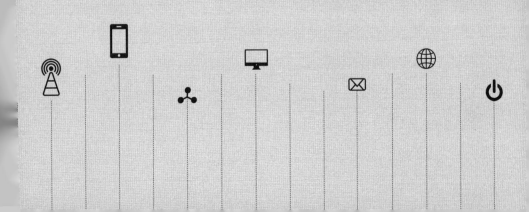

인간과 기술이 공존하는 디지털 인텔리전스

1. 기술은 빛의 속도, 과학은 갈라파고스 거북이

과거 만국 박람회는 기술의 발전에 많은 기여를 했다. 1851년 5월 1일 세계 최초의 만국박람회가 '해가 지지 않는 나라' 영국 런던에서 열렸다. 당시 25개국이 참가해 1만 3000여 개의 전시물을 출품했으며 5개월간 600만 명 이상의 관람객이 전시장을 찾았다. 사람들의 눈길을 붙잡은 것들로는 80개의 날이 달린 나이프, 1시간에 1만 쪽을 인쇄할 수 있는 인쇄기, 1분에 80개비의 담배를 마는 기계, 달걀 껍데기를 까는 증기 해머 등이 있었다. 이렇게 많은 전시품 중에서도 산업혁명을 통해 인류의 문명을 획기적으로 바꾸어놓은 증기기관차가 관람객들을 최고로 흥분시켰다. 그리고 그 이후 철도 시대를 개막하게 되었다.

미국 독립 100주년을 기념하여 필라델피아에서 1876년에 개최된 만국박람회에서는 전화기, 타자기, 토마토케첩, 재봉틀 등 현대 생활 문화에 큰 영향을 끼친 기계와 물품들이 처음으로 소개되었다.

현대 커뮤니케이션의 역사에 큰 전환점을 마련한 전화기의 발명은 1876년 미국의 발명가 알렉산더 그레이엄 벨에 의해 이루어졌다. 편지, 전보, 전신기를 이어 인류의 정보 교류에서 속도뿐 아니라 질적 향상에 혁신적으로 기여한 전화기는 필라델피아 박람회에서 처음 전시되었다. 이때만 해도 소리를 전달하는 신기한 이 기계가 인류의 커뮤니케이션 혁명과 문명 발전을 불러일으킬 거라고는 상상하지 못했다. 그전에는 소식을 전하려면 편지를 써서 사람이 들고 뛰던지, 말이나 다른 운송 수단을 이용하는 등 장시간에 걸쳐 전달해주어야 했는데 전화기의 발명으로 단 몇 분 만에 소식이나 정보를 알리게 되었다.

1970년대 우리나라에서 전화기는 부의 상징이었다. 당시는 매매 이전과 명의 변경이 자유로운 백색 전화기와 그렇지 못한 흑색 전화기 등 두 종류가 있었는데 힘 있는 사람들은 좋은 번호와 백색 전화기를 소유했다. 제한된 회선 용량 탓에 보통 사람들은 전화를 신청하면 3년 정도 되어야 간신히 배정받을 정도였으니 전화 자체에 재산권의 성격까지 있었다.

세월이 흘러 2007년 스티브 잡스가 아이폰을 세상에 선보인 지 한 달 만에 무려 5000만 대가 보급되었다. 그레이엄 벨이 발명한 전화기의 보급 속도에 비하면 그야말로 빛의 속도라고 하지 않을 수 없다. MIT의《테크놀로지리뷰》는 스마트폰을 인류 역사에서 가장 빠르게 확산된 기술로 선정했다. 세상에 나온 뒤 5000만 세대에게 도달하는 데 걸린 시간은 라디오가 38년, TV가 13년, 인터넷은 4년이었다.

에스파냐어로 '큰 거북이'란 뜻의 갈라파고스는 에콰도르의 서쪽 해상으로부터 약 1000km 떨어져 있으며 13개의 큰 섬과 6개의 작은 섬, 그리고 약 107개의 암초로 이루어진 군도(群島)이다. 이 화산섬에 사는 거북이들은 해마다 하루 200미터씩 이동하여 수 주일에 걸쳐 기어코 섬을 가로지른다. 정말 속 터지고 답답하게 느껴지는 속도이다. 기술의 발전 속도는 인간의 인지 속도를 이미 넘어버렸지만 과학의 역사는 갈라파고스 거북이처럼 흐른다. 축적된 결과에 의해 느리게 진보가 이루어진다. 그러므로 과학은 원래가 느림의 학문이다.

그러면 과학과 기술은 어떻게 다를까? 간단히 정의하면 과학은 사물이나 자연 현상의 원리를 체계적이고 일관되게 이해하거나 설명하는 것을 목표로 한다. "아는 것이 힘이다"라고 한 근대 철학자 베이컨은 과학적 방법론의 선구자였다. 그는 눈처럼 차가운 것이 고기를 부패시키지 않고 보존하는 데 얼마나 도움이 되는가를 끊임없이 실험하다가 폐결핵에 걸려 죽었다.

이에 반해 기술은 사물이나 자연에 존재하는 물질 또는 현상을 사람이 유용하게 이용할 수 있는 방법을 추구한다. 사실 기술 발전에는 합리성, 정확성 등 과학이 요구하는 척도가 문제 되지 않았다. 예컨대 배나 항공기는 과학적으로 볼 때 유체역학의 원리로 물이나 공기에서 뜰 수 있다. 그러나 옛 기술자들은 유체역학을 몰랐어도 배를 만들어낼 수 있었다. 그리고 발효과학이나 화학을 몰랐어도 술을 빚을 수 있었다. 선원들은 배가 지평선을 넘어 나타날 때 돛부터 보이는 것을 보고 직감적으로 지구는 둥글다는 것을 알았지만, 과학자들이 이것을 인정하기까지는 오랜 시간이 걸렸다. 어쩌면 우리에게 알려진 과학자보다 이름 모를 기술자들이 역사 이래 인간 생활을 더 편리하게 만들었을지도 모른다.[36]

제임스 와트의 위대한 발명품 증기기관은 과학이 아니라 기술이었다. 그가 증기기관을 발명한 지 무려 75년이 지나서야 클라우시우스와 켈빈이 증기기관의 원리를 설명할 수 있는 열역학이론을 내놓았다.

우리가 쓰는 안경도 마찬가지이다. 시력을 보정하기 위한 안경은 1280년 이탈리아의 수도원에서 그 원시적인 형태가 개발되었다. 15세기 말에는 안경이 대량생산되기 시작했으며 16세기 초에 이르러서는 근시용 안경도 제작됐다. 중국 문헌에도 13세기경 안경을 사용한 기록이 남아 있다. 그러나 18세기 들어서야 뉴턴이나 라이프니츠가 그 원리를 광학이론으로 설명했다.

그렇지만 18세기 들어서면서 기술과 과학이 조우하기 시작했다. 그 결과 기술에 대한 과학의 이식(移植)은 우리 인류 문명에 획기적인 영향을 미치게 되었다. 그것은 기술자들이 자신의 경험으로 터득하고 축적한 기술 지식과 기술의 개발 과정을 다른 사람들과 공유할 수 있는 과학적 언어나 이론으로 남겨 놓음으로써 '지식의 축적'에 의한 기술의 진보가 폭발적으로 이뤄졌기 때문이다. 같은 분야에 종사하는 기술자들은 물론 과학자, 기업가들이 과학적 언어를 통해 해당 기술을 쉽게 읽고 이해하면서 비약적인 발전을 이룰 수 있었다.

2. 디지털 속도의 마법에 빠진 사람들

1899년 9월 18일, 서울 노량진과 인천 제물포 간에 33.2km의 경인선이 개통되었다. 당시 도입된 미국의 모갈 탱크형 증기기관차는 최고 속도 시속 60km이었으나 경인선을 오가는 기차의 평균 운행 속도는 30km 정도였다. 그래도 당시로선 엄청난 속도였다. 서울과 인천 간 뱃길로 9시간, 도보로 12시간 걸리던 거리가 불과 1시간 40분으로 줄어들었다. 기차는 1·2·3등석으로 구분되어 있었으며 가장 저렴한 3등석 요금도 짜장면

30그릇 값에 해당하는 매우 비싼 수준이었다.

경인선이 개통되면서 《독립신문》에 다음과 같은 시승기가 실렸다.

"화륜거 구르는 소리는 우레와 같아 천지가 진동하고, 기관거의 굴뚝 연기는 반공에 솟아오르더라. 수레를 각기 방 한 칸씩 되게 만들어 여러 수레를 철구로 연결하여 수미상접하게 이었는데, 수레 속은 상중하 3등으로 수장하여 그 안에 배포한 것과 그밖에 치장한 것은 이루다 형언할 수 없더라. 수레 속에 앉아 영창으로 내다보니 산천초목이 모두 활동하여 닿는 것 같고 나는 새도 미처 따르지 못하더라."

탑승자들은 불과 시속 30km로 달리는 기차의 속도에 크게 놀랐다. 《독립신문》에는 그 속도에 대해 "우레와 번개처럼 달리고 바람과 비같이 날뛰었다. 산천초목, 가옥, 인물이 보이기는 하나 앞에 번쩍 뒤에 번쩍함으로 도저히 잡아 보기가 어려웠다"고 표현했다.

이런 과거 기록은 엄청난 격세지감을 불러일으킨다. 오늘날 디지털 기술의 발전은 속도 단위의 변혁을 더욱 부추기고 있다. 과거 규모의 경제는 이제 속도의 경제로 바뀌었다. 속도의 경제란 상품의 개발, 생산, 판매, 유통, 물류의 회전 속도를 상승시킴으로써 얻을 수 있는 경제적 효과를 나타내는 말이다. 속도 그 자체가 고객에게 이익을 가져다주고, 제조업체의 회전 속도를 높임으로써 경쟁 우위를 구축할 수 있다.

과거에는 '큰 것이 작은 것을 잡아먹고, 강한 것이 약한 것을 지배한다'는 약육강식의 지배 논리가 통용됐다. 하지만 인터넷의 보급과 더불어 디지털 사회가 도래하면서 이 같은 정글의 법칙은 '변화'와 '속도'의 지배 논리로 빠르게 대체되고 있다. 기술 진보의 속도는 이미 CPU의 연산 능력이 18개월마다 두 배로 향상된다는 '무어의 법칙'의 한계를 훌쩍 뛰어넘었다. 인터넷 사용 인구의 폭발적인 증가로 전자상거래가 보편화되면서 전통 산업사회를 지탱해온 '규모의 경제' 이론을 무색하게 만들었다. 바야흐로 '속도의 경제' 시대가 펼쳐지고 있다.

예를 들어 보자. 스마트폰의 속도 경쟁은 날로 치열해지고 있다. 4세대 LTE가 세상에 나온 지 불과 얼마 되지 않았음에도 속도를 더 높인 LTE-A(Advanced)가 출현해 치열한 경쟁을 펼치고 있다. 기존 LTE에서 1분 25초가 걸리던 영화 한 편의 다운로드 속도가 43초로 줄어들었다. 잠깐 사이에 2배가 빨라진 것이다. 그런데도 정보 고속도로가 2차선에서 4차선, 6차선으로 계속 넓어지면서 속도 경쟁이 가속화되고 있다.

디지털 기기의 속도 전쟁은 스마트폰뿐만 아니다. 세탁기 시장의 경쟁에서도 시간 단축이 주요 이슈로 떠오르고 있다. 국내 한 가전업체는 17분 만에 세탁부터 헹굼, 탈수까지 마칠 수 있는 세탁기를 내놓았다.

1960년대에 비해 1980년대의 TV 광고에 담는 정보량은 초당 5배 이상 늘어났고, 지금은 20배에 달한다는 통계가 있다. 인간은 날로 빨라지는 속도에 익숙해지는 놀랍고 빠른 적응력을 보였다. 그런데 디지털 속도의 마법에 빠져 있는 동안 우리가 잃고 있는 것은 무엇일까?

미국의 저명한 칼럼니스트인 윌리엄 파워스는 그의 저서 『속도에서 깊이로』에서 "마치 지상 낙원과도 같은 디지털 마법에 흠뻑 빠져 있는 동안 우리는 시간을 두고 천천히 느끼고 생각하는 방법을 잃었다"고 지적하며, '깊이'라는 단어를 화두로 제시했다. 그는 '시간의 거리'가 짧아짐에 따라 '삶의 깊이'가 사라져가고 있는 현상을 걱정한다. 우리는 SNS, 이메일, 다양한 디지털 기기들을 쉴 새 없이 들여다보며 늘 확인한다. 남과의 연결을 체크하고 연결되지 않으면 불안해한다.

파워스는 "바쁘게 첨단을 걸으며 얻게 된 번뜩이는 아이디어로 새로운 제품을 개발해 자기만의 사업을 시작할 수 있다고 생각할 수도 있지만, 그러한 생각이 꽃피울 만한 시간을 잠시도 허용하지 않고 새로운 스크린으로 옮겨가기를 반복한다면 새로운 삶은 결코 없다"고 말한다.[37]

'깊이의 상실'만이 문제가 아니다. 속도의 발전으로 우리의 집중력은 끊임없이 쪼개지기 시작했다. 디지털 네트워크가 확장될수록 우리의 사고는 외부 지향적이 된다. 내면에 집중하는 대신 외부에 신경을 집중하며 초조해한다. 원래 우리 인간에게는 대중과 연결되고자 하는 욕구 그리고 대중과의 연결에서 벗어나 자신만의 공간을 찾으려는 욕구가 동시에 존재한다. 그러나 우리의 삶은 어떠한가? 급속한 디지털 속도의 발전으로 점점 균형을 잃고 있다.

인터넷의 아버지로 불리는 니콜라스 카는 인터넷에서 지적 활동을 할 때 인류는 장애를 앓고 있다고 말한다. 대표적인 사례로 난독증(읽기 장애)을 들 수 있다. 태블릿PC로 전자책을 읽을 때 난독증 환자들의 두뇌는 게임을 할 때처럼 극도의 긴장을 겪는다고 한다. 그리고 매체와 매체를 연결하는 하이퍼미디어가 인간의 기억과 이해력을 떨어뜨리며, 문서와 문서를 연결하는 링크가 학습을 방해한다는 조사 결과 역시 니콜라스의 지적을 뒷받침해주고 있다.

텍스트는 이미 잊혀졌다

이미지와 영상만이 존재할 뿐

진실된 한마디의 문구보다

화려하게 치장된 포스터가 더 잘 팔리는 세상

마음을 전달하는 한 편의 시보다

얼기설기 만들어진 플래시가 더 잘 팔리는 세상

위의 내용은 인터넷에 올라온 글이다. 공감이 가는 내용이다. 메신저로 정상적인 문체를 사용해 친구에게 글을 보내보라. 아마도 읽기 귀찮다며 짜증부터 낼 것이다. 그들에게 한글 문법은 필요 없다. 이모티콘을 쓰든 인터넷 약어를 쓰든 의미만 통하면 된다. 그래서 인터넷은 사람들을 점점 더 난독증 환자로 만든다.

이 세상의 모든 연결된 것에서 잠시 벗어나 멈추고 호흡하며 생각하는 기회를 가질 수는 없을까? 잠시 스마트폰을 접어 두고 사색을 할 수 없을까? 우리의 마음과 함께 속도를 늦추는 노력을 의도적으로 해보면 어떨까? 디지털 속도의 마법에서 잠시 벗어나 '깊이의 상실'을 되찾는 노력이 필요하다.

3. 점(點)의 디지털 문화와 선(線)의 아날로그 문화, 그 차이는 무엇인가?

사전적인 의미로 디지털은 신호의 유무를 판단하여 0과 1로 표시하며 수학적으로 연산 가능한 신호를 의미한다. 이에 비해 아날로그는 전압이나 전류처럼 연속적으로 변화하는 물리량을 표현한다. 그러므로 디지털은 불연속적인 점의 집합이고 아날로그는 연속적인 선의 연결이다.

사람의 목소리를 포함한 자연계에 존재하는 모든 신호는 아날로그 신호이다. 시곗바늘이 돌아가는 아날로그 시계처럼 계량이 가능하고 신호의 변화 양상이 이전, 이후의 상태와 크게 달라짐 없이 선으로 이어진다.

그런데 디지털이 아날로그적인 것을 언제나 그리고 전체적으로 대체하는 것은 아니다. 예전 방식으로 시곗바늘을 돌리는 디지털 시계가 있는 것처럼 디지털은 아날로그 기술보다 효율적으로 정보를 처리할 수 있을 때 유용한 도구이다. 이것은 뉴턴의 이론이 틀렸기 때문에 아인슈타인의 상대성이론이 나온 것이 아니라 뉴턴의 이론으로 설명할 수 없는 부분이 있기 때문에 상대성이론이 등장한 이치와 같다. 그러나 지금까지 많은 아날로그적인 것들이 디지털로 대체되어왔고, 아날로그는 지속적으로 줄어들 것이다.

대표적으로 아날로그 감성을 대표하는 책과 독자가 소통하던 느낌과 감정이 점차 사라지고 있다. 손바닥만 한 액정의 스마트폰이나 태블릿PC에 얼마나 무궁무진한 세계가 들어 있는가. 검색도 하고 SNS를 통해 사람과 소통도 하며 게임으로 스트레스도 풀고 필요한 정보도 찾아 읽어야 하니 손가락에 침 묻혀가며 책장을 넘길 시간이 없어지는 건 당연하다.

현대인들은 계절의 변화도 느끼지 못할 만큼 바쁘게 살고 있다. 작가 김영일은 동시 「귀뚜라미 우는 밤」을 통해 책 속에서 삶의 여유를 갖고 자신을 성찰하는 시간을 가져보자고 말한다.

세계 출판계의 거장인 게르하르트 슈타이들은 패션, 사진, 회화, 문학 등의 예술 장르뿐만 아니라 상업 브랜드에 이르기까지 출판과 인쇄라는 과정을 예술의 경지로 끌어올린 인물이다. 그는 여러 나라를 돌면서 'How to Make a Book with Steidl'이라는 팝업(Pop-Up) 아트 전시회를 열고 있다.

이 전시회는 인간의 오감을 통해 책의 가치를 새롭게 조명하려고 노력한다. 관객들은 책이 완성되는 과정을 시각적으로 볼 수 있을 뿐만 아니라 직접 만져보고 후각을 이용해 체험한다. 디지털 시대에 애써 아날로그를 고집하는 이유는 무엇일까. 슈타이들은 "종이의 질감, 냄새, 아름다운 활자체와 잘 인쇄된 색상과 이미지가 주는 즐거움 등 아날로그적인 감성이 채워지는 순간은 디지털이 아무리 발전해도 채워질 수 없는 부분이기 때문이다"라고 말한다.

아날로그의 대표적인 향수인 사진도 마찬가지 운명에 처해 있다. 여행을 다녀오면 촬영한 사진을 인화하여 사진첩에 넣어 두고 가끔 꺼내 보며 추억을 되살리는 아날로그적 정취가 그리워진다. 지금은 스마트폰이나 전자 카메라로 촬영한 사진이 모두 PC나 모바일 기기에 디지털 사진으로 자동 저장되어 일일이 다시 찾아보기도 귀찮을 정도다.

"디지털은 잊기 위함이고, 아날로그는 간직하기 위함이다(Digital is made to forget, Analogue is made to remember)." 세계적인 사진작가 로버트 폴리도리가 남긴 말이다. 그는 "디지털은 편리하기 위해 쓰는 것이고, 아날로그는 행복하기 위해 쓰는 것"이라고 정리하고 있다.

디지털의 효율성이 인간의 모든 행복을 대신해줄 수는 없다. 우리는 빛의 속도로 달리고 있는 디지털 기술에 빠져 아날로그적 가치의 소중함을 잊고 산다. 우리는 수첩에 적는 손글씨 대신 스마트폰 메모지에 내용을 기록하고 즉시 교환하는 일회성 소통에 익숙해졌다.

디지털은 점이고 아날로그는 선이다. 전자시계는 디지털이고, 바늘 시계는 아날로그다. 1분, 2분, 3분으로 표시되는 디지털은 연속적인 값을 갖지 않는다. 즉 1분과 2분 사이의 숫자는 존재하지 않는다. 위치만 있을 뿐 방향이나 면적이 없다. 디지털의 장점은 점들의 조합을 통해 신속하고 다양한 정보를 생산해낸다는 것이다. 아날로그는 점들이 연속적으로 연결되어 만들어졌다. 그러므로 방향을 갖고 있다. 또한 점과 점이 연결되는 사이사이에 다양한 생각과 감정이 담겨 있다.

빠르고 정확한 디지털과 감정과 스토리가 담긴 아날로그의 공존은 가장 바람직한 모습일 것이다. 그러므로 아날로그가 사라지는 세상은 새로운 기회인 동시에 위험이라는 패러독스가 도사리고 있다. 예를 들어 혁신적 신기술에 의해 기존의 질서와 권력은 붕괴된다. IT 미래학자 니코 멜레는 그의 저서 『거대 권력의 종말』에서 "오늘날의 기술은 '시간'과 '공간'을 비롯한 모든 장벽을 허물어버리고 있다"고 지적한다.[38] 거대 권력이 무너지면서 인간은 해방되는 것이 아니다. 개인들이 모인 위험스런 또 다른 '조직'이 등장하고 있다. 디지털 시대의 대표적인 국제적 조직 '어나니머스 (Anonymous)'를 보라. 이들은 정의를 실현하기 위해 모였다는 해커 조합이다. 그런데 이들이 주장하는 정의가 상당히 주관적이란 점이 문제이다. 도덕적으로 의심스러운 여러 활동에 대한 개입도 많이 관찰되고 있어 우려스럽기 그지없다.

디지털의 효율성과 아날로그의 감성에는 양면성이 존재한다. 우리는 디지털의 편리함을 거부할 수 없다. 문제는 똑똑한 디지털 기계들 때문에 우리의 사고와 감성이 점차 둔해지고 있다는 사실이다.

02

CHAPTER

차가운 기술과 따스한 기술

1. 인간의 일자리를 빼앗는 로봇 기술

120여 년 전 일본 메이지 왕이 오사카를 방문했다. 오사카는 '검은 연기에 뒤덮인 우중충한 마을'이었다. 섬유 공장 등에서 내뿜는 매연이 하늘을 뒤덮었다. 메이지 왕은 "일본도 드디어 선진국 대열에 들어섰다"고 만족스러운 소감을 내놓았다. 당시 유럽과 미국에선 산업혁명이 한창이었다. 전기, 엔진, 전화가 발명됐고 석유화학 산업이 첫발을 내딛고 있었다. 공장 굴뚝에서 코끝이 따가운 검은 연기가 치솟고 '시속 10km로 달리는 괴물(자동차)'이 마차와 충돌해 사망 사고를 내던 시절이었다. 일본의 왕에게 퀴퀴한 검은 연기와 선진국은 같은 것이었다.[39]

세월이 흘러 연기를 내뿜는 공장은 공해 산업이 되었다. 구로공단의 봉제 공장과 안양이나 울산의 굴뚝 산업은 이제 사양길로 접어들었고, 그 자리에 첨단의 IT, 자동차 산업들이 들어차 있다. 앨빈 토플러는『부의 미래』에서 시간, 공간, 지식이 부를 창출하는 새로운 혁명의 시대 '제4의 물결'을 예고하고 있다. 그는 그 시대의 핵심 산업으로 생물학과 우주 산업을 들고 있다. 생물학적 기술로 인간의 두뇌를 개량하거나 우주에서 새로운 에너지를 찾는 등 지금으로서는 상상하기 어려운 변화가 올 것이라고 말한다. 앨빈 토플러의 제4의 물결을 추동하는 힘은 무엇일까? 그것은 디지털 기술이다. 서로 다른 용도로 개발된 디지털 기술들이 하나로 융합되면서 더 큰 가치를 창출하며 인류를 진화시키고 있다. 경제적 이윤 추구라는 속성은 기술 발전을 추동하는 힘이 되고 있다. 현대 기술의 산업과 경제의 힘은 막대하다. 하지만 점차 따뜻함을 잃어가고 있다. 세상의 모든 기술은 인간을 위한 것인데도 말이다.

어느 이동통신 회사의 광고 카피를 들여다보자. 모든 기술 진화의 중심에는 사람이 있다고 주장한다. 그래서 우리는 이 광고에 공감하고 있다.

> 사람은 꿈꾸고 기술은 이룹니다.
> 사람에서 기술로
> 다시 사람으로
> 사람들은 저마다 새로운 생활을 꿈꾸고
> 그 꿈들이 이어져 새로운 세상을
> 만들어갑니다.
> 사람은 꿈꾸고 기술은 이룹니다.

그러나 우리의 현실은 어떠한가? 미국 오바마 2기 행정부가 직면한 가장 큰 걸림돌은 뜻밖에도 중산층 일자리를 뺏고 있는 로봇이라고 한다. 제조업 분야에서 생산성이 높은 로봇을 대거 활용함에 따라 미숙련공의 일자리를 줄이고 있다. 서비스 직군에서도 마찬가지이다. 캘리포니아의 한 병원에서는 환자에게 식사를 나르고 의사와 간호사에게 약을 전달하며 피에 젖은 환자복을 세탁하는 일을 로봇이 처리하고 있다고 한다.

스티븐 스필버그 감독의 영화 〈A.I〉는 2001년 대히트를 기록했다. 영화 속에서 로봇은 인간이 할 수 없는 위험하고 더러운 일을 대신하기도 한다. 'A.I'는 인공지능을 뜻하는 약어이다. 영화 속 로봇이 인공지능과 감성을 지녔다는 점은 사람들에게 충격을 주었다. 10여 년의 세월이 흘러 영화 속의 로봇은 현실화되었다. 형태는 다르지만, 아이폰에 탑재된 '시리(Siri)'는 인공지능을 가진 개인 비서이다. 사람들은 매일 아침 시리를 통해 날씨를 묻고, 점심때는 들를 식당 정보를 확인한다. IBM 슈퍼컴퓨터 왓슨은 인간을 뛰어넘는 슈퍼 지능을 구현했고, 구글은 운전자 없이 스스로 운전하는 자동차를 만들었다. 이러한 첨단 기술 발전이 미국 경제에 기여하는 바는 크다. 하지만 일자리 창출에는 도움이 되지 않는다. 애플, 페이스북, 구글 등의 시가총액은 1조 달러 이상이지만 4개 회사 직원을 모두 합해도 15만 명이 채 되지 않는다.[40]

자동차는 이제 더는 공업이 아니다. 출발과 정지를 구현하고 최적의 연료 분사량을 조절하여 운전자가 원하는 속도를 내게 하는 핵심 기술이 바로 소프트웨어에서 나온다. 자동차 산업의 경쟁력은 '더 똑똑한 차, 스스로 알아서 운전하는 차, 연비가 좋은 차, 비용도 덜 드는 차'가 되고 있다. 그러다 보니 자동차 성능의 핵심이 소프트웨어로 옮겨가고 있다. 과거에는 상상도 못할 일이다. 컨설팅 업체 맥킨지는 자동차 생산 원가에서 전자 장치의 비중이 2004년 19%에서 2015년에는 40%까지 올라갈 것이며, 앞으로 이 수치는 더욱 높아질 것으로 전망하고 있다.

모든 산업 분야에서 IT 인력의 수요는 급증하고 있지만, 임금은 매년 제자리걸음인 것 또한 아이러니한 일이다. 2000년 미국의 대학 졸업자들이 컴퓨터 분야의 직업에 취업할 때 시간당 평균 임금이 37달러 수준이었다고 한다. 이후 매년 0.5% 정도 증가하는 데 그치고 있다. IT 기업들이 계약직 직원을 더 많이 채용하고 있기 때문이다. 기업들은 수요에 맞추어 그때그때 필요 인력을 탄력적으로 고용하고 있다.

토플러의 제4의 물결은 디지털과 인터넷, 그리고 정보통신 기술을 기반으로 하는 하이테크의 세계이다. 그러나 인류가 원하는 것은 고기능의 로봇에게 일자리를 빼앗기거나 임시직 수준의 IT 기술자가 되는 것은 아니다.

다니엘 핑크는 그의 저서 『새로운 미래가 온다』에서 우리의 미래에 대한 지향을 제시해주고 있다. 그는 현재의 하이테크 기반 사회에서 '하이콘셉트의 시대'로 넘어간다고 설명했다. 하이콘셉트란 '예술적 미와 감정의 아름다움을 창조해내며 훌륭한 이야기를 창출해내는 능력, 그리고 관계없어 보이는 아이디어를 결합해 뭔가 새로운 것을 창조해내는 능력'이라고 한다. 이는 고(高) 기술과 감성의 융합을 의미한다. 하이콘셉트의 세계는 기술과 기계가 인간을 대신해 수행하기 어려운 부분이다. 더욱이 그 중심에는 '디자인, 스토리, 조화, 공감, 놀이, 의미'라는 콘셉트가 내재되어 있다. 인간에 의해 따스한 감정이 담긴 기술을 창조해내는 것, 그것이 인간의 진정한 미래 경쟁력이다.

2. 인간의 뇌 구조까지 바꾸어놓는 디지털 지도

과거 원시시대 사람들은 일단 먹을 것이 생기면 최대한 많이 먹어 두었다. 경작하지도 않을뿐더러 음식을 따로 저장하지 못했기에 먹을 것이 있을 때 무조건 먹는 것이 상책이었다. 이를 통해 몸에 지방을 축적해놓아야 춥고 배고픈 겨울을 버텨낼 수 있었다.

이제는 그럴 필요가 전혀 없는 세상이 되었다. 그런데도 왜 인간은 자신의 몸이 필요로 하는 양보다 훨씬 많은 양을 먹으면서 성인병의 주범인 비만을 걱정하고 있을까? 이것은 『생각의 빅뱅』의 저자인 헤즐타인 박사가 던진 화두이다. 그의 지론에 따르면 불행히도 현재 인간의 뇌는 과거 원시인들의 뇌 구조에서 별로 변하지 않았다. 현대인들 역시 원시인들처럼 당장 먹는 것을 우선시하는 생각에 맞추어져 있다는 것이다. 눈앞의 이익이나 목표에 집중하는 원시인들의 단기 지향적 특성이 인간의 뇌 속 DNA에 새겨져 유전돼왔다고 한다.

기술혁신은 이러한 인간의 DNA 구조와 깊은 연관을 맺고 있다. 당장 필요한 기술이 아닌데도 인간은 '뇌의 한계를 넘어서는 혁신'을 끝없이 추구하고 있기 때문이다.

현대의 치열한 환경에서 볼 때 인간의 기술에 대한 과도한 욕망은 충분히 이해할 만하다. 과거 호모사피엔스처럼 '눈앞에 닥친 맹수만 피하면 된다'는 식의 단순한 생각으로 기업 활동을 영위할 수 없기 때문이다.

그러나 결과적으로 우리는 기술과 기계 속에 묻혀 살아가고 있다. 사람들은 아침에 스마트폰의 알람 소리를 들으며 잠에서 깨어나고 화장실에서 태블릿PC로 뉴스와 날씨를 확인한다. 회사에 출근하면서도 늘 다니는 길이지만 좀 더 빠른 길을 찾기 위해 자동차의 내비게이션을 켠다.

미국으로 이주한 세르비아 공학자 니콜라 테슬라는 라디오, 전자레인지, 초기 레이더 시스템, 전기 등을 발명한 것으로 널리 알려져 있다. 초기의 라디오는 삼극진공관을 사용하여 신호를 증폭했으므로 크기가 장롱

만 했다. 세월이 흘러 장롱 크기의 라디오는 찾기도 힘들 정도의 작은 크기로 자동차 속에 들어가게 되었다. 자동차와 스마트폰에 내장된 내비게이션 기술 역시 마찬가지이다. 어떤 규격의 디바이스에서든 다양한 변신을 하며 우리에게 편의를 제공하고 있다.

생판 모르는 곳에 뚝 떨어지더라도 내비게이션 하나만 있으면 두렵지 않은 세상이다. 건물 안에만 들어갔다 나오면 방향을 못 잡는 방향치나 지도가 있어도 길을 못 찾는 길치에게 내비게이션은 필수품이다. 이전보다 도로가 훨씬 복잡해지고 도심의 길은 하루가 다르게 변화하고 있지만, 함께 진화하는 내비게이션 덕분에 세상은 카오스에 빠지지 않고 잘 돌아가고 있다. 이제 종이 지도의 운명도 디지털에 그 자리를 내주고 말았다.

굴지의 IT 기업들은 너나 할 것 없이 디지털 지도를 중심으로 치열한 경쟁을 하고 있다. 디지털 지도가 다양한 비즈니스와 결합하면서 새로운 수익 모델을 창출하고 있기 때문이다. 스마트폰을 꺼내 길거리 주변을 비추면 화면 위에 그래픽으로 위치별 상호와 정보가 뜬다. 디지털 지도는 개인의 일상 정보를 기록하는 캔버스 역할을 하고 있기 때문에 비즈니스에 있어 가장 중요한 컨버전스가 되고 있다.

구글은 디지털 지도 서비스를 위해 7000명 이상의 전담 직원을 고용하여 아낌없는 투자를 하고 있다. 이들은 차량은 물론 스노우 모빌을 타고 눈 덮인 산악을 촬영하며, 차량을 이용하기 어려울 경우 구글 트랙커(Google Trekker)라는 카메라를 실은 지게를 등에 메고 도보로 이동하여 이미지를 얻기도 한다.

구글 지도처럼 네트워크에 많이 의존하면 할수록 인간의 뇌는 퇴보하고 있다는 연구결과가 발표되고 있다. 요즈음의 택시 운전기사들은 길을 잘 모른다. 길을 정확하게 몰라도 내비게이션에 의존하여 쉽게 운전을 할 수 있다. 그러나 세계적인 명성을 얻고 있는 런던의 명물 '블랙캡(Black Cab)'의 운전사들은 예외이다. 이들 2만 4000여 명은 매우 까다로운 시험을 통과한 전문가들로 자부심이 무척 높다. 런던 반경 6마일 이내에 2만 5000여 개의 길이 있다. 그리고 1000여 개의 호텔, 1만 3000여 개의 건물, 730여 개의 업종이 몰려 있다. 런던의 택시 운전사들은 내비게이션에 의존하지 않고 지리를 소상히 익혀야 한다. 그러므로 택시 운전사가 되기 위해서 무려 2년의 훈련과 교육과정이 필요하다고 한다.

런던 대학 신경과학 연구팀은 뇌 MRI 촬영을 통해 런던의 택시 운전사들과 일반인의 '해마'를 비교하는 연구를 했다. '해마'는 공간지각 능력과 기억력을 관장하는 뇌의 한 부분이다. 그 결과 런던의 골목골목을 누비는 택시 운전사의 뇌 해마 부분이 일반인보다 훨씬 크다는 사실을 밝혀냈다. 그만큼 택시 운전사들의 뇌세포 수가 많은 것이다. '해마'는 쓰지 않으면 줄어든다. 따라서 일반인들의 '해마'는 해마다 줄어들고 있다.

여행자들은 디지털 기기, 인터넷, 지도가 결합된 디지털 지도에 의존해 목적지를 찾아다닌다. 과거 종이 지도를 들고 여행지를 찾아다니면서 상상하던 사고와 즐거움이 줄어들면서 새로운 지식을 습득하고 창출하는 능력도 함께 줄어들고 있다.

미국의 유명 저널리스트이자 인터넷 전문가인 니콜라스 카는 "네트워크가 내 집중력과 사고력을 무너뜨리고 있다. 내 머릿속은 이제 정보가 네트워크를 통해 전달되는 식으로 바뀌고 있다"라고 말했다. 그리고 "구글은 우리를 바보로 만들고 있는가?"라는 질문을 던진다.

3. 노동의 종말, 생산적 경제가 아닌 사회적 경제로 극복하다

첨단 기술 정보사회는 인간을 노동에서 해방시켜 더 많은 여가와 향유의 시간을 제공하는 유토피아가 될 것인가, 아니면 소수의 첨단 기술자와 다수의 영구 실업자가 갈등을 빚는 디스토피아가 될 것인가? 제레미 리프킨은 『노동의 종말』에서 정보화 시대 노동의 양태에 대한 패러다임을 제시하고 있다. 그는 21세기 정보화 사회에 대한 토플러식의 장밋빛 전망에 대해 반박한다. 실리콘칼라(Silicon Collar) 계층의 등장으로 세계는 화해할 수 없는 두 세력, 즉 정보 엘리트와 영구 실업자 집단으로 양극화되어 갈 것이라 보고 있다. 실리콘칼라는 2000년 전후로 벤처 열풍이 일어나면서 등장한 창의적인 사고와 뛰어난 컴퓨터 실력으로 무장한 두뇌 노동자를 말한다.

직업 세계에는 현장에서 일하는 블루칼라, 사무직 노동자인 화이트칼라, 블루칼라와 화이트칼라의 중간층인 그레이칼라 그리고 전문 기술직에 종사하는 골드칼라, 그리고 실리콘칼라까지 다양한 노동 계층이 존재한다. 그러나 인터넷 접속의 시대로 바뀌면서 노동의 품질과 보수가 실리콘칼라로 무게 중심을 옮기고 있다.

제레미 리프킨의 미래 사회에 대한 전망은 매우 어둡다. 그는 생명공학에 의한 농업 발전은 제3세계에서 대량 실업사태를 일으킬 것으로 전망한다. 그리고 21세기 전 세계의 재화를 생산하는 데 현재 노동력의 2%만 있으면 충분하다고 주장한다. 실리콘칼라와 블루칼라와 같은 양극화된 사회는 기술의 발전에 의한 유토피아가 아니라 암흑과 같은 미래 사회, 즉 디스토피아로 떨어질 개연성이 크다고 진단하고 있다.

노동의 종말에 의한 자본주의의 파국을 어떻게 막을 것일까? 그는 기술 발전의 이익을 그 피해자들에게 공정하게 배분하는 제3의 패러다임을 만들고, 형제애적 유대감, 친밀감, 봉사 정신 같은 인간애를 회복하여 생산적 경제에만 의존하지 않는 사회적 경제를 실천하는 방안을 제시하고 있다.

품앗이 등 전통 공동체 문화의 부활, 즉 공유 경제가 대안 중 하나가 될 것이다. 과거에는 아는 사람들끼리 빌려 쓰고 나누어 썼지만 이제 IT의 발달로 모르는 사람들끼리도 얼마든지 공유 경제를 실천할 수 있다. 과잉생산에 기반을 둔 자본주의 폐해를 줄이고, 개인들 간 거래(P2P)가 경제 행위자들 간의 사회적 관계를 회복시켜 인간의 얼굴을 한 자본주의를 만드는 것이 그 지향점이다.

요즈음 국내 대부분 도시에서는 '창조도시'를 화두로 내세우고 있다. 그러나 정작 창조도시의 개념을 정의하기란 쉽지 않다. 창조도시란 문화와 무공해 IT 산업이 도시의 인프라를 이루는 녹색 도시, 도시 거주민과 행정기관의 원활한 소통, 교육 시설과 휴식 공간이 잘 갖추어진 도시로 정의하더라도 크게 틀리지는 않을 것이다.

'창조도시', '도시의 창의성'이라는 개념을 가장 먼저 사용한 찰스 랜드리는 '크리에이티브 시티(Creative City)'라는 말이 각 도시에서 너무 쉽게 슬로건으로 쓰이고 있는 것에 우려를 표명하고 있다. 도시가 창조도시를 표방하는 순간 '무언가 큰 것을, 아름다운 것을, 세상이 놀랄 것을, 없는 것을 만들어야 한다'는 조급함과 강박관념이 생기기 때문이다.

도시에서 가장 중요한 것은 공유성에 있다. 그래서 도시를 "인류 최고의 발명품"이라고 말한다. 도시는 공유성을 필요로 하며 이를 충족시켜 주는 공간이다.

1854년 미국 대통령 피어스는 인디언 추장에게 그들이 사는 땅을 팔 것을 강압적으로 요구했다. 이에 대해 인디언 추장 시애틀은 다음과 같이 답하였다.

> 그대들은 어떻게 저 하늘이나 땅의 온기를 사고팔 수 있는가? 우리로서는 이상한 생각이다. 공기의 신선함과 반짝이는 물을 우리가 소유하고 있지도 않은데 어떻게 그것들을 팔 수 있다는 말인가?
> (중략)
> 우리의 삶은 당신들과 다르다. 당신의 도시는 우리 홍인종의 눈을 고통스럽게 한다. 백인의 도시에는 정적이 없다. 봄 잎새 날리는 소리도 벌레 날개의 살랑거림도 들을 곳이 없다. 도시의 소음은 귀를 모욕하는 것만 같다.
> (중략)
> 우리가 아는 것은 바로 이것이다. 이 땅이 인간의 소유가 아니요, 인간이 땅에 속해 있는 것. 모든 것은 한 가족으로 묶는 피처럼 서로 연관되어 있다. 모든 것은 엮여 있다.

당시 피어스 대통령은 추장 시애틀의 편지에 감격한 나머지 이 지역을 시애틀이라고 명명했으며 오늘날의 시애틀 시가 되었다. 어찌 보면 인디언들은 휴식과 문화, 삶, 자연이 있는 공동체로서의 도시 기능을 백인보다 훨씬 현명하게 먼저 깨닫고 있었을지 모른다.

홍콩은 작은 도시이다. 그리고 주거 공간인 아파트도 작고 좁다. 그리고 대부분 맞벌이를 한다. 그러므로 밥은 1층에 있는 식당에서, 빨래는 근처의 빨래방에서 해결한다. 우리가 말하는 홈(home)의 개념이 도시의 공유 공간으로 구성되어 있다. 도시의 공유 공간을 서로 규칙을 지켜 사용하며 살아간다.

뉴욕의 맨해튼도 마찬가지이다. 이곳에서 브런치를 먹는 모습을 우리의 시선으로 보면 다소 과시적이거나 뉴욕 스타일의 허세로 비추어질지 모른다. 그러나 뉴요커나 파리지앵들은 브런치를 통해 우아함이나 멋보다는 도시라는 공동 공간에서 이웃과 사귀는 계기를 만들어간다.

국내 도시의 한 마을에 '마을 일자리'를 만들어 성공한 사례가 있다. 자신이 거주하고 있는 지역이 아닌 곳에서 임시직으로 180만 원을 받고 일하는 것과 100만 원을 받고 마을에서 일하는 것 중에서 아이를 가진 여성들은 어느 것을 선택할까? 급여만 보면 임시직이 2배가량 높지만, 외지로 출근한다면 아이 돌봄비(30만 원), 교통비(30만 원), 외식비 등이 소요된다. 그리고 여성들이 느끼는 살림 스트레스, 직장 스트레스, 아이에 대한 죄책감 등을 고려하면 마을에서 일하는 것이 더 낫기 때문에 마을 일자리가 성공할 수 있었다고 한다.

IT의 발전은 재택근무나 집 근처의 오피스에서 스마트 워킹을 가능하게 해주므로 창조도시가 반드시 차가운 마을로 만들어질 필요는 없다. 우리 주변에는 갖고 있지 않아도 사용할 수 있는 것이 많다. 도시에는 함께 소유하고 나눌 수 있는 공공재가 많기 때문이다.

제레미 리프킨과 달리 미래학자 롤프 옌센은 우리의 미래 사회를 희망적으로 전망하고 있다. 그는 기술 전능의 시대가 지나고, '드림 소사이어티(Dream Society)'가 올 것이라고 진단한다. 이 사회에서는 '문화와 창조, 그리고 상상력'이 주축이 된다. 대형 공장 기반의 제조업이나 정보화 플랫폼에 의해 노동력과 부가 창출되는 것을 넘어 스토리와 놀이 그리고 상상력의 융합이 새로운 생산력이 되는 사회이다. 그 상상력은 바로 기계 속에 인간의 감성을 담는 것이며 이는 IT 기술과 인간 간의 간극을 좁히는 균형점이 된다.

낯선 세상은 기쁨입니다.

미지의 영역은 즐거움입니다.

호기심은 설렙니다.

체험은 짜릿합니다.

어느 항공사 여행 잡지에 실린 구절이다. 사람들은 미지의 세계로의 여행을 기대하며 가슴이 설렌다. 기술도 마찬가지이다. 사람들은 기술 자체에 열광하지 않는다. 단순히 처음 보기 때문에 새로운 세상이나 기술이 신기하다면 그것은 오래가지 못한다. 그 기술에 새로운 감성이 담겨 있을 때만 설레는 마음으로 기대한다.

복잡한 기술 시스템의
전염과 디스커넥토피아

1. 호모파베르의 불행한 진화, 디스커넥토피아가 필요한 사회

'스크린 위의 삶'

우리는 정말 긴 시간을 온라인상에서 보냅니다.

이런 시간들을 어떻게 다루어야 할지에 대해서

스스로의 전략이 있어야 할 것입니다.

스크린이 나쁘다는 것이 핵심은 아니다.

사실 스크린은 매우 좋다.

문제는 균형의 상실, 다른 것을 포기하는 것,

스크린을 향한 충동이 야기하는 마음 상태다.

우리는 가족과 함께 가족을 위해 사는 것이 아니라

스크린과 함께, 스크린을 위해, 스크린 안에서 살고 있다.

개인과 마찬가지로 군중 안에 존재하는 작은 단위인

가족에게도 가족만의 내적 삶이 있다.

이 내적 삶을 충만하게 만들기 위해서는

스크린에서 떨어져 있을 시간이 필요하다.

그렇지 않으면 개인과 가족은 군중에게 의지하게 되고

'지금 여기에서' 일어나는 일보다 '저 밖에서' 일어나는 일에 따라

스스로를 정의하게 된다.[41]

너무나 복잡해진 초연결 세상에 사는 우리는 잠시나마 디지털 세상과 거리를 두어 자기만의 깊이를 찾는 방법, 인터넷과의 단절로 '인터넷 안식일' 경험을 즐기는 '디스커넥토피아(Disconnectopia)'가 필요하게 되었다.

원래 인간은 '호모사피엔스'였다. 즉 생각하는 존재다. 그러나 프랑스 철학자 베르그송은 여기에 반론을 폈다. 인간은 '호모파베르(Homo Faber)'라고 했다. 라틴어로 '호모파베르'는 '인간은 사물을 만드는 존재'라는 의미다. 그는 다른 동물과 달리 물건이나 연장을 만들어 사용하는 데 인간의 특징이 있다고 보았다. 디지털 시대에 그의 말은 가슴에 절실히 와 닿는 명제가 되고 있다. 이제 인간은 사고하는 것보다 무엇을 만들면서 삶의 만족을 느끼고 있기 때문이다.

인간에게 디지털 기기를 일주일만 멀리 떨어트려 놓아보라. 금방 삶의 권태와 불안감, 무력감, 외로움이 엄습할 것이다. 아날로그와 디지털을 설명할 때 시계만 한 비유도 없다. 아날로그 시계는 시간의 연속성을 초침, 분침으로 표시해서 어제와 오늘 그리고 내일을 연속적으로 연결해준다. 그러나 디지털은 원천적으로 데이터를 하나씩 2진법으로 끊어 다루기 때문에 연속성이 존재하지 않는다. 아날로그가 연속성이라면 디지털은 단

절이다. 단절의 연속으로 인간적인 따스함이 존재하지 않는다. 그러나 부인할 수 없는 사실은 호모파베르가 디지털을 창조함으로써 기술의 민주화를 이루었다는 점이다.

세계적인 베스트셀러 『티핑포인트』와 『블링크』의 저자인 말콤 글래드웰은 그의 저서 『아웃라이어』에서 자기 분야에서 최고가 되기 위해서는 적어도 하루 3시간씩 10년, 즉 1만 시간의 노력이 필요하다고 말했다. 그러나 요즘은 디지털이 기술을 민주화시켰기 때문에 그렇지 않다는 반론이 지배적이다. 예를 들어 사진작가를 보자. 스마트폰이 등장하면서 필름을 선택하는 불편함, 고가의 장비 비용, 초점거리와 노출, 셔터 스피드를 조정하는 기술적 어려움에서 벗어나 누구나 전문가 될 수 있다. 스마트폰으로 영화까지 찍는 세상이 되었다. '스마트폰이면 당신도 달인'이 될 수 있다. 그러나 피사체를 선택하고 피사체의 구도를 잡는 것은 각자의 창의력에 달려 있다. 창의력은 인간의 오묘하고 신비한 영역이자 아날로그의 세계이다. 디지털은 편리한 수단이지 명작이 저절로 만들어지는 만능 도구는 아니다.

그럼에도 우리는 디지털 없이 살 수 없게 되어버렸다. 디지털은 모든 것을 거래하고 거대 시장을 움직인다. 이 세상에 '돈'으로 살 수 없는 것들이 얼마나 남아 있을까? 전통적으로 '가치'는 '값'으로 환산되지 않았다. 그러나 『정의란 무엇인가?』라는 책을 쓴 마이클 샌델 교수는 『돈으로 살 수 없는 것들』이란 저서에서 요즈음에는 모든 것이 상품화되어 돈으로 살 수 없는 것들이 그리 많이 남아 있지 않다고 주장한다. 도덕적 가치를 포함한 모든 것이 거래 대상이 되고 있기 때문이다.

샌델 교수는 다음과 같은 예를 들어 설명하고 있다. 어느 나라에서는 교도소 감방을 업그레이드하여 1박에 82달러를 받고 있으며, 인도 여성의 대리모 서비스는 6250달러, 미국으로 이민 갈 권리가 50만 달러, 대기에 탄소를 배출할 권리가 1톤에 13유로에 거래되고 있다. 그는 시장과 도덕이 분리되고 거래 만능 시대가 도래하고 있다고 지적한다.

이스라엘에서는 어린이집에 아이를 늦게 데리러 오는 부모들이 늘자 벌금 제도를 도입했다. 그런데 그 결과 아이를 늦게 데리러 오는 부모들이 줄어들지 않고 오히려 늘어났다. 사람들이 인센티브에 반응한다고 믿는 일반 경제학에 비추어볼 때 무척 당황스러운 일이다. 왜 그럴까? 아이를 늦게 데리러 올 때 느꼈던 죄책감이 벌금 제도의 도입으로 사라졌다. 이것이 요금을 지불하고 누릴 수 있는 서비스로 변질된 것이다. 이처럼 금전적 인센티브가 규범을 바꾸고 있다. 기부 입학이란 좋은 취지의 제도가 상품화될 때 본래의 취지가 변질되거나 저평가되는 것처럼 말이다.[42]

디지털 기술도 마찬가지이다. 진보한 기술이 우리 인간들이 편리한 세상에 살 수 있도록 해주어야 하는데 오히려 고된 일을 만들어낸다. 더 빨라지고 편리해지는 것이 나쁘지는 않다. 문제는 아날로그와 디지털이 공존하면서 발전하는 것이 아니라 디지털로 극단적인 쏠림 현상이 심화되는 데 있다. 그 결과 디지털 격차는 깊어지고 있다.

모든 기술은 아날로그에서 나왔다. 기성세대의 심금을 울리는 세시봉의 통기타 선율은 아날로그 음악이다. 누구나 가사를 음미하면서 따라 부를 수 있다. 노랫말 자체가 한 편의 시와 같은 감정을 전달한다. 이에 반해 아이돌 문화는 디지털 문화이다. 이들의 음악은 컴퓨터의 기계음이다. 아이돌의 음악은 듣는 것이 아니라 보고 즐기는 것이다. 기성세대의 시각에서 보면 백댄서의 율동은 근육질로 단련된 기계체조 선수의 움직임과 같다.

우리나라 스마트폰 매장에서 설명하는 요금제를 제대로 이해하는 고객이 얼마나 될까? 다양한 결합 상품이 딸린 스마트폰 요금제의 종류가 너무 많고 할부 제도 또한 너무 복잡하다. 한 조사에서는 이용자의 80%가 자신의 요금제를 제대로 알지 못하는 것으로 나타났다. 또한 스마트폰의 수많은 기능과 사양을 충분히 활용하기란 매우 어렵다. 쓸데없이 잘못 눌러 돌아가는 애플리케이션 때문에 배터리 소모만 늘어날 뿐이다.

사람들은 자신이 기계치라는 사실을 들키지 않기 위해 조심하고 있는데 주변을 둘러보면 세상은 온통 자신과 다를 바 없는 기계치로 가득 찼다. 다만 말을 하지 않을 뿐이다. 왜 이런 기계치를 양산하고 있을까? 인간을 전혀 고려하지 않은 기술이나 인간의 능력을 과신하는 기술 때문이다.

우리가 사무실에서 간단하게 사용하는 복사기조차 이제 다양한 기능이 첨가된 복합기로 기능이 개선되면서 쉽게 만질 수 없는 도구가 되었다. 인쇄할 종이의 앞면과 뒷면 중 어느 쪽으로 인쇄되어 나오는지, A4 사이즈의 복사를 위해서 원본을 어디에 위치시켜야 하는지, 복사된 내용을 어떻게 팩스로 전송해야 하는지, 신문을 복사하려면 어느 정도의 비율로 확대·축소해야 할지 등 직감적으로 이해하고 사용하기 어렵게 되었다.

킴 비센티는 『호모파베르의 불행한 진화』에서 "첨단 기술이 오히려 삶을 복잡하게 만들고 있는데 이는 마법사 같은 개발자들이 세상의 나머지 사람들이 평소 어떤 식으로 생각하는지 잊어버린 탓"이라고 날카롭게 지적하고 있다. 그는 2003년 출시된 BMW 시리즈를 예로 들고 있다. BMW의 전자 계기판에는 각종 수치를 알려주는 기능들이 무려 700~800개나 된다. 각종 제어 기능과 성능은 대단히 뛰어나지만, 소비자들이 느끼는 조작의 복잡성 또한 대단하다. 자동차 전문 잡지의 편집자들조차 이 자동차의 시동 거는 방법을 알아내는 데 10분이 걸렸다는 비난을 들어야 할 정도이다.

162

도구를 만드는 인간, 도구를 사용하는 인간, 호모파베르는 도구를 손의 역할을 대신하는 기능으로 만들었다. 도구 시대의 인터페이스는 도구의 자루가 손에 쥐는 데 얼마나 적합한지를 고려하여 만들었다. 오늘날 도구의 인터페이스는 어떠한가? 컴퓨터와 IT 기술의 발전으로 손에 쥔다는 차원을 넘어 감각적으로 터치하는 단계로 발전했다. 또한 인간공학적 입장에서 인터페이스가 설계되어 공간적 요소, 정보 표시 요소, 조작성 요소, 환경 요소, 디자인 요소, 안정성 요소 등이 복잡하게 포함되었다.

인간공학은 제2차 세계대전 때 군용기를 중심으로 빈번하게 발생하는 사고를 막기 위해 시작되었다. 당시 대표적인 성과 중 하나로 전투기 고도계의 개량을 꼽을 수 있다. 당시 항공기의 고도계는 바늘이 3개였다. 그런데 급박한 상황에서 조종사가 고도를 잘못 읽는 사고가 자주 발생하자 고도계의 바늘을 2개로 줄였다. 이 조치로 항공기 사고는 크게 줄었다. 이처럼 인간공학이란 '인간을 과학기술에 끼워 맞추려는 것이 아니라 인간에 맞는 설계를 추구하는 공학의 한 분야'로 정리할 수 있다. 그 핵심에는 '인간의 본성' 또는 '인간적 요소'에 대한 고려가 담겨 있어야 한다. 생각과 기술의 조화는 곧 호모사피엔스와 호모파베르의 균형이기도 하다.

2. 촘촘히 엮인 초연결 사회의 복잡함이 초래하는 재앙

인간의 도구가 발전하고 증가할수록 복잡하게 연결된 시스템이 우리에게 주는 위험성은 커진다. 예일 대학교의 저명한 조직 이론가 페로는 "고도로 복잡하고 긴밀하게 연결된 시스템 속에서 사고는 일상적으로 일어나며 이를 피할 방법은 없다"고 말한다. 안전장치를 더 많이 설치하면 할수록 사고가 발생할 확률은 더 커진다고도 언급했다. 시스템이 단순할 경우 시스템에 에러가 날 때 적절한 안전조치를 취할 수 있다. 그러나 시스템이 고도로 상호 연결된 상태가 되면 복합적이고 연쇄적인 고장이 발생하여 심할 경우 큰 재앙으로 이어진다.

2011년 3월 11일, 진도 9.0의 대지진이 일본 동부를 강타했다. 당시 바다에서 발생한 쓰나미가 순식간에 일본 열도 동부 해안을 집어삼켰다. 그런데 대지진과 쓰나미의 공포와 충격보다 더 큰 재앙이 일본에 밀려들었다. 후쿠시마 제1원자력발전소의 원자로에서 폭발 사고가 일어났고, 냉각 시스템이 고장 나 핵연료가 끓어오르면서 연료봉이 녹아내렸다. 2차 세계대전 때 히로시마와 나가사키 원폭으로 엄청난 피해를 입은 일본이었기에 국민이 느끼기에는 대지진보다 원전 사고가 더 큰 정신적 '쇼크'이자 트라우마였다. 그러나 이 엄청난 자연재해 앞에서도 일본인들은 질서를 지키며 피해를 최소화하기 위해 노력했다. 이 침착한 대응에 대해 세계인들은 '인류 정신의 진화'를 보여주고 있다며 감탄했다. 그러나 정작 일본 정부의 대응은 완전히 기대 이하였다. 나날이 최악의 상황으로 치닫는 핵발전 사고를 제대로 수습하지 못한 것은 물론이고, 사고의 원인과 내용에 대한 신속한 파악과 대응조차 제대로 하지 못했다. 심지어 피해를 입은 주민에게 기본적인 생필품도 제대로 지급하지 못하는 등 우왕좌왕했다. 그것은 우리가 생각했던 세계 3위 경제대국 일본의 모습이 아니었다. 마치 태평양의 아이티나 필리핀 같은 나라가 천재지변을 겪었을 때 식수도 제대로 공급하지 못하던 모습과 다를 바가 없었다.

이는 무엇을 의미할까? 전문가들은 일본인들의 매뉴얼 의존 습성 때문에 이런 일이 벌어졌다고 분석한다. 일본은 평소 천재지변이나 원전 설비 사고에 대비해 철저한 매뉴얼을 작성해 두었으며 이에 의존하여 사회를 유지해왔다. 그러나 원전 사고라는 고도의 재해 앞에서 인간이 만든 매뉴얼은 그야말로 무용지물이 되고 말았다. 인간이 만든 고도 문명의 산물이 원전 시설이다. 그런데 원전 시설 내부의 개별적인 고장이 복잡하게 얽혀 있는 시스템들과 연쇄적인 상호작용을 일으키면서 발생한 사고를 매뉴얼로 대처할 수가 없었던 것이다.

2010년 일본의 토요타 자동차는 창사 이래 최대의 위기를 맞았다. 800만 대가 넘은 리콜을 결정하면서 고객들의 신뢰도가 급속히 떨어졌기 때문이다. 그런데 문제 원인의 상당 부분은 소프트웨어에서 비롯된 것이다. 토요타뿐만 아니다. 전 세계 시장에서 리콜된 차량 세 대 중 한 대는 전기 및 전자적인 결함이 그 원인인 것으로 나타났다. 이처럼 복잡하게 얽혀 있는 회로 간의 충돌로 발생하는 장애를 예측하고 매뉴얼로 즉각 대처하는 것은 쉬운 일이 아니다.

인터넷 환경에서 발생하는 사고 빈도 역시 잦아지고 있다. 은행의 전산 마비 사태가 대표적인 예이다. 그런데 세상은 이제 씨줄과 날줄처럼 촘촘한 네트워크로 엮여 있어 발생한 사고의 여파가 순식간에 전 세계로 확산된다. 네트워크에 의한 상호 연결성이 낮았던 시절에는 이 같은 우려가 별로 없었다.

인류 전염병의 역사를 보면 이러한 사실은 자명해진다. 과거에는 어떤 지역에서 전염병이 발생하더라도 그 지역 단위에 머물렀다. 그러나 중세에 해상을 통한 무역과 여행이 증가하면서 전염병이 지역 단위를 넘어 대륙 전체로 퍼지기 시작했다. 14세기 무렵 유럽 전역에 걸쳐 창궐한 페스트는 불과 3년 만에 유럽 인구의 3분의 1에 해당하는 2000만 명의 희생자를 냈다. 인류의 역사상 수많은 재난이 있었지만, 사망자 수로 본다면 당시의 페스트가 가장 규모가 큰 재앙이었다.

오늘날 첨단 전자 환경에서의 전염은 페스트와 그 양상이 전혀 다르다. 컴퓨터 바이러스나 버그는 사람 간 물리적 접촉이 필요치 않다. 우리가 인식하지도 못한 사이에 쉽게 퍼져 나간다. 전염으로부터 격리하기도 어렵다. 1990년대 말의 인터넷 버블과 같은 경제적 전염도 과거에는 없었던 재앙이다. 글로벌 금융 위기 역시 예기치 못한 일들이 급작스럽게 폭발하는 지점에서 발생한 경제적 전염이다. 1929년 뉴욕 증시의 대폭락과 80여 년 뒤에 발생한 2008년의 글로벌 금융 위기는 큰 차이가 있다. 1929년에는 미국의 1억 2000만 명 인구 가운데 부유층인 150여만 명만이 주식을 소유하고 있었으므로 그 여파는 소수에 직접적인 영향을 미쳤다. 그러나 2008년에는 상황이 완전히 달랐다. 보통 사람도 누구나 주식을 소유하고 인터넷으로 거래하고 있었다. 또한 고도로 복잡한 금융 상품들이 개발되어 수조 달러 규모로 전 세계에 판매되었다. 인터넷이 없었더라면 결코 그 엄청난 양의 거래를 처리할 수 없었다. 이러한 상황에서 미국의 리먼브라더스가 파산하면서 촉발된 글로벌 금융 위기는 엄청난 파장을 불러일으킨 재난이 되었다.

인터넷이 21세기 정보화 사회의 신경망이 되면서 이전에는 결코 연결될 수 없었던 시스템들이 상호 연결되어 인류 문명의 발전에 크게 기여하고 있다. 그러나 반대로 수많은 사고의 가능성과 전염에 취약한 환경을 만들고 있다. 연결의 사회는 인간의 사고를 분산시키고 파편화시키는 세상을 동반하고 있다.

기계의 생각이 아닌 인간의 생각으로 작동되는 세상, 자동적인 연결로부터 어느 정도 자유롭고 콘트롤이 가능한 디스커넥토피아의 세상이 필요한 시점이다.

3. 과학기술의 편협성, 통섭의 미학으로 벗어난다

그리스 신화에 나오는 외눈박이 거인족 키클롭스는 식인종으로서 시칠리아에서 살았다. 뛰어난 대장장이들인 이들은 고대 도시의 성벽들을 쌓기도 했다. 현대 고고학에서는 이를 '키클롭스식 조적'이라고 부르는데 각지지 않은 돌로 둘러싸인 담을 일컫는다. 그들은 대장간으로 사용하기 위해 구축한 성벽 속에서 많은 무기와 도구들을 만들었다. 그리고 제우스에게 벼락을, 제우스의 동생인 포세이돈에게는 삼지창을, 하데스에게는 머리에 쓰면 상대방에게 보이지 않게 되는 황금 투구 퀴네에(Kynee: 은둔모)를 선물로 만들어 주었다. 나중에 키클롭스는 아스클레피오스를 살해한 벼락을 만들었다는 죄로 아폴론에게 죽임을 당했다.

키클롭스족들은 외눈박이였기 뛰어난 손재주를 발휘할 수 있었다. 우리는 한쪽 눈을 감는 것을 '맹목(盲目)'이라고 한다. 그런데 눈 하나를 감으면 보이지 않는 '맹점'이 생긴다. 당연히 앞뒤를 가리거나 사리를 판단할 능력이 없는 상태가 된다. 문학 이론가 폴 드 만은 이런 맹목을 역설적으로 해석하고 있다. 그는 "통찰은 맹목에서만 나오는 법이다. 작가는 그의 가장 뛰어난 통찰의 순간에 맹목을 드러내고, 또 맹목의 순간에 가장 뛰어난 통찰을 하는 법"이라고 주장한다.

한양대학교 유영만 교수 역시 폴 드 만과 맥이 통하는 이야기를 하고 있다. "딴 길(別路)로 빠져봐야 딴 세상(別天地)을 만날 수 있다! '딴 책'을 읽어봐야 '딴생각'을 할 수 있고, '딴생각'을 해야 '딴짓'을 할 수 있다. 전문가일수록 자신이 몸담은 분야를 벗어나 주변을 보고 한눈파는 시간이 필요하다. 주변을 둘러봐야 자신이 얼마나 편협한지를 알 수 있고, 한눈을 팔아봐야 내가 얼마나 한 눈으로만 세상을 보고 있는지를 깨달을 수 있다"고

도 말했다.[43]

키클롭스족의 후예인 서양인들은 1000개의 눈을 가진 인도인들이나 중국인들과 다르게, 한쪽 눈만으로 과학과 기술의 도구를 만들어냈는지도 모른다. 망원경을 만들어 하늘을 보았고, 현미경을 만들어 세균을 관찰했다. 세균을 치료하기 위해 만든 현미경으로 자신들이 직접 세균을 만들어내고, 먼 하늘과 먼바다를 보려고 만든 망원경으로 멀리 있는 대륙을 보기 시작했다. 망원경의 발명은 서양의 대항해 시대를 가능하게 했다. 우연의 일치일까? 이때 발명된 모든 도구가 한쪽 눈만으로 볼 수 있는 것들이었다. 특히 대항해를 통해 신대륙에 도착한 그들은 한쪽 눈을 감아야 쏠 수 있는 총으로 원주민 대학살을 저질렀다. 키클롭스들이 난동을 부리기 시작한 것이다.[44]

오늘날 우리는 '키클롭스식 조적' 같은 담벼락 속에 틀어박혀 기술 자체가 목적인 기술을 양산하고 있는지도 모른다. 많은 사람이 오늘날의 과학이 전체를 작은 부분으로 해체해 각 부분을 고립시켜 연구하는 환원주의의 함정에 빠져들고 있다고 우려하고 있다. 사실 중세 시대까지도 우리가 지금 알고 있는 세분화된 학문들은 거의 존재하지 않았다. 르네상스 시대의 전문가들은 거의 모든 분야에 두루 전문 지식을 갖춘 사람들이었다. 그래서 지금도 다양한 분야에 해박한 지식을 갖추고 있는 사람을 '르네상스인'으로 부른다. 세상의 지식들은 16세기 무렵부터 쪼개지기 시작했다. 원래 한 몸이었던 예술과 기술도 나누어졌다. 대중 예술 또한 작가와 장인, 그리고 예술가와 기술자로 분리되었다. 오늘날 다시 통섭(統攝)의 시대로 접어들면서 예술을 이해하는 테크네의 귀환(The Return of Techne)이 시작되었다. 기계를 디자인하는 기술과학도 이용자의 특성과 요구를 고려해야 하는 세상이 된 것이다.

어린이들의 대통령 뽀로로를 탄생시킨 (주)오콘의 김일호 대표는 말한다. "이제 모든 전자제품들이 디자인과 결부되고 있다. 그러나 아무리 통섭의 시대일지라도 한 사람이 모든 것을 다 이해하고 만들 수는 없다. 한 사무실에 새로운 가전제품을 개발하기 위해 IT 엔지니어, 디자이너, 소프트웨어 프로그래머가 같이 앉아 근무한다고 생각해보자. 서로 다른 언어를 구사하는 사람들끼리 협의가 잘 이루어질 수 있겠는가? 누가 그 프로젝트의 리더가 될 것인가? 그 프로젝트 팀이 제대로 돌아가기 위해서는 소비자의 감성에 가장 가까운 UI, UX 디자이너가 리더가 되어야 한다."

근대 서구의 과학과 기술 문명이 맹목을 통해 기술의 발전을 이룩한 키클롭스의 문명이었다면 오늘날의 정보화 문명은 360도 시각을 가진 통섭으로부터 발생한다. 원래 통섭은 성리학과 불교 등에서 사용되던 종교적 용어로 '깨달음을 얻다, 큰 줄기를 잡다'는 뜻을 가지고 있다. 현대에 들어와서는 1998년 에드워드 윌슨의 저서 『통섭: 지식의 대통합』을 통해 다시 제기되었다. 윌슨이 주장하는 통합의 미학은 무엇인가? 그것은 분화된 영역을 합하는 것, 독립된 영역을 통합하여 새로운 분야를 만들어내는 것, 이종 학문 간 결합을 통해 새로운 사조를 창조하는 것이다.

이제 스티브 잡스나 〈아바타〉를 만든 제임스 카메론 감독과 같이 인문학과 자연과학의 경계를 두려워하지 않고 넘나드는 사람이 창의적인 길을 개척할 수 있다. 지구 상에 분명한 족적을 남기고 떠난 스티브 잡스는 말했다. "우리의 가슴을 노래하게 하는 것은 인문학과 결혼한 테크놀로지이다."

PART 5

큰 것에서 작은 것으로,
소유에서 공유로, 기술에서 진정성으로

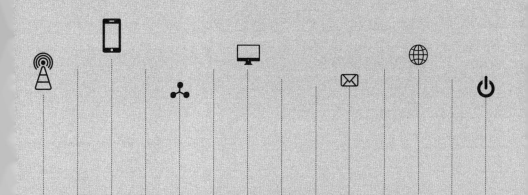

01
CHAPTER

소통의 시대에서 공유의 시대로

1. 1%의 마이크로트렌드가 복잡한 세상을 바꾼다

앨빈 토플러의 『제3의 물결』과 『부의 미래』, 존 나이스 빗의 『메가트렌드』 등과 같은 책은 다가오는 미래 사회 전반의 변화 추세나 경영 환경 변화를 예측하는 데 매우 유용한 도움을 주었다. 사람들에게 '메가트렌드'라는 말 자체는 불확실한 미래의 방향을 예측할 수 있게 해주는 지침이었다. 사회 변화 추세를 몇 가지 거대 담론으로 분류했고 그 범주 안에서 변화하는 미래 사회를 예측하여 이에 대응하는 전략을 제시하고 있기 때문이다. 특히 기업을 경영하는 사람들에게 메가트렌드는 남다른 통찰력을 제공해주었다.

그러나 디지털 시대에 접어들면서 세상은 너무나 빨리 변화하고 있다. 앞으로 10년 후의 텔레비전 모습은 어떨까? 지금까지 TV는 '가족의 화로, 문화적 무기, 어쩔 수 없는 최면기' 등의 별명을 얻으며 거실의 대표적 오락 수단으로 자리매김해왔다. 아날로그 시간으로 10년 후의 변화 모습은 어렵지 않게 예측할 수 있겠지만, 디지털 시간상으로 볼 때 10년은 아날로그의 1세기에 해당한다고 해도 과언이 아니다. 그만큼 디지털 기술의 속도는 기하급수적으로 빨라지고 있다. 10년 후에 우리는 거실의 냉장고나 주방의 오븐, 방 사이의 벽면 등 평평한 곳이면 어디든 스크린이 붙어 있는 집에 살면서 그것을 음성이나 손으로 간단히 조작하며 다른 사람과 언제든지 콘텐츠를 공유할 수 있게 될 것이다.

전통적으로 과학은 큰 것을 작은 것으로 나누어 그 원인을 분석했다. 그러나 세상은 점점 복잡계로 빠져들고 있다. 다양한 요인들이 얽히고설키는 상호작용을 하면서 전혀 의외의 결과가 나타나고 있다. 2008년 금융 위기가 있기 전까지만 해도 '금융업에서 리스크를 통제할 수 있다'는 인식이 팽배했다. 그렇지만 2008년 금융 위기는 우리의 기대감을 산산조각 내버렸다. 소위 블랙스완이 등장한 것이다. 블랙스완이라는 용어는 나심 탈레브가 그의 저서 『블랙스완』에서 언급하면서 유명해졌다. 제임스 쿡 선장이 호주에서 검은 백조를 발견하면서 '모든 백조는 하얗다'는 우리의 믿음이 깨져버렸다. 복잡계 세상에서는 이처럼 지금껏 축적해왔던 지식과 믿음이 쉽게 깨지는 현상이 늘고 있다. 그러므로 세상의 거시적 흐름을 이해하기 위해서는 메가트렌드보다는 수면 밑에 꿈틀거리는 다양한 움직임들을 세심히 관찰해야 한다.

끊임없이 변화하고 있는 우리 세계에서는 초기 조건이 조금이라도 변화하면 결과가 크게 달라지는 변동성과 불확실성의 경제 체계를 연구하는 분야인 복잡계 경제학이 부상하고 있다. 소셜네트워크의 여론 형성 과정에서도 복잡계의 모습을 확인할 수 있다. 소셜네트워크는 특별한 주도자가 나서서 여론을 형성하는 것이 아니다. 다양한 사람들의 의견들이 상호작용을 통해 자발적인 여론으로 형성되어간다. 주식시장도 그 한 예라고 할 수 있다. 다양한 변수들의 상호작용을 통해, 우리가 예측하지 못했던 변수들이 나타나고 그것이 막대한 영향을 끼치는 모습을 종종 볼 수 있다. 그러므로 갈수록 메가트렌드가 더는 효력을 발휘하지 못하고 있다. 『마이크로트렌드』[45]의 저자 마크 펜과 잴리슨은 작은 변화 속에 숨어 있는 큰 변화, 시작은 미약하지만 끝은 위대할 수 있는 변화, 전체 인구의 1%밖에 되지 않는 세력들이 룰(Rule)을 바꾸고 있다고 주장한다. 그동안 이들은 규모가 너무 작아 우리의 레이더에 포착되지 않는 세력이었지만, 점차 우리 사회에 미치는 영향력이 강력해지고 있다. 이제 이들의 움직임과 현상을 주시하는 마이크로트렌드가 메가트렌드보다 미래 예측에 더 적합하다는 주장이 설득력을 얻고 있다.

우리의 일상생활에서도 얼마든지 마이크로트렌드의 모습을 살펴볼 수 있다. 사내 연애족, 주말부부족, 혼혈 가정, 카페인광, 유니 섹슈얼, 네오 클래식족이 이미 보편화된 신인류의 모습이다. 결혼하지 않고 오피스텔에서 혼자 사는 싱글족이 증가하는 반면, 한 자녀 가구와 만혼(晩婚)이 늘고 있다. 10대 뜨개질족, 30대 비디오 게임족, 40대 늦깎이 게이족 등 특이한 트렌드 세터들도 증가하고 있다.

평범하고 전통적인 아줌마를 거부하며 신세대들처럼 자기만의 개성과 멋과 아름다움을 추구하는 40~50대 여성들을 지칭하는 루비족, 그리고 이혼이 확산되면서 연하남과 데이트하는 여성이 늘고 있다.

패션과 미용에 아낌없이 투자하는 남자들인 그루밍족으로 인해 관련 시장이 크게 성장하고 있다. 또한 느리게 걷기를 좋아하는 호모 워커스족이 생겨나면서 워킹화 열풍이 불었다. 이렇듯 전 세계적으로 직업과 나이, 세대와 성별의 기준을 뛰어넘어 소수의 새로운 트렌드들이 보편화되고 있다. 이러한 마이크로트렌드는 '소수의 열정적 집단이 동조하는 작은 변화'를 말한다. 그리고 개인주의와 분화(分化)를 의미하는 사회적 현상이기도 하다.

눈에 띄지 않는 작은 변화 속에 어떻게 큰 변화가 숨어 있는 것일까? 이 세상에는 우리의 생각과 엇갈린 방향으로 빠르고 강력하게 뻗어나가는 소수의 집단이 존재한다. 열정적인 주체성을 지닌 이들의 힘은 긍정적이든 부정적이든 실로 대단하다.

미국 대선 후보들이 빠지지 않고 찍는 두 가지 종류의 사진이 있다. 하나는 총을 들고 사냥하는 사진이고, 또 하나는 개와 함께 뛰어노는 사진이다. 미국에 널려 있는 엽총 등 총기는 무려 2억 7000만 정이나 된다. 총기 참사가 빈번한데도 여전히 총기 소유 열풍은 멈추지 않고 있다. 그리고 미국 가정의 40%가 개를 키운다. 개를 끌어안으며 뛰어놀 수 있는 후보라는 온화한 이미지를 만들어야 표심을 얻을 수 있다. 개 알레르기가 있는 후보조차 약을 먹으면서까지 억지로 개를 끌어안고 부드러운 미소를 띤 사진을 찍어 배포할 정도이다.

또 다른 예를 들어 보자. 1996년 재선에 나선 클린턴 대통령은 민주당의 전통적 지지층인 공장 근로자 수가 더는 증가하지 않는다는 사실을 간파했다. 그래서 새로운 유권자를 찾아나섰다. 그리고 사커맘(Soccer Mom)이라는 여성층을 찾아냈다. 그녀들은 자녀를 스포츠, 음악 교습 등의 활동에 데리고 다니느라 여념이 없는 엄마들이다. 사커맘은 원래 자녀의 축구장까지 따라다니며 뒷바라지에 신경을 쓰는 주부를 뜻했으나 이제는 아이의 장래를 위해 다양한 교육을 시키는 데 시간과 돈을 아끼지 않는 적극적인 엄마들을 의미한다. 이들은 대학 교육을 받은 전형적인 중상류층이다. 그리고 주로 도시 외곽에서 여유 있게 생활하며 서로 커뮤니티를 구

176

성해 교육 관련 정보 등을 교환한다. 클린턴은 이들 소수의 사커맘들의 마음을 살 수 있는 정책들을 채택하여 지지율을 상승시켰다. 이처럼 비록 소수이지만 공통의 니즈와 습성, 선호, 경험을 갖고 서로 뭉쳐 이익을 관철하는 강력한 집단들이 증가하고 있다. 이들의 작은 트렌드들이 사커맘처럼 큰 변화를 일으킬 수 있다.

세계적인 기업 홍보 업체 버슨 마스텔러의 CEO이자, 힐러리 클린턴 상원 의원의 대선 전략을 담당했던 마크 펜은 그의 저서 『마이크로트렌드』에서 '세상의 룰을 바꾸는 특별한 1%의 법칙'을 설명하고 있다. 인구의 1%밖에 되지 않은 세력이 우리 사회의 모습을 바꾸어놓을 정도로 강력하게 영향을 미치고 있다는 것이 그의 주장이다. 그는 테러 조직을 예로 들고 있다. 알 카에다, 이슬람 지하드, 하마스 등의 이슬람 과격 단체들의 수장들이 산하에 있는 단 1%의 무슬림에게만 테러를 사주해도 지구 상의 수많은 인명이 살상되는 참사가 발생한다. 미국에 의해 제거된 빈 라덴의 지시로 저질러진 2001년의 9·11 사태가 대표적인 케이스이다. 미국의 심장부 뉴욕에 있는 월드 트레이드 센터가 항공기 테러로 붕괴되면서 수많은 사람이 희생되었다. 이때 우리는 '99%를 공포에 빠트린 1%의 힘'을 보았다.

몇몇 거대 담론, 즉 메가트렌드가 더는 세상을 지배하지 않는다. 그 대신 얽히고설킨 미로와 같은 마이크로트렌드들에 의해 수백 개의 작은 방향으로 세상이 나아가고 있다. 따라서 우리의 축적된 지식은 너무나 쉽게 깨진다.

범죄 이론 가운데 '사회 불만론'이 있다. 사회적으로 불만이 많은 사람일수록 범죄를 저지를 가능성이 높다는 논리이다. 그리고 그 가능성은 사회적으로 하층과 저학력의 계층에 많이 몰려 있다는 인식이 일반적이다. 미국에서 흑인 소년들이 범죄자로 오인되기 일쑤인 것이 대표적인 사례이다. 실제로 이러한 낙인 효과가 멀쩡한 흑인 소년들을 범죄자로 만들기도 한다. 그러나 이러한 인식은 우리의 편견에 의해 강하게 작용하고 있다. 세계를 공포에 몰아넣고 있는 테러리스트도 마찬가지이다. 영국 글래스고 공항 테러 용의자들의 직업은 의사였고, 9·11 테러에도 신념과 기술로 무장한 고학력자 중간 계층들이 참여했다. 사회복지 비용을 많이 지출하는 나라에서 테러가 발생하는 비율이 상대적으로 높은 것도 흥미로운 사실이다.《월스트리트저널》은 학계의 다양한 연구를 인용해 '잘살고 많이 배운' 사람들이 오히려 테러리스트가 되는 경향이 있다고 보도하고 있다.

테러는 대부분 무슬림이 저지르는 것이라는 믿음도 편견에 불과하다. 스리랑카 테러 조직 타밀 반군이 힌두교이듯 지구 상에서는 수많은 테러와 분쟁이 존재한다. 테러의 원인은 빈곤의 문제가 아니라 주로 민족과 종교 간의 갈등이다. 인도와 파키스탄, 이스라엘과 PLO(팔레스타인), 러시아와 체첸, 중국과 티베트의 갈등이 대표적인 사례들이다.

2. 소유의 시대에서 공유의 시대로

천상병 시인은 한평생을 소풍처럼 살다 간 사람이다. 오랜 투병 끝에 응급실로 실려가면서 잠깐 정신이 든 그는 말했다. "나는 괜찮아요, 나는 괜찮아요, 이제 소풍 마치고 집으로 돌아가는 것뿐이에요. 모두 잘 계세요. 잘 계세요."

커피값과 두둑한 담배만 있으면 더 바랄 것이 없었던 천상병 시인의 삶은 소유의 개념과는 거리가 멀었다. 그가 세상에 물질적으로 남긴 것은 없지만, 여전히 우리의 가슴을 울리는 시를 통해 소통하고 있다.

적어도 천상병 시인에게 소유의 개념은 없다. 빈손으로 왔다 빈손으로 가는 것이 그가 추구한 인생관이다.

진시황의 분서갱유, 이탈리아 무솔리니의 파시즘, 히틀러의 나치즘, 크메르 정권의 문맹 정치, 그리고 공산주의 체제의 공통점은 무엇일까? 정보의 자유로운 이동과 확산을 막으려 했다는 것이다. 정보의 자유로운 이동은 권력 집단의 힘을 약화시키고 그들의 통제력과 체제 기반을 무너뜨릴 위험성이 크다. 따라서 폐쇄적 사회일수록 이를 억제하고 정보 네트워크를 차단하려는 속성이 강하다. 정보의 독점이 아닌 공유는 그들의 권력 상실을 의미한다.

오늘날 디지털 네이티브들의 삶의 가치관은 '소유'보다는 한마디로 '잘 노는 것'이다. 부모 세대가 먹기 위해, 소유하기 위해 일했다면 디지털 세대는 잘 놀기 위해 일한다.

이솝우화 「개미와 베짱이」의 베짱이처럼 잘 노는 것은 더는 부정적인 의미가 아니다. 근면한 개미는 봄, 여름, 가을 열심히 일해 소출한 농작물로 겨울을 지내며 가난한 베짱이를 도와주었다. 그런데 어느덧 세상은 농업 사회에서 감성 기반의 지식 사회로 넘어갔다. 창의력과 예술성이 뛰어났던 베짱이가 신 나게 놀면서 만든 노래가 어느 날 크게 히트를 하면서 이제는 거꾸로 개미를 도와주는 세상이 되었다. 이제 잘 노는 사람이 일도 잘한다는 쪽으로 인식이 바뀌었다.

높은 생산성을 추구하던 기업들은 직원들에게 휴식을 권유하고 있다. 21세기의 기업이 필요로 하는 경쟁력은 농업적 근면이 아니라 휴식에서 창조되고 놀이에서 발견된다. 구글의 본사는 마치 대학교 캠퍼스처럼 꾸며져 있어 구글 캠퍼스라고도 불린다. 40여 개에 이르는 건물에서 1만 명이 넘는 직원들이 일하고 있다. 구글 캠퍼스 곳곳의 잔디밭이나 쇼파, 카페테리아 등에서는 사무실에 얽매이지 않고 어느 곳이든 자유롭게 일하고 휴식을 취하는 모습이 보인다. 강아지를 산책시키거나 체육관에서 운동하는 등 우리나라에서 찾아보기 어려운 모습들이 일상화되어 있다. 구글은 전 세계 검색 시장의 80% 내외, 스마트폰 OS의 50%가 넘는 점유율을 보유하고 있다. 구글 직원들에게 휴식이란 창의력을 키우는 모태이다. 회사는 직원들에게 휴식과 여가를 제공하여, 차별화되고 경쟁력 있는 아이디어를 뽑아내는 '휴테크(休 Tech)' 경영을 실행한다. 20~30대 취업 준비생들에게 구글은 꼭 입사하고 싶은 직장 1순위이다.

휴식과 놀이 문화처럼 공유 경제 역시 우리가 세상을 사는 방식을 바꾸어놓고 있다. 하버드 대학교의 로렌스 레시그 교수는 2008년, 공유의 경제를 처음으로 주창했다. 당초 그는 인터넷 시대에 지적 재산권의 융통성 있는 적용을 주장하면서 협력적 소비(Collaborative Consumption)를 강조했다. 이는 물품을 소유의 개념이 아닌 서로 대여하는 개념으로 본 공유 경제(Sharing Economy)로 발전했다. 그리고 이는 어느새 창조경제의 패러다임과 잘 어울리는 우리 사회의 트렌드가 되었다.

공유 경제의 개념은 결코 새로운 것이 아니다. 다만 연결된 사회의 도래와 함께 그 존재감이 더욱 부각되고 있는 것이다. 항공기 좌석의 경제성을 살펴보자. 수요와 공급의 법칙을 따라 좌석 수요가 공급보다 많을 때가 성수기이며 반대가 비수기이다. 여름철 성수기는 항공사의 1년 수익을 결정하는 중요한 시기이다. 항공사들은 최대한의 좌석을 확보하기 위해 타 항공사와 좌석을 공유하는 '코드 쉐어(Code Sharing)' 협약을 맺어 이를 최대한 활용한다. 협약 항공사끼리 빈 좌석을 빌려주는 코드 쉐어를 통해 항공사들은 좌석의 수요와 공급을 적절히 조절함으로써 수익을 최대화한다. 항공사의 코드 쉐어 방식은 공유 경제의 개념과 유사하다.

깜깜한 산길을 넘던 나그네가 불빛을 보고 찾아가 하룻밤 묵고 가던 후한 인심의 옛날이야기가 이제 기업화되면서 공유 경제가 되었다. 많은 사람이 여행자를 위해 각자의 빈방을 시스템으로 묶어 빌려주는 사업에 동참하면서 세계적인 체인을 가진 '빈방 공유 사업'으로 발전했다. 한때 유행했던 카풀(Car Pool)의 발전된 형태로 내가 차를 쓰지 않을 때 남들과 차를 공유하는 카 쉐어링(Car Sharing)도 공유 경제의 한 형태이다. 카 쉐어링은 치솟는 휘발유 값과 보험료, 세금, 주차료 등을 절감할 수 있는 좋은 방안이 되고 있다. 한 카 쉐어링 회사는 "쉐어링 카 1대가 도로 위 차량 15대를 줄인다"는 광고 문구로 소비자들의 이목을 끌고 있다.

함께 식사하면서 이야기를 나누는 소셜 다이닝 '집밥', 사회적 자본과 경험 및 지혜를 나누는 플랫폼인 '위즈돔', 쓰던 물건을 싸게 내놓는 '나눔장터', 취업 준비생들에게 입사 면접 시험용 정장을 빌려주는 '열린 옷장' 등 역시 대표적인 공유 경제 서비스들이다. 어느 명품 가방 공유 사이트는 일주일에 2~3만 원을 받고 구찌, 루이뷔통, 샤넬 등의 명품 가방을 빌려준다. 주된 고객은 명품 가방을 사기에 구매력이 부족한 젊은 여성들이다.

공유 경제 비즈니스는 다른 사람이 내놓은 물품을 빌려주는 사업 모델이다. 대동강 물을 팔아먹은 '봉이 김선달'과 다른 점이 있다면 판매자가 남의 물건으로 자신만의 이익을 추구하는 게 아니라는 것이다. 내가 거의 쓰지 않는 공간이나 물건을 필요한 사람과 공유하면서 이익을 나누기 때문이다.

공유 경제가 젊은 층들을 대상으로 확산되는 데에는 기성세대들과 달리 소유의 개념에서 사용의 개념으로 바뀌고 있는 의식의 변화가 한몫하고 있다. 스마트폰과 SNS의 발달로 접속과 소통이 원활한 '라이프 2.0' 시대가 이를 가속화하고 있다. 펜실베이니아 와튼스쿨의 제레미 리프킨 교수는 그의 저서 『소유의 종말』에서 앞으로 전통적 시장은 네트워크에 자리를 내주며 소유는 접속으로 바뀐다고 했다. 새로운 경제에서 재산을 확보한 공급자는 판매하는 대신 재산을 빌려주고 사용료를 받는 구조가 보편화된다. 그리고 공급자와 구매자 사이를 접속해주는 네트워크 관계가 발전한다.

공유 경제 이전에도 게임이나 스트리밍 음악 서비스에서 제레미 리프킨 교수의 생각을 쉽게 발견할 수 있었다. 음악 시장에서 소유의 개념은 CD 음반을 구입하던 형태에서 디지털 음원을 내려받는 방식으로 바뀌면서 더는 의미가 없어졌다. 사람들은 게임 콘텐츠나 음악을 직접 소유하지 않더라도 언제든지 네트워크를 통해 즐길 수 있는 권리만으로도 그 콘텐츠를 소유하고 있다고 생각한다.

소유에서 공유로 변하는 것은 경쟁에서 살아남기 위한 방법 중 하나이다. 좀 동떨어진 이야기이지만 미국의 철도 산업과 영화 산업의 차이를 살펴보자.

미국의 암트랙은 19세기 중반에 설립된 철도 회사이다. 미국의 고속 성장과 함께 빠르게 성장해 온 우량기업 암트랙은 서부 개척 열풍에 편승하여 거의 100년간 경쟁자 없이 미국 내 장거리 화물과 승객 운송을 담당한 황금알을 낳는 거위였다.

그런데 2차 세계대전 이후 비행기 기술이 급속히 발전하면서 1960년대에 이르러 비행기 운송 시대가 열렸다. 항공사가 웬만한 소도시까지 공항을 만들어 취항하자 암트랙은 항공사와 공존하는 대신 경쟁력을 유지하기 위해 되도록 비행장을 멀리 피해 선로를 깔았다. 그러나 암트랙의 이런 조치는 고객의 빠르고 편안한 이동이란 니즈를 외면한 것이었다. 그래서 운송 시장은 급격히 항공사로 옮겨갔다. 이때 암트랙이 항공사의 경쟁력을 인정하고 철도와 항공이 연계된 교통 방식을 만들어냈더라면 철도 산업이 오늘날처럼 항공기에 밀려나지는 않았을지도 모른다.

비슷한 예로 영화 산업과 TV 산업을 들 수 있다. 영화 산업은 불황기일수록 번창했다. 적은 돈을 내고 그만큼 즐길 수 있는 오락 수단이 없었기 때문이다. 2차 세계대전 중에도 영화 산업은 여전히 성장했다. 우리나라에서도 마찬가지이다. 입장료가 10만 원이 넘는 경우가 많은 뮤지컬 콘서트 등 다른 장르에 비해 상대적으로 훨씬 저렴한 영화는 불황기에 부담 없이 즐길 수 있는 대중문화이다.

그러나 미국에서 TV가 출현하면서 영화 산업은 큰 위기를 맞게 되었다. 극장 관객은 나날이 줄어들었다. TV에 대항하기 위해 다양한 방법을 사용해보았지만 편안하게 안방에서 시청할 수 있는 TV를 이기기에는 역부족이었다. 고민하던 영화사는 생존의 방법을 스스로 바꾸었다. 즉 극장에만 집착하지 않고 TV와 공생하는 방법을 택한 것이었다. 고객의 입장에서는 TV 프로그램이나 영화나, 모두 보고 즐기기 위한 수단임을 파악한 영화사는 TV에 영화를 공급하면서 협력자로 끌어들였다. 그리고 나중에 홈 비디오 시장까지 진출하면서 영화 시장을 훨씬 더 큰 규모로 만들었다. 아울러 TV 방송사에 투자하여 영화 스튜디오에서 TV 드라마를 제작하게 함으로써 더 큰 부가가치를 창출해냈다.

이제는 신문이 위기를 맞고 있다. 신문 기자라는 직업은 2004년부터 '10년 후면 없어질 직업' 순위권 안에 계속 들고 있다. '2012년 언론 수용자 의식 조사'에 따르면 가구별 신문 구독률은 2002년 52.9%에서 2012년 24.7%로 절반 넘게 줄었다. 반면 뉴스 콘텐츠 이용 비율은 2011년 73.6%에서 2012년 77.6%로 증가했다.

이제 종이 신문은 끝난 것일까? 아직도 종이 지면에 기사들이 배치된 형태의 레이아웃과 지면을 넘길 때의 손맛을 느끼며, 차곡차곡 쌓이는 종이 신문의 매력에 빠져 있는 종이 신문 애호가 '페이퍼 필(Paper-Phile)'들이 존재한다. 그러나 분명한 것은 몰락을 향해 달려가는 종이 신문 대신 독자와 진실을 위해 결코 패배하지도 몰락하지도 않는 현명한 출구 전략이 절실히 필요하다는 사실이다.

3. 포드 경제를 이긴 스타벅스 경제, 그리고 크레이슈머 시대

젊은 날, 헨리 포드는 병환으로 신음하는 어머니를 위해 말을 타고 인근 마을로 급히 의사를 모시러 갔다. 그가 의사와 같이 집에 돌아왔을 때는 이미 어머니가 유명을 달리한 뒤였다. 그는 결심했다. '마차보다 빠른 차를 만들어 누구나 탈 수 있게 하겠다.' 포드는 컨베이어 벨트 시스템을 통한 대량생산으로 그 꿈을 이루었다. 1908년 발표한 '모델 T'는 기존 자동차의 10분의 1 가격으로 무려 150만 대나 팔려나갔다. 포드는 자동차 왕으로 등극했다. 그리고 포드에 의해 자동차는 귀족들의 사치품이 아니라 대중들의 필수품이 되었다.

1980년대 무렵까지 포드의 대량생산 시스템은 기술 시대를 이끌어온 원동력이 되었다. 제품이 귀하던 시절 광고는 제품에 대한 주 정보원이었고 소비자는 이들의 타깃이 되었다. 그리고 기업은 소비자보다 높은 위치에 있었다. 그러나 1990년에서 2000년 사이 경쟁이 심화되면서 제품의 차별성은 대량생산과 기술에서 나오는 것이 아니라 제품에 담겨 있는 감성에서 비롯되었다. 그리고 소비자들의 머릿속에 강력한 브랜드 이미지를 심어넣기 위한 마케팅 전략이 추구되었다.

이제 소비자들은 공급자들의 광고에 객관적이며 냉소적이 되었다. 검색과 입소문을 통해 확인할 수 있는 뉴미디어가 널리 보급되었기 때문이다. 과거 우리 시대를 지배해왔던 메가트렌드 대신 개개인의 생활에서 비롯된 작은 변화들이 뭉쳐 우리 사회의 모습을 바꾸어놓았다. 이제 기업과 소비자의 위상은 완전 역전되어 소비자가 기업의 우위에 서 있게 되었다. 『마이크로트렌드』의 저자 마크 펜은 이러한 현상에 대해 '대량생산의 포드 경제에서 맞춤형 생산의 스타벅스 경제'로 변화했다고 요약한다. 헨리 포드는 대량생산과 대량소비를 위한 컨베이어 시스템을 만들어 수천 명의 종업원이 단 한 종류의 검은색 자동차 수백만 대를 찍어내었다. 오늘날 스타벅스는 사람들에게 선택권이 있다는 사고를 전제로 커피와 크림, 설탕을 취향대로 선택할 수 있도록 제공하여 성공했다. 모든 사람의 취향에 맞추어주는 스타벅스 경제가 당연히 포드 경제를 누를 수밖에 없다.

20~30년 전만 해도 '100인 1색'이라 하여 100명의 소비자에게 1개의 상품이 통했다. 10년 전에는 '1인 1색'이라 하여 1명의 소비자가 1개의 상품을 원했다. 그러나 지금은 '1인 100색의 시대'이다. 마치 한 사람의 마음속에 여러 마음이 존재하는 '다중이'적인 속성이 있는 것처럼, 요즘 소비자 한 사람의 마음속에는 시시각각 변하는 변화무쌍한 소비 욕구가 잠재되어 있다.[46]

스마트폰을 사용하는 방식도 마찬가지이다. 사람들은 '1인 100색'으로 스마트폰을 꾸미며 활용한다. 자주 쓰는 앱을 첫 화면에 배치하고 자신만의 스타일로 배경 화면을 깔며 화면 잠금장치를 설정하고 튜닝을 한다. N스크린 시대에 TV를 보는 방식도 다양해졌다. 그리고 다시보기를 통해 시공간을 초월한다. 이뿐만 아니다. 많은 사람이 다시보기를 할 때 원래 속도보다 1.2~2배까지 빠르게 조절해 시청하기도 한다. 그리고 스스로 편집해서 보기도 한다. 즉, 지루하거나 관심 없는 부분은 건너뛰고 보고 싶은 것만 본다.

디지털 시대에는 '내가 나를 연출하는 큐레이슈머(Curasumer)'가 대세이다. 미술관이나 박물관에서 진열품을 선정하는 사람을 일컫는 큐레이터와 소비자를 뜻하는 컨슈머가 합성된 큐레이슈머가 오늘날 소비자의 특징을 잘 표현해주고 있다. 큐레이슈머는 수동적인 상품 소비를 거부하고, 자신만의 스타일을 창출하는 고객이다. 이들은 자신의 삶을 꾸미고 연출하는 능력이 뛰어난 편집형 소비자다. 이들은 원래의 용도와 다르게 해당 제품을 사용하기도 하고 자신들이 원하는 사양을 적극적으로 요구하기도 한다.

잘 알려진 노래를 새롭게 편곡해 들려주는 TV 프로그램이 인기를 끈 것도 큐레이슈머의 취향과 맥락을 같이 한다. 오늘날의 젊은 소비자들은 자의식과 개성이 강해 일반적이고 보편화된 것에 큰 매력을 느끼지 못하기 때문이다. 기업들은 까다로운 이들 고객을 잡기 위해 디지털 체험으로 유도하고 있다. 아이폰이 성공한 이유도 UX라는 아이폰만의 사용자 경험이 작동했기 때문이다. 사용자 경험이란 사용자가 제품과 서비스, 그리고 그것을 제공하는 회사와 상호작용하면서 경험하게 되는 모든 경험의 총합을 의미한다. 그 중심에는 감동적인 체험이 존재해야 한다.

고객이 몰입하는 디지털 체험을 위해서는 차별화된 기술 도입은 기본이고, 오감을 총체적으로 자극하는 미적 요소의 적용, 자발적 참여를 촉진하는 운영 방식, 체험에 의미를 부여하는 스토리텔링이 주요 과제가 되고 있다.[47]

"당신의 지나친 친절이 고객을 오히려 불편하게 한다." 3시간 동안 매장을 돌며 가구를 직접 고르고 차에 싣고 온 다음 조립까지 하게 한 간 큰 기업이 있다. 바로 불편함으로 전 세계를 장악한 글로벌 가구 공룡 이케아이다. 클릭 한 번이면 쉽게 가구를 바꾸는 시대에 고객들이 기꺼이 수고로움을 감수하게 만든 이케아의 비결은 무엇일까? 무엇보다도 상대 기업보다도 압도적으로 '저렴한 가격'에 있다. 그런데 이를 가능케 한 1등 공신은 바로 '고객이 함께 일하게 만든 것'이다. 고객이 조금의 불편을 감수하면 세련된 북유럽 디자인의 가구를 저렴하게 소유할 수 있는 기회를 공유하는 것이다.[48]

이케아는 거품을 뺀 합리적인 가격과 다양한 디자인으로 소비자들의 마음을 파고들었다. 이것이 이케아의 진정성이다. 그리고 품목별로 구분해놓던 기존 가구점의 진열 방식을 버리고, 거실이나 침실의 분위기에 적합한 디스플레이를 도입했다. 제품 선택을 돕기 위해 줄자, 모눈종이, 연필 등을 매장 곳곳에 비치했다. 침대와 소파 등 각종 가구가 널찍한 공간에 적절히 배치되어 있다. 고객들은 자기 집 안방처럼 몇 시간 동안 침대와 소파에서 뒹군다. 그리고 노키아 매장에 있는 식당에서 저렴하지만 어디 내놓아도 손색없는 맛을 자랑하는 음식을 즐기며 시간을 보낸다. 모든 것이 소비자 기준에 맞추어 체험할 수 있도록 구성되어 있다.

이제 아이스크림 가게에 가더라도 각자가 토핑을 선택해서 자신만의 아이스크림을 주문해 사 먹는다. 입맛에 따라 재료를 첨가할 수 있도록 한 비빔밥 식당도 있다. 자동차를 구매하여 자신의 취향에 맞게 튜닝하는 것은 기본이다. 몇 해 전부터는 아파트 내벽을 움직일 수 있도록 설계해 거주자가 실내 구조를 직접 바꿀 수 있도록 한 아파트도 등장했다. 이 역시 큐레이슈머를 타깃으로 한 것이라고 할 수 있다.

소비자는 진화한다. 진화하는 소비자는 제품을 기존 용도와 다르게 활용할 수 있는 법을 적극적으로 찾거나, 기업에 원하는 상품 사양을 요구하기도 한다. 이들은 제품이나 서비스의 진정성과 정서적 만족감을 추구한다. 앞으로는 이들의 마음까지도 제품 속에 담아야 할지 모른다. 전시회의 큐레이터처럼 기존 제품을 꾸미고 다양하게 활용하는 편집형 소비자 큐레이슈머는 직접 생산에 참여하는 프로슈머(Prosumer)보다 한발 더 진화한 능동적인 소비자들이다.

02
CHAPTER

디지털 테크놀로지, 문화, 그리고 커뮤니케이션

1. 기술결정론과 문화결정론의 갈등

한국공학한림원에서는 인류 문명을 획기적으로 바꾸어놓은 공학 기술로 나침반, 제지 기술, 인쇄술, 합성 약 등 20여 개를 선정했다. 동서남북의 방위를 알려주는 나침반은 B.C. 1200년경에 나왔는데 항해술의 발전으로 이어지면서 대륙 간 교류를 가능토록 했다. 서양의 대항해 시대가 도래하기 이전은 암흑의 시기였다. 북유럽의 기나긴 겨울을 보내기 위해서 고기를 보관하고 음식들을 상하지 않게 하기 위해서는 향신료가 절대적으로 필요했다. 이들은 아시아에서 건너온 화약과 나침판, 천문, 수학 덕분에 대항해 시대를 열 수 있었다. 문화 교류를 위해 전달된 나침반이 서구인들에게 향료 무역을 위한 식민지 침략과 국제 질서 개편의 발판이 된 것은 역사적 아이러니다.

유리 너머로 세상을 바라보며 우주를 관찰할 수 있는 렌즈도 그중 하나이다. 인류는 현미경의 발명으로 눈에 보이지 않는 세계까지 들여다볼 수 있게 되었다. 갈릴레오 갈릴레이는 망원경을 통해 달의 표면이 울퉁불퉁한 것을 알게 되었고, 목성에 위성이 있다는 사실도 처음 알았다. 그는 이를 통해 '지구가 돈다'는 설을 제기하여 인간의 세계관을 뿌리부터 흔들어 놓게 된다.

합성 약은 인체에 아무런 해나 부작용을 일으키지 않고 특정한 병원균만을 공격한다는 의미에서 '마법의 탄환'이라고 불린 획기적인 발명품이었다. 인류가 발명한 최대의 의약품 3가지는 모르핀, 아스피린, 페니실린이다. 이 중에서 아스피린은 화학적으로 합성하여 널리 사용된 최초의 의약품이다. 아스피린 이전의 약들은 천연 약제에 약간의 가공을 거쳐 그대로 사용하거나 천연물에서 추출하여 정제한 것들이었다. 그리고 화학적 합성이 가능했다 하더라도 대량생산이 힘들었으며, 안정성에 문제가 있어 약으로 널리 사용되지 못했다. 19세기가 저물어갈 무렵 탄생한 아스피린은 놀라운 약효와 안정성이 입증되면서 본격적인 합성 약 생산의 전기가 되었다.

화약의 발명은 인류에게 대규모 공사를 손쉽게 할 수 있도록 했지만 파괴와 살상을 가져온 선과 악의 양면성을 지니고 있다. 기타 인류 문명을 바꾼 기술로 운수 혁명을 일으킨 철도, 대륙을 잇는 다리 현수교, 정전기에서 끌어온 전기의 발명과 상업화, 자동차, 기계시계, 백신, 직조기, 무선통신 등이 선정되었다.

앨빈 토플러, 다니엘 벨 교수 등은 기술 발전이 사회 변동의 주요한 원인으로 작용한다는 기술결정론을 주장한다. 우리가 사는 이 사회는 인간의 의지와 활동에 의해 변화하고 발전하는 것이 아니라, 필연적인 경로를 따르는 기술 변화에 의해 급속하게 변동한다는 것이다.

190

과거 시대로부터 기술결정론에 의해 사회가 발전했다는 증거는 많다. 먼저 등자에 의한 봉건제 발전을 들 수 있다. 앞에서 등자에 대해서 자세히 설명했었다. 쟁기에 의한 장원제와 도시의 발전도 그 사례가 될 수 있다. 무거운 쟁기의 발명 덕분에 충적토를 개간할 수 있게 되었다. 쟁기 덕분에 농업 생산력이 높아져 잉여생산물이 생겼고, 이를 통해 물건을 사고파는 상업이 발전했다. 상업이 성행하다 보니 도시가 형성되었다.

기술결정론에 대해 모든 학자가 동의하는 것은 아니다. 기술이 진보의 중심일 수 있는 경우는 사회적 진보와 맥락을 같이 할 때라는 반론도 있다. 예를 들어 등자는 유럽에서만 도입된 게 아니기 때문에 등자의 도입이 중세 봉건제를 낳은 것은 아니라는 것이다. 특히 프랑크 왕국과 비슷한 시기에 등자를 도입한 나라 중 앵글로색슨족은 봉건제가 확립되지 않았음을 예로 들고 있다. 서양뿐만 아니라 동양에도 봉건제가 존재했다. 특히 중국의 주나라 때 봉건제는 등자와는 전혀 관련이 없었다. 등자는 주나라 후에 등장했기 때문이다. 서양에서의 인쇄술은 르네상스, 종교개혁, 과학혁명을 일으켰지만, 동양에서의 인쇄술은 서양과 같은 혁명을 가져오지 않았다.

기술결정론의 대척점에 서 있는 주장이 사회구성론 혹은 문화결정론이다. 사회구성론을 주장하는 사람들은 기술의 발전에서 중요한 구실을 하는 것은 기술 자체의 힘이 아니라 그것을 만들어내고 운용하는 사회 집단들이며, 기술 역시 그러한 사회적 맥락하에서 이루어지는 사회적 구성물로 이해되어야 한다는 것이다. 이들의 주장을 잘 대변하고 있는 말이 "필요는 발명을 만든다"일 것이다. 예를 들어 감속 불능으로 인한 차량 사고의 원인을 예방하기 위하여 ABS(Auto Brake System)를 개발하고, 운전자의 시야 사각지대를 없애기 위해 후방 감시 카메라를 개발한다. 사고 현장을 기록하여 분쟁을 예방하는 블랙박스, 자동차의 앞뒤 거리를 자동 조정하여 충돌을 예방하는 시스템들은 이제 기술이 아니라 운행에 필수적인 환경들이 되고 있다. 마치 사회를 구성하는 제도적·문화적 요소들처럼 말이다.

기술 중심의 사고와 달리 문화가 사회의 성장과 환경을 결정한다는 문화결정론은 인간의 사고나 행동이 문화적으로 결정된다는 생각이다. 문화결정론이 극단적으로 흐를 경우 과학주의, 기술주의와 대척점에 서게된다. 동양의 유교 사상, 서양의 청교도 정신, 일본의 사무라이 정신, 조선의 선비 사상과 같은 정신적 문화 역시 당시 사회를 지탱한 대표적인 문화결정론이었다.

밀레의 대표적인 작품으로 〈이삭 줍는 여인들〉이 있다. 당시 프랑스에서는 빈민 계층에 의한 혁명의 두려움이란 정치적 이유로 배척당했지만, 미국에서는 청교도주의적 관점에서 '노동의 신성함'을 그려낸 작품으로 높이 평가받았다. 밀레의 작품이 유독 미국에 많이 소장된 이유가 여기에 있다.

미국의 골드러시 이후 많은 이주민이 캘리포니아 지방에 정주했다. 이곳에 정주한 라틴 계열은 지중해식 농업, 튜턴 계열은 혼합 농업, 남방계 중국인은 벼농사, 북방계 중국인은 밭농사를 시작했다. 농사짓는 곳이 미국임에도 불구하고, 자기 문화권에서 하던 농경 형태가 그대로 신대륙에 옮겨지게 되었다. 마치 오늘날 미국 이민 사회에 코리아타운, 차이나타운, 이탈리아타운이 존재하면서 자국의 문화를 기반으로 생활하고 있는 것과 유사한 경우이다.

조선 시대의 사회는 어떠했는가? 당시 유교 사회에서는 중농억상[重農抑商] 정책에 따라 선비는 가난해도 농사는 지을지언정 장사를 하려고 하지는 않았다. 군자는 의리에 밝고, 소인은 이익에 밝다고 믿었기 때문이다. 장사하는 상인은 이익에 관심이 있기 때문에 상인이 되면 선비로부터 멀어진다고 생각했다.

기술결정론의 반대편에 서 있는 사회구성론 혹은 문화결정론에도 충분한 논리가 존재한다. 그러나 요즈음 자신의 손안에 스마트 기술이 들어오면서 세상을 바라보는 관점이 완전히 달라졌다. 모든 생각과 기술이 스마트 공간을 거치지 않으면 안 될 정도로 스마트 공간의 영향력이 확대되었다. 스마트 기술의 발전이 거대한 커뮤니티의 장을 형성시킨 것이다. 사람들은 스마트 공간 안에서 생각하고 행동하게 된 것이다. 과거와 달리 이제는 자신의 생각이 곧바로 SNS를 타고 다른 사람들에게 확산된다. 기술의 발전 덕분에, 자신의 생각을 굉장히 쉽게 공유할 수 있게 된 것이다. 사람들은 다른 사람들의 정보를 보면서 자기 생각이나 감정을 즉시 표현한다.

적어도 스마트 기술에 있어서는 기술의 발전이 사람들의 생각을 바꾸고 발전된 사람들의 생각이 다시 기술의 발전을 낳는다. 카카오톡, 페이스북, 블로그는 사람들의 소통 방식을 바꾸어놓는 데 큰 영향을 주었다. 스마트 기술이 사람들의 삶을 완전히 바꾸어놓은 것처럼 앞으로 어떤 기술이 다시 한 번 사람들의 삶을 바꾸어놓을까 궁금하다.[49]

기본적으로 사회의 미래를 바라보는 시각에서 동·서양의 차이가 존재해왔다. 동양의 경우 미래는 본인의 의지와 무관하게 정해진 것으로 해석한다. 나쁜 운명은 노력을 통해 지혜롭게 대처한다. 음양오행에 따르면 동양의 미래예측학은 신비주의, 사주팔자, 주역에 기반을 두고 있다. 이에 비해 서양은 사회 현상, 통계적, 분석적, 과학적 사고를 뿌리로 삼고 있다.

동·서양에는 아직도 그 역사의 뿌리가 남아 있다. 다시 말하면 동양은 문화 중심적 사고가 강하고 서양은 기술 중심적 사고가 강하다. 유명한 기술사학자인 멜빈 크란츠버그는 기술의 6가지 법칙을 다음처럼 정리하고 있다.

> 기술은 선하지도 않고, 악하지도 않으며 중립적이지도 않다.
> 발명은 필요의 어머니이다.
> 기술은 크던 작던 무더기로 온다.
> 기술 정책 결정 시 비기술적인 요소가 더 크게 작용한다.
> 모든 역사는 의미가 있다, 하지만 기술의 역사가 가장 의미가 있다.
> 기술은 인간의 활동이다. 기술의 역사도 그렇다.

자전거는 프랑스의 귀족 콩드 드 시브락에 의해 1790년경 만들어졌다. 초기의 자전거는 나무 축으로 두 개의 바퀴를 연결해 만든 단순한 구조로, 핸들과 브레이크가 없어 두 발로 땅을 차야만 앞으로 움직일 수 있었다. 오늘날의 자전거는 기술자의 노력이 전부가 아니다. 다양한 이용자들의 요구에 의해 개선되어 완성되었다. 남성들이나 스포츠로 자전거를 이용하는 사람들은 빠른 속도를 위해 커다란 앞바퀴가 달린 자전거를 선호했다. 이에 반해 여성 이용자들은 보통 긴 치마를 입고 있었기 때문에 앞바퀴가 작고 타이어가 쿠션 기능을 해주는 안전한 자전거를 선호했다. 그러면서 오늘날의 자전거로 발전했다.

기술의 발전은 혼자 이루어지지 않는다. 기술결정론과 문화결정론의 충돌, 그것은 갈등이 아니라 조화이고, 발전을 위한 필수조건들이다. 우리는 이것을 다양한 니즈가 수용되어 발전하는 '기술적 유연성(Technological Flexibility)'이라고 부를 수 있다.

2. 고려의 『직지심경』은 왜 구텐베르크를 넘어서지 못하는가

『동국이상국집』에 1234년 고려 고종 때 주자본으로 된 『고금상정예문』 28부가 만들어졌다는 기록이 있어 세계 최초의 금속활자본으로 추정된다. 그리고 1377년 충북 청주의 흥덕사에서 발간한 『직지심체요절(직지심경)』이라는 불교 서적은 현존하는 세계 최초 금속활자 인쇄 서적이다. 『직지심경』은 현재 상·하 2권 중 현재 하 권만 남아 있다. 『직지심경』은 두 스님이 한 여성 신도의 물자와 경비 지원을 받아 금속활자를 연구해 만들었다. 너도밤나무 판에 붓으로 글자를 써서 새긴 후 밀랍이나 모래, 진흙에 눌러 주형을 만들고 여기에 청동 물을 부어 활자를 제작한 것으로 추정된다. 『직지심경』은 독일이 자랑하는 구텐베르크 성서보다 무려 80년 이상 앞선 것이다.

오늘의 작은 기록이 내일의 큰 역사가 된다. 우리나라만큼 기록 문화를 소중하게 생각한 민족도 없었다. 지구 상 어디에도 조선 역사 500년 세월처럼 조정의 대소사를 일일이 기록한 나라가 없다. 『조선왕조실록』에서부터 『승정원일기』, 『일성록』, 『조선왕실의궤』, 『팔만대장경』 등 많은 문화재가 세계기록유산으로 등재되었다.[50] 우리가 세상에서 가장 앞선 인쇄 기술을 만들었음에도 사회적 시스템과 연관된 기술이 뒷받침되지 못해 인류의 역사를 바꾼 공적을 구텐베르크 성서에 내주고 우리만의 역사적 자긍심에 만족할 수밖에 없게 됐다.

우리가 인쇄 기술의 프론티어라는 역사적 사실을 제대로 인정을 받지 못하고 있는 것은 대량생산과 대량보급, 그리고 종교개혁과 같이 사회적인 영향력을 실현하지 못했기 때문이다. 직지 인쇄의 기술적인 한계로 활자 크기나 글자 모양이 고르지 못했고 수천 자로 이루어진 한자 체계를 따르다 보니 활자를 생산하는 데도 노동력이 많이 투입되고 활자의 대량생산도 어려웠다. 또한 우리의 인쇄술은 주로 왕실과 승려, 관료 집단 등 지배 계층의 역사를 기록하기 위한 기술(Technology)이었을 뿐, 대중들을 위한 문화(Culture)는 아니었다.

『인쇄의 500년』이라는 책을 저술한 스타인버그는 인쇄술로 인해 사회 전반에 중대한 변화가 일어났다고 전제했다. 인쇄물을 통해 사상이나 이념을 널리 대중들에게 전파할 수 있었고, 기존의 문화를 보존하고 전승시킴으로써 지식과 정보를 확대, 재생산시켜 나갈 수 있었다. 또한 인쇄술은 언어나 지적 개념의 표준화를 가능하게 했다. 인쇄술이 발명되기 전에는 수도원이나 대학에서 사용하는 책은 모두 손으로 써서 만든 필사본이었다. 15세기 말 독일은 구텐베르크의 인쇄기 발명으로 출판문화가 요동을 치고 있었다. 인쇄술의 발명과 더불어, 이전까지 책 생산의 중심이었던 수도원의 필사 문화가 위협을 받게 되었다. 이렇게 인쇄술 때문에 필사는 시대에 뒤떨어진 낡은 것이 되었다. 필사본은 오랜 기간 되풀이되면서 베껴지는 사이에 잘못 표기되는 경우도 있었고 지역이나 저자에 따라 용어의 개념이 달리 전해지기도 했다. 그러나 인쇄술의 발명으로 법률과 언어와 지적 구성 개념이 규격화되고 표준화된 서적들이 대량으로 보급될 수 있게 됨에 따라 학문과 인식의 방법에도 많은 영향을 주었다.[51]

15세기 유럽 사회에서 금속활자의 발명이 초래한 사회적 변화에 비하면 13세기 이후 고려에서 이루어진 금속활자의 발명이 문화혁명으로 이어지지 못한 이유는 무엇일까. 고려 시대의 경우 책의 인쇄와 지식의 전파가 서구 사회처럼 대량으로 이루어지지 않았다. 이로 인해 새로운 지적 혁명과 문화적 부흥으로 확대되지 못했다. 물론 13세기 이후 지방의 중소 지주로서 주자학을 공부하여 새로운 사회 세력으로 등장하여 결국 조선을 개국한 신흥 사대부층이 성장하게 된 배경에는 금속활자술의 발전과 그로 인한 지식인 계층의 확산이 중요한 역할을 한 것으로 보인다. 그러나 그 변화의 폭이나 규모는 서구 사회의 경우에 비하면 그렇게 크지 않았던 것이다.[52]

인류의 문명이 되기 위해서는 기술보다는 사회에 실제적인 영향을 크게 미치는 문화로 거듭나야 한다. 이것이 고려의 금속활자가 부족했던 점이다.

아쉬운 점은 또 있다. 구텐베르크가 금속활자로 제작한 성서 초판본은 현재 43부가 전해지고 있는데 이 중 30여 권을 종이가 아닌 양피지로 찍었다. 그런데 성서 한 권을 만드는 데 양 300마리가 필요했다고 한다. 인쇄를 찍어내는 종이 기술이 열악했던 셈이다. 양피지에 씌인 글이 1000년이나 보존되는 데 반해, 종이에 인쇄된 글은 수명이 훨씬 짧다는 점에서 비싼 양피지를 구하는 비용을 감내해야 했다. 그러나 우리 선조들은 '직지'를 인쇄할 때 양피가 아닌 한지에 찍어냈다. 우리가 흔히 사용하는 종이의 평균 수명은 약 50년이라고 한다. 그런데 닥나무로 만드는 한지의 수명은 얼마나 될까. 놀랍게도 최소 1000년 이상이라고 한다. 우리가 1500년 전 삼국시대의 이야기를 고스란히 전수받을 수 있었던 것도 그 시대의 역사가 한지에 기록되었기 때문이다. 그러나 그 수요 역시 특권층 소수에 집중되어 있었다는 점이 아쉽기만 할 뿐이다.

아마존 산림 지역에서 벌목한 통나무들은 강물에 띄워 하류로 운송한다. 통나무들이 내려가다가 강폭이 좁아지면 서로 엉켜 병목현상을 빚는다. 이때 엉켜 있는 통나무들을 살펴보고, 어느 통나무 하나를 골라 집중적으로 가격하면 순식간에 병목이 풀린다. 그리고 신기하게도 다시 통나무들의 행진곡이 시작된다. 이처럼 주변에 연쇄적인 파급효과를 일으키는 것을 킹핀(King Pin)이라고 한다. 킹핀은 볼링장에서 스트라이크를 치기 위해 정확하게 넘어뜨려야 하는 가운데 핀을 말하기도 한다. 창조적 문명의 성공적인 확산을 위해서는 중심고리인 킹핀을 찾는 것이 핵심이다. 킹핀은 모든 변화의 촉발점인 동시에 성공의 핵심이기 때문이다.

스티브 잡스가 개발한 아이팟, 아이폰, 아이패드는 혁신적인 킹핀 효과를 불러일으키며 스마트 시대를 열었다. 그가 촉발한 킹핀은 기능과 성능을 중시하는 기술자 중심이 아니라 사용자 중심의 사고로 제품을 만들었기 때문에 가능한 일이었다. 스티브 잡스가 만들어낸 매킨토시 컴퓨터나 이후의 전자제품들은 충분히 박물관에 전시해도 될 만큼 예술적 감각이 뛰어난 디자인을 보유하고 있다. 그러나 맥 컴퓨터가 아무리 조각처럼 아름답다고 해도 갤러리에 진열하기 위한 작품은 아니다. 그것은 공장에서 대량생산하여 매장에서 소비자에게 팔기 위한 상품이다.

3. 디지털 시대, 무의식의 욕구에 소구하다

지나치게 기술에 의존하는 인간의 학습 능력은 뇌의 기억력을 관장하는 해마 세포를 줄어들게 하여 궁극적으로 디지털 치매에 빠지게 한다는 과학자들의 경고가 있다. 해마는 정보를 단기 기억에서 장기 기억으로 이동시키는 역할을 한다. 그러므로 해마가 손상되면 기억상실증에 걸린다. 그러나 일부 전문가들은 그리 걱정할 일이 아니라는 주장을 편다. 1970년대까지 우리는 주판을 배우고 암산을 익혔다. 1980년대 전자계산기가 많이 보급되면서 주판과 암산은 사라지기 시작했다. 지금은 스마트폰 한 대면 웬만한 업무는 다 처리할 수 있다. 디지털 문명의 이기를 최대한 활용하지 않고 주판과 암산에 집착한다면 우리의 밝은 미래는 없다는 것이다.

연료의 혁명도 마찬가지이다. 도시에서는 이미 연탄에서 도시가스로 바뀌었는데 연탄 공장에서 많은 투자를 통해 아무리 좋은 연탄을 만든다고 해도 팔리지 않을 것은 자명한 사실이다. 우리 인간은 기술 발전에 의해 문명의 발전을 이루어왔다. 현재의 고도화된 기술이 인류 전체에 긍정적인 역할을 한 것은 분명하다. 기술의 발전으로 깨끗한 물을 사용할 수 있게 되자 인간은 수인성 질병으로부터 해방되었다. 이동 수단의 발전은 사람들이 큰 힘을 들이지 않고 많은 일을 처리할 수 있게 해주었다.

디지털의 문화적 해석은 '해방과 재미(Freedom & Fun)'라는 새로운 커뮤니케이션 사고와 행동 방식이다.

'스마트폰 + 트위터', 이 두 개의 조합은 인류가 한 번도 갖지 못했던 통일된 커뮤니케이션 프로토콜을 완성했다. 1%가 99%의 부를 가졌다는 불평등에 대한 월스트리트 시위는 단 30명으로 시작되었지만, 트위터 덕분에 순식간에 미국 전역과 세계로 들불처럼 번졌고, 보름 만에 전 세계적인 이슈가 되었다. 타락한 금융자본주의와 불공평한 부의 분배 문제는 역사적으로 볼 때 어제오늘의 문제가 아니었다. 그러나 대중의 분노가 2011년에서야 표출된 이유는 무엇일까. 스마트폰과 트위터, 그리고 페이스북이라는 새로운 커뮤니케이션 수단이 기존 질서에 대한 해방을 주고 있기 때문이다. 또한 참여와 공유, 확산의 과정을 통해 지금껏 느껴보지 못한 재미를 주고 있다.

과거 낭만주의 시학의 속성 중에서 가장 중요한 요소가 '어머니의 입(Muttermund)'이었다. 인간은 선천적으로 언어능력과 인격체를 가지고 태어나지 않는다. 아이들에게는 어머니의 입이 가장 강력한 교육 시스템이다. 구텐베르크의 금속활자는 문자 세계에 대변혁을 가져왔고, 일반인들도 활자로 인쇄된 책을 통해 정보와 지식을 공유할 수 있었다. 이때부터 '어머니의 입'은 한층 더 강해졌다. 가정교사에 의해 귀족 자제들만 받던 교육이 서적과 문자가 보편화되면서 어머니들의 음성을 통해 태아 때부터 자식들에게 '표준화된 지식과 공감'을 교육하고 전달할 수 있었기 때문이다. 인류의 기록 체계 방식을 연구해 온 프리드리히 키틀러 교수는 "어린아이들은 어머니로부터 지식을 청각적으로 듣지만, 이때 듣는 지식은 어머니의 내면으로부터 들려오는 영혼의 소리"라고 말한다. 우리 인간이 어머니의 입으로부터 전수받는 공감의 지식은 '무의식'으로 내재하고 있다가 외부의 자극을 받으면 표면에 떠오른다. 인간의 기억에서 의식보다 무의식이 차지하는 비중이 훨씬 크다.

2010년도에 나온 SF 영화 〈인셉션〉에서 주인공 돔 코브는 다른 사람의 꿈속에 들어가 생각을 훔친다. 드림 머신이라는 기계로 타인의 꿈과 접속한 후 생각에 침투해 정보를 빼내거나 생각을 심어놓기도 한다. 한마디로 생각을 조작하는 것이 〈인셉션〉의 줄거리 설정이다. 누군가에게 어떤 생각을 심는 것은 그의 실제 삶을 변화시키는 일이다. 혹은 현실 세계를 바꿔놓을 수도 있다. 이 영화 속의 수많은 꿈속 전투는 생각을 조작하려는 침입자와 그것을 막으려는 잠재의식 간의 전쟁이다. 인간의 마음은 의식과 무의식 두 부분으로 되어 있다. 의식과 무의식의 상호작용이 곧 인간의 마음 작용이다. 의식이 사회적인 가치관과 도덕적 기준에 부응해 행동과 욕망을 통제하고 포기하게 한다면, 무의식은 제한 없는 만족을 요구하는 원초적 소망이자 의지를 벗어나는 정신적 작용이다. 꿈만이 아니라 말실수, 농담, 망각, 실착 행위 등은 다 무의식의 작용이다. 따라서 의식의 밑바닥에 자리 잡고 있는 무의식이 의식보다 더 중요한 역할을 한다.[53]

그러므로 사람은 의사결정을 할 때 합리적인 사고보다는 경험에 의한 대략적인 판단에 근거한다. 경험 속에 내재된 무의식을 움직이는 것이다. 또한 사람들은 어떤 문제와 부딪치게 될 때 기존의 프레임이나 고정관념에 의해 이해하고 반응하게 된다. 그러므로 인간의 니즈가 거래되는 시장은 비효율적으로 움직이고 있다고 행동경제학에서는 설명하고 있다.

고기를 잡는 그물은 가로세로 가는 줄을 촘촘히 얽어 만든다. 그러나 그물의 가장자리는 굵은 줄로 돼 있다. 어부들이 이 굵은 줄을 잡고 그물을 던지면 고기가 그물 안에 들어오고, 굵은 줄을 당기면 그물이 오므라들어 고기가 빠져나가지 못한다. 그물의 가장자리를 꿰고 있는 굵은 줄을 벼릿줄이라고 한다. 벼릿줄이라는 말에는 글의 뼈대가 되는 줄거리라는 뜻도 있다. 바꿔 말하면, 대강(大綱)이라고 할 때의 그 강(綱)을 말한다. 삼강오륜(三綱五倫) 중에서 삼강의 맨 먼저인 군위신강(君爲臣綱)은 "임금은 신하의 벼리가 돼야 한다"라는 말이다. 흔히 우리는 성의 없이 어설프게 하는 일을 대강대강 한다고 말하지만, 실제로 대강은 큰 줄거리를 잘 파악하여 사물과 일을 슬기롭게 총괄한다는 좋은 의미의 단어이다.

디지털 시대에 빛의 속도로 내달리는 기술은 충분 요소이다. 기술 자체에 매몰되는 것은 필요 요소가 아니다. 구텐베르크의 인쇄술에 의해 문자가 대중화되자 아이들에게 영향을 미치는 어머니의 입이 더욱 강해졌다. 인쇄술이란 충분 요소에 어머니의 감성이 더해졌기 때문이다. 디지털 기술을 이용하여 아날로그적 감성을 상품화하여 고객과의 교감을 나누고, 호흡하며 코드를 맞추는 것은 고객의 머릿속에 경험을 주입하는 것이고, 무의식을 통한 공감을 형성하는 일이다. 이것이 디지털 라이프이며, 대강의 요체(要諦)라고 볼 수 있다.

모든 것이 엄청나게 풍부해지고 빠르게 변하는 디지털 시대에 선택에 대한 인간의 욕구는 끝이 없다. 이러한 환경에서 소비자의 의사결정은 경험이 내재된 무의식에서 이루어질 때 더 좋은 결과가 많다. 마치 골프장에서 아무런 생각 없이 스윙을 하거나 퍼팅을 할 때 가장 좋은 결과를 얻는 것과 같다. 그것은 우리가 의식하지 못하지만 근육 속에 저장된 기억이 작용하기 때문이다.

21세기는 니즈의 시대가 아니라 원츠의 시대이다. 한양대 홍성태 교수는 "니즈가 아닌 원츠를 공략하라"라고 말한다. 니즈는 필요이고 원츠는 욕구이다. 이 둘 사이에는 엄연한 차이가 있다. 공주가 쓰는 왕관은 '기능적 필요'보다 사회적 지위를 표현하는 '비기능적 욕구'를 충족시켜준다. 넥타이 자체에는 기능적 필요성이 별로 없다. 그러나 개성을 표현하려는 욕구를 충족시켜준다. 욕구를 수요로 접근하면 수용과 가격의 제한이 없어진다. 넥타이를 아무리 많이 가지고 있어도 세련된 넥타이를 보면 사고 싶은 욕구가 발생한다. 3만 달러가 넘는 고가 휴대폰 베르투(Vertu)도 과시욕이 있는 사람들은 얼마든지 구매한다. 여성들이 비싼 선글라스를 계속 사는 이유도, 거실에서 앉지도 않을 고가의 앤티크 의자를 사는 이유도 마찬가지이다. 마치 과거에 읽지도 않을 백과사전을 사오는 아버지의 모습과 같다. 이 욕구의 실체는 자기만족이다.[54] 국내에서 한때 청소년들이 '교복 위의 교복'으로 노스페이스를 입었던 것이나 남학생들이 나이키 운동화를 고집한 이유는 모두가 소속감 내지는 연대감에서 비롯된 욕구 때문이다.

디지털 경험을 담은 감성 마케팅은 IT뿐만 아니라 공연, 건축, 패션, 신문·잡지 편집 디자인 등 다양한 분야에 영향을 미치고 있다. 이는 인간의 오감을 통해 제품에 대한 평가와 이미지를 긍정적으로 이끌어내려는 일종의 심미적 마케팅 수단이다.

2013년 애플은 새로운 광고를 시작했다. 애플의 기능과 장점을 소개하는 대신 다양한 방식으로 애플을 사용하는 방식과 함께 기업의 철학에 초점을 맞춘 이 광고는 디지털 체험, 테크놀로지, 문화가 어떻게 흘러가는지를 잘 느끼게 해준다.

그렇습니다.

중요한 것은 바로 제품이 주는 경험

사람들이 어떻게 느낄까?

삶이 더 좋아질까?

존재할 만한 이유가 있는 걸까?

(중략)

우리의 손길이 닿는 모든 아이디어가

사람들의 삶에 닿을 수 있을 때까지

당신은 무심코 지나칠 수 있겠지만 언제나 느낄 것입니다.

03
CHAPTER

디지털 패권 전쟁과 패러다임의 변화

1. 콜럼버스, 그는 약탈자인가? 벤처기업의 원조인가?

미국인들은 1492년, 새로운 땅을 찾아 나선 신대륙을 개척한 콜럼버스를 존경한다. 그들에게 콜럼버스는 건국의 아버지인 조지 워싱턴 대통령 위에 있는 '건국의 할아버지'인 셈이다. 미국인들이 콜럼버스를 존경하는 것은 단순히 신대륙을 발견한 이유만은 아니다. 콜럼버스는 벤처기업가의 원조로서 오늘날 미국이 성취한 진보, 과학, 부, 권력, 문명의 표상이기 때문이다. 미국은 해마다 10월 12일을 전후로 가장 가까운 월요일을 '콜럼버스 데이'로 지정해 다양한 축하 행사를 벌이며 콜럼버스를 숭상하고 있다.

인디언의 말로 '와탕카탕'은 위대한 정령이란 뜻이다. 인디언에게는 신이 따로 없었다. 대신 나무 한 그루, 작은 풀 한 포기에도 위대한 정령, 즉 신이 존재한다고 믿으며 신대륙에서 평화롭게 살고 있었다. 그러므로 자연이 없으면 사람도 살 수 없다고 생각했다. 신대륙을 발견한 콜럼버스 일

204

행은 분명 위대한 탐험가였다. 그들은 황금을 착취하기 위해 자연을 파괴하고 수많은 인디언을 학살과 질병의 고통으로 몰아넣었다.

인디언에게는 은혜를 원수로 갚은 살육자라는 과오를 저지른 콜럼버스였지만, 그는 벤처기업가 정신을 뿌린 사람이었다. 당시 콜럼버스뿐만 아니라 많은 탐험가는 재력가들의 투자로 동방무역에 나섰다. 이들로부터 오늘날의 기업 형태를 뒷받침해주는 보험, 금융 기업, 증권 등 다양한 제도들이 생겨났으며 현대 자본주의의 모태가 되었다.

이 무렵 그들이 확보하고자 한 것은 금보다도 향료였다. 향료가 같은 무게의 금보다 훨씬 값이 비쌌기 때문이다. 당시 후추, 육두구, 계피, 생강 등의 향료는 유럽의 약국에서 팔았다. 그런데 재미있는 사실은 손님이 향료를 사러 오면 약국 주인은 아무리 더운 날이라도 우선 창문부터 닫았다고 한다. 향료를 저울에 달아 무게를 잰 뒤, 이를 갈아줄 때 바람에 가루가 날려가지 않게 하기 위해서였다. 그만큼 귀한 것이 향료였다.

당시 왕을 포함한 재력가들은 이들 탐험가가 향료를 확보하기 위한 선단을 꾸리는 데 막대한 돈을 투자했고 많은 이익을 확보했다. 배 여섯 척을 보내 항해 도중 다섯 척이 침몰하고 한 척만이라도 향료를 싣고 귀환할 수 있으면 투자자들은 대성공이었다. 탐험가들이나 이들에게 돈을 투자한 재력가들 모두 벤처 정신으로 뭉친 사람들이었다.

포르투갈 상선들은 노예무역을 통해 막대한 돈을 벌기도 했다. 그들은 서아프리카에서 총을 노예로 바꾸어 배 한 척에 500명 이상의 노예를 싣고 아메리카로 떠났다. 아메리카에 도착한 노예들은 생소한 환경 속에서 질병과 싸우며 죽어가기도 했다.

왕실이 부럽지 않을 만큼 재력이 충분한 투자자들은 직접 선장을 고용해 자체적으로 선단을 꾸렸으나 그렇지 않은 상인들은 여럿이 모여 공동

투자로 항해 선단을 구성했다. 적절한 투자 아이템이 생기면 자본금을 조성하기 위해 투자자들을 모집하기도 하고, 사업 계획만 보고 투자하는 금융 기업이 생겨나기도 했다. 오늘날 창업투자회사의 원조가 포르투갈과 에스파냐의 상인들로부터 나왔다.

항해에 직접 참가할 선장과 선원들도 자기가 받을 급료의 일부를 미리 투자하기도 했다. 이것은 지금의 종업원 지주제 또는 스톡옵션에 해당한다. 콜럼버스 자신도 탐험으로 발생하는 수익의 10퍼센트를 배당받고, 귀국 후 다시 무역에 나설 때 8분의 1의 자본을 투자하는 권리를 보장받는 조건으로 대서양 항해를 떠났다. 모든 배경과 조건이 오늘날의 벤처기업 형태와 다를 바가 없었다.

그러나 대항해가 반드시 성공을 보장하는 사업은 아니었다. 항해에 참여한 선박들이 침몰해 돌아오지 못하기도 하고, 향료를 확보하지 못해 빈손으로 돌아오는 경우도 있었다. 그렇게 일확천금을 노리다 패가망신하는 사람들도 생겨나자 자연히 손실을 보전하려는 수단이 생겨났다. 이것이 바로 보험이다. 그래서 14~15세기에 해상보험이란 최초의 보험제도가 탄생했다.

동방무역은 최소한 몇 개월, 길게는 1년이 넘게 걸리는 멀고도 험난한 항해 길이다. 도중에 선장이나 선원이 사망하는 경우도 허다했다. 그리고 항해가 끝나기 전에 투자자가 죽는 경우도 있었다. 그럴 때를 대비하기 위해 투자에 대한 권리를 가족들에게 상속시킬 수 있는 제도가 필요했다. 또한 투자자가 항해 기간 동안 긴급히 투자금의 일부를 회수해 다른 사업에 투자할 필요가 있을 때도 있었다. 이런 경우를 대비하여 투자자의 권리를 남에게 양도할 수 있는 방식이 생겨났는데 이것이 바로 증권이었다.

증권이라는 제도가 도입되고, 항해의 경험이 축적되면서 투자액에 따른 지분을 결정하는 문제도 점차 정교한 방식의 계산을 바탕으로 집행되기 시작했다. 위험성의 정도, 즉 리스크를 보다 정밀하게 판단하여 지분을 결정했다. 그렇게 산출된 지분은 점차 투자 규모가 커지고, 투자가 공개되면서 주식으로 발달했다.

오늘날 미국을 떠받치고 있는 현대적 의미의 벤처 원조가 휴렛패커드(HP)다. 1938년 스탠퍼드 대학교의 학생으로 룸메이트였던 빌 휴렛과 데이브 패커드가 허름한 차고에서 그들이 생각하고 있던 공학 이론을 제품으로 만들기 시작했다. 그 결과 미국 최초의 벤처인 휴렛패커드가 시작되었다. 회사 이름을 HP로 정한 것은 동전 던지기를 해서 휴렛이 이겼기 때문이다. 그래서 휴렛의 이름을 앞에 내세웠고 뒤에 패커드의 이름을 붙였다. 그러나 이들의 벤처기업 정신은 대항해 시대 콜럼버스로부터 시작되었음은 틀림이 없다.

인구 780만, 경상남도 크기에 불과한 소국인 이스라엘은 벤처기업으로 성장한 나라이다. 다른 중동 국가와는 달리 이 나라는 석유도 나지 않고 물도 부족한 국가이다. 열악한 환경과 조그만 영토를 가진 이스라엘에 세계 100대 하이테크 기업 중 75%가 연구소 또는 생산기지를 두고 있다. 또한 세계 벤처 자금의 35%가 흘러들고, 인구 2000명당 1명이 벤처 사장인 나라이다. 이스라엘은 국가 전체가 과학기술 거점 역할을 한다고 해서 '실리콘 와디(Wadi : 계곡)'로 불린다. 이 바탕에는 미국의 콜럼버스 정신과 같은 후츠파(Chutzpah) 정신이 있기 때문이다. 후츠파란 '놀랍고 당돌한 용기'를 의미하는 이스라엘 말이다. 그리고 이 말은 '주제넘은, 뻔뻔스러운, 철면피'라는 의미까지 가지게 되었다. 자신의 이익을 위해 수많은 사람을 희생시킨 콜럼버스의 또 다른 이면을 보여주는 의미와도 일맥상통하고 있다.

과거 투자 불모지나 다름없었던 이스라엘이 벤처 국가로 성공할 수 있었던 또 다른 요인은 '실패'라는 경험 요인을 높이 사고 있다는 점이다. 이스라엘 벤처캐피털은 상당 부분 실패 경험을 가지고 있는 사업가에게 투자한다. 실패하면 기업 자체는 문을 닫겠지만 경험이 축적된 인재는 남는다. 이들은 실패 경험을 통해 다른 쪽 분야로 확대할 수 있는 스필오버(Spill Over) 효과가 있다고 생각하기 때문이다. 실패의 창조적 활용으로 성공 확률을 높이는 것이다.

벤처 성공률은 10% 미만이지만 한 기업의 성공이 9개 기업의 실패를 보상하고도 남는다. 실리콘밸리의 투자자들은 리스크가 99%에 달해도 단 1% 성공 가능성이 있다고 판단되면 선뜻 지갑을 열고 있다. 콜럼버스의 신대륙 발견은 이러한 벤처 정신에서 비롯된 하이 리스크 하이 리턴(High Risk, High Return)의 결과이다.

2. 초지적 재산권 전쟁, 느낌과 감성도 이제 지적 자산이다

애플과 삼성의 특허 전쟁은 21세기 첨단 문명에 대한 새로운 인식으로 가름할 수 있을 것이다. 애플이 제소한 삼성과 애플 간의 특허 분쟁을 보면 표준 특허, 트레이드 드레스(Trade Dress)와 같은 생소한 용어들이 많이 등장하고 있다. 자신의 지식재산을 보호하려는 영역이 확대됨으로써 발생하는 현상들이다. 이에 맞선 삼성은 애플에게 디자인 특허로 공격을 받자 삼성은 표준 특허로 대응하겠다고 맞섰다. 표준은 모든 사람이 쓰게 하려는 기준이고, 특허는 로열티를 내는 특정 사람만이 사용할 수 있는 것이다. 그런데 표준이면서 동시에 특허라는 것은 서로 모순된 개념으로 볼 수밖에 없다. 그러나 정보통신 기술이 발달하고, 자유무역을 위해 표준이 의

무화되면서 양자에 서로의 영역을 인정하는 공통 영역이 생겨났다.

애플이 삼성을 제소한 부분은 주로 디자인의 특성을 의미하는 트레이드 드레스 분야이다. 트레이드 드레스는 제품 전체의 포장, 용기, 형태, 색깔 등을 종합해서 그 제품만의 독특한 디자인 특성을 가리키는 것을 말한다. 이는 디자인법에 의해 보호되는 실용신안, 디자인, 상표 등의 산업재산권과는 개념이 다른 모호함이 존재한다. 즉, 어떤 제품을 외관상 보았을 때 그 제품의 상표를 보지 않고도 어떤 기업의 제품인지 식별이 가능할 경우 그 상표에 대해 보호받을 수 있는 권리가 발생하는 개념이다.

삼성이 자신의 제품을 모방했다고 애플이 밝힌 부분은 사각형 갤럭시폰의 모서리를 둥글게 처리한 외관 부분과 은빛 테두리, 모서리가 둥근 사각형 아이콘 디자인, 그리고 제품을 담은 직사각형 박스와 거기에 새겨진 은빛 글씨 등이다. 기존의 기술 특허 분쟁이 아니라 상품의 외형, 외장을 뜻하는 트레이드 드레스를 소송의 전면에 내세우는 것에 대한 시사점은 무엇일까? 지금껏 외형과 외장은 기능이 아니라 비(非) 기능적·감성적 가치를 포함하고 있어 특허의 범주에 포함하기 어렵다고 생각했던 부분이었다. 트레이드 드레스와 같은 초지적 재산권을 계속 인정한다면 앞으로 자동차 핸들도 네모, 세모가 나와야 하고 냉장고나 TV도 사각형이 아닌 마름모꼴이나 둥근 형태가 나와야 할지도 모른다.

개인의 지적재산권을 보호해주는 특허 제도는 역사적으로 1474년 베네치아까지 거슬러 올라간다. 인구 10만의 도시국가로 패권을 유지하며 무려 천 년의 역사를 이어온 국가가 바로 베네치아이다. 당시 베네치아에서는 지적 재산에 대해 10년간 기술의 독점적 가치는 인정해주되, 이후에는 그 비법을 공개하자는 사회적 타협을 공포했는데 그것이 바로 특허다. 당시 지중해 세계에서 가장 앞선 문물을 자랑하던 비잔틴 제국이 이슬람 세력에 의해 멸망한 후 갈 곳을 잃게 되자 비잔틴의 고급 기술자와 숙련공들을 베네치아로 유치하기 위한 수단으로 특허법을 고안한 것이다.

특허가 시행되자 주변 국가의 창의적 과학자와 기술자들이 몰려들었다. 이 시기에 약 100여 건의 발명이 나오게 되었고, 1594년 천문학자 갈릴레오 갈릴레이도 낮은 위치에 있는 물을 퍼 올리는 '양수관개용 장치'로 특허를 받았다. 유능한 기술과 기술자들이 베네치아로 몰려들면서 지중해 전역의 해상 교통로를 장악한 베네치아의 영향력은 더욱 커졌으며, 르네상스의 불꽃은 그렇게 타올랐다.

베네치아의 부강을 키워준 특허로부터 오늘날 디지털 기술의 원동력이 된 특허 제도가 산업 발전에 기여한 공로는 매우 지대하다. 우리나라에도 일찍이 특허 제도가 있었더라면 고려청자나 청기와 같은 전통 기술의 맥이 잘 이어져 왔을지도 모른다.

산업혁명은 왜 18세기 영국에서 일어났을까? 증기기관의 발명과 특허 제도에서 그 원인을 찾을 수 있다. 베네치아에서 시작한 특허법이 영국으로 건너왔고, 영국은 1642년에 만든 독점법을 통해 새로운 발명품에 대한 특허권을 14년간 보장해주었다. 14년이라는 기간은 발명가에 대한 보상과 유용한 발명품들을 이용할 공공의 권리를 적절히 조정한 결과였다. 증기기관을 만든 제임스 와트는 1769년 특허를 출원했고, 이 발명 덕분에 증기기관은 각종 기계와 선박·기차 등 다양한 분야에 사용될 수 있게 되었다.

영국의 사적 재산권 보호를 그대로 이어받은 곳이 미국이다. 그리고 특허와 아이디어를 중시하여 오늘날 세계 최강의 부와 영향력을 누리는 팍스 아메리카를 건설했다.

요즈음 사람들은 옷을 사 입지만 과거에는 옷을 만들어 입었다. 이때 가장 중요한 도구가 우리나라에서 '미싱'으로 불리는 재봉틀이다. 미국의 엘리아스 하우는 종일 삯바느질에 매달리는 아내를 돕기 위해 재봉틀을 창안했다. 옷을 만드는 과정이 모두 기계화된 지금 재봉틀은 사라져가는 시대적 유물이 되었지만 산업혁명을 이야기할 때 증기기관, 제련기와 함께 재봉틀은 중요한 발명품으로 꼽힌다. 1851년 싱어라는 사람이 재봉틀 특허를 내면서 그 유명한 '싱어 재봉틀'이 탄생되었다. 바느질을 보다 쉽게 하기 위해 만든 재봉틀은 지난 150여 년 동안 인간의 삶과 호흡을 같이 해오면서 옷뿐만 아니라 우리 생활에 얽힌 많은 이야기도 만들어왔다. 인도의 정신적 지도자 마하트마 간디는 재봉틀을 "지금까지 발명된 몇 안 되는 가장 쓸모 있는 물건 중 하나"라고 말했다. 1970년대 우리나라 산업 발전 시기에는 구로공단과 동대문 시장에서 수많은 여성이 재봉틀 앞에 청춘을 받쳤다.

미국은 IT를 기반으로 한 플랫폼이나 네트워크, 기기에 담기는 문화 콘텐츠 분야에 저작권이란 보호막을 튼튼하게 씌워 세계 시장을 리드하고 있다. 대표적인 사례가 소위 '미키 마우스 법'으로 불리우는 소니 보노 법이다. 1998년 소니 보노 하원의원이 발의한 이 법에 의해 저작권자 사후 50년까지 인정되었던 권리가 70년으로 연장되었다. 이 법은 미키 마우스와 도널드 덕과 같은 디즈니 캐릭터의 저작권을 연장하기 위해 제안한 것으로 알려져 미키 마우스 법(Micky Mouse Act)이라고 불리게 되었다. 그 덕분에 당초 저작권 보호 기간인 2016년에서 기간이 늘어나 2036년까지 디즈니의 소유가 되었다. 미키 마우스는 전 세계에서 돈은 가장 많이 벌어들이는 캐릭터이다. 미국 경제잡지 《포브스》가 집계한 '10대 수익 캐릭터'에서 미키 마우스는 언제나 1~2위를 다투며 미키 마우스와 그의 친구들(미니 마우스, 도널드 덕, 구피, 플루토)은 매년 60~100억 달러를 벌어들이고 있다.

그런데 재미있는 것은 디즈니사가 남의 원작을 이용하여 사업을 키워

온 회사라는 점이다. 그들은 언제나 세계 각국으로부터 스토리 자원을 발굴하는 스토리 마이닝(Story Mining)을 통해 핵심 스토리를 찾아내고 이야기를 만들어간다. 「신데렐라」, 「피노키오」, 「백설공주」, 「인어공주」 등 그림 형제의 동화들이나 유럽의 전래 동화들을 이용해 만화왕국이 되었고, 뮬란과 같은 중국의 설화를 애니메이션으로 만들어 큰돈을 벌어들이고 있다.

인류의 문명 발전에 기여해 온 특허가 개인이나 기업의 이익을 위한 보호 장치로 작용하여 소비자의 편익을 저해하기도 한다. 이에 반해 소아마비 백신을 개발한 조나스 솔크 박사는 백신의 특허를 내지 않았다. 인류에 대한 진정한 공헌이 무엇인지 몸소 보여준 좋은 사례이다. 1950년대 초까지 전 세계적으로 소아마비는 영구 마비가 생기거나 사망 또는 치명적인 합병증을 유발시키는 무서운 질병이었다. 소아마비 백신에 대한 특허를 권유하는 주변에 그는 "햇빛을 특허 낼 수 없듯이 인류의 행복에 필요한 발견에 특허를 낼 수 없다"고 했다.

1895년 X선을 발견한 뢴트겐 역시 그 상업적 가치를 감지한 사업가가 특허를 내자고 제안하자 "X선은 내가 발명한 것이 아니라 원래 있던 걸 발견한 것이므로 온 인류가 공유해야 한다"고 거절했다.

3. 버블은 문명 경제의 초석이다

인류의 역사 시대는 언제부터 시작되었고, 어떤 기준으로 선사 시대와 역사 시대를 구분하고 있을까? 한마디로 선사 시대와 역사 시대는 문자 사용 여부로 나누고 있다. 선사시대는 구석기와 신석기 시대를 뜻하며, 역사 시대는 청동기 시대부터 이후의 역사를 말한다. 기록 문화가 생겨나면서 역사 시대로 부르고 있지만, 문자의 발명과 사용은 세계 여러 지역마다 다르므로 선사 시대와 역사 시대를 구분하는 데 모호함이 존재하는 것도 사실이다. 또한 고고학에서는 물질 자료에 근거하여 석기 시대·청동기 시대·철기 시대로 구분하고 있는데 석기 시대와 청동기 시대 일부가 선사 시대에 포함된다.

그러면 현대의 출발점은 언제부터일까? 찰스 에머슨은 그의 저서 『1913년』이란 책을 통해 1913년을 '현대'의 출발점으로 보고 있다. 19세기 말에 시작되었던 기술혁명과 산업혁명이 1913년도 무렵에 활짝 꽃을 피웠기 때문이다. 1913년을 전후로 사람들은 도시로 몰려들기 시작했고, 도시인들의 발걸음은 빨라지기 시작했으며, 상대방과 서서 대화하는 것도 일상화되었다. 이 무렵 유럽의 베를린과 뉴욕을 잇는 해저 케이블이 가설되어 전화도 개통되었다. 그리고 대서양을 횡단하는 개량된 증기선이 두 대륙의 거리를 크게 단축시켜주었다.

1870년부터 늘어나기 시작한 중국과의 무역 등 세계 교역량은 1913년도에 정점을 찍었고, 이해의 교역량은 1970년이 되어서야 따라잡을 수 있었다고 찰스 에머슨은 주장한다. 당시에 이미 글로벌 경제의 시대가 개막된 것이다.

그러나 세계 경제는 마냥 순탄하게 지속적으로 성장하지 못한다. 잘 나가던 경제가 하루아침에 버블(Bubble)에 의해 죽음의 계곡(Death Valley)으로 추락한다.

비눗방울이 쌓이면서 점점 커지다가 빵 터지면 아무것도 없는 상태가 되어버리는 것이다. 시장경제에서 가격이 점점 오르다가 갑자기 폭락해 버리는 현상을 비눗방울이 모여 터져버리는 것과 같다고 해서 흔히 버블 경제라는 용어를 사용한다.

대표적인 사례로 18세기 있었던 근대 유럽의 3대 버블을 들 수 있다. 네덜란드의 튤립 버블(Tulip Bubble), 그리고 영국에서 남해회사(South Sea Co.)에 대한 과열된 금융 투기로 주식시장이 붕괴된 남해 버블(South Sea Bubble), 프랑스에서 황금광 개발 사업을 한다며 수많은 투자자를 모았다가 파산한 미시시피 버블(Mississippi Bubble)이 그것이다.

400년 전에 일어났던 튤립 버블은 인간의 탐욕이 만들어낸 광기였다고 회자되고 있다. 17세기 당시 네덜란드는 전 세계 해상 무역권을 장악한 경제대국이었고, 1인당 국민소득이 유럽에서 가장 높았다. 특히 동방무역으로 큰돈을 번 귀족들이 자신의 부를 과시하기 위해 터키로부터 튤립을 구매해 아름다운 정원을 꾸몄다. 이렇게 갑자기 늘어난 수요로 인해 튤립 가격이 급격히 오르기 시작했다. 황제 튤립이라 불리던 최상품의 튤립 뿌리는 6000길더(Guilder)에 거래되었는데 이는 암스테르담에서 제법 괜찮은 집 한 채 가격과 맞먹었다. 당시 노동자의 평균 연봉은 200~400길더 수준이었으니 황제 튤립이 얼마나 고가였는지 짐작할 수가 있을 것이다.

튤립은 무늬와 색깔에 따라 가치가 달라지는데 튤립 뿌리가 바이러스에 감염되면 화려하고 아름다운 무늬의 꽃을 피우는 특징을 갖고 있다. 어떤 바이러스에 감염되느냐에 따라 황실의 문양을 닮은 화려한 튤립이 되기도 하고, 반대로 평범한 튤립이 되기도 했다. 그러나 꽃을 피우기 전에는 아무도 알지 못했다. 만약 운이 좋아 무작위로 고른 튤립 뿌리가 황제 튤립이 되면 오늘날 로또에 당첨되는 것처럼 떼돈을 벌 수 있었다. 이러한 우연성이 투기를 더욱 부채질하게 되었다. 그러나 언젠가 버블은 터지게 되어 있다. 갑자기 늘어난 튤립의 수요로 가격이 급상승하다가 과열 양상 끝에 가격이 폭락하는 엄청난 버블이 생겨났다. "아! 튤립은 튤립일 뿐이구나!"라며 튤립에 대한 집단 최면에 걸려 있던 사람들이 깨어나기 시작했지만 이미 때는 한참 늦었다. 수많은 중상층이 파산하면서 네덜란드는 그 후 쇠락의 길을 걷게 되었다.

오늘날 21세기형 튤립 버블로 꼽히고 있는 사례가 일본의 부동산 버블이다. 한때 미친 듯이 과열된 일본의 땅값 수준은 상상을 초월할 정도였다. 부동산 가격의 급등으로 단순하게 비교하자면 도쿄의 땅을 다 팔면 미국을 살 수 있으며, 왕궁 주변의 땅값이면 캘리포니아 주를 살 수 있는 수준이었다.

거품 경제 시절의 일본 상황은 어떠한 모습이었을까? 부동산 가격 급등으로 "땅값은 반드시 오른다"라는 부동산 불패 신화가 탄생했고, 일본 사람들은 은행 융자를 받아 너도나도 부동산을 구입하기 시작했다. 부동산 가격 급등으로 막대한 차익을 챙긴 사람들은 또 다른 부동산을 대거 사들였으며, 넘쳐나는 돈으로 엄청난 소비 열풍이 일어나게 되었다. 딱히 부잣집 아들도 아니었던 대학생이 뉴욕에 가서 헬기를 타고 샴페인을 한 손에 들고 해돋이를 보는 것을 선술집 이자카야 같은 곳에서 선뜻 5만 엔을 사용하는 것처럼 생각했다. 거품 경제를 기반으로 세계 기업 톱10을 전부 일본 기업이 차지하고 있었고, 통신회사 NTT의 주가 총액이 서독의 모든 회사 주식 총액보다 높았다. 일본의 우수 대학 졸업생들은 기업으로부터 접대까지 받아가면서 취직했고, 이들 20대의 연봉이 무려 1000만 엔이나 되던 시절이었다.

이러한 저력을 바탕으로 일본은 세계의 투자처를 찾아 뻗기 시작한다. 대표적인 사건이 바로 록펠러 센터, 엠파이어 스테이트 빌딩, 컬럼비아 영화사 등을 일본 기업이 구입한 것이다. 미국의 상징물들에 일장기를 꼽으며, 일본은 한동안 환상에 젖었다. 그리고 시중의 넘치는 돈으로 세계의 명화(名畵)들을 싹쓸이하기 시작했다. 고흐의 해바라기를 무려 3629만 달러에 사들인 것이 대표적인 사례이다. 막대한 소비 지출로 미국을 뛰어넘었던 꿈의 시대, 일본 2000년 역사를 통틀어서 가장 화려하게 빛나던 시절도 종말을 맞게 되었다. 미국은 1985년 G5 국가 대표를 미국 뉴욕의 플라자 호텔로 불러 달러화 가치를 절하하는 플라자 협약을 맺게 된다. 플라자 협약 당시의 1달러당 240엔 전후였던 엔 달러 환율은 이후 1년 만에 1달러당 120엔대로 환율이 급속히 하락하면서 영원할 것 같던 버블 경제가 꺼져버렸다. 그리고 일본의 '잃어버린 20년'의 서막이 시작되었다.

『버블 경제』라는 저서로 유명한 대니얼 그로스는 인류 역사를 바꾸어 놓은 여섯 가지 버블을 지목하고 있다. 전신과 철도, 1920년대의 주식시장, 인터넷, 부동산, 그리고 대체 에너지가 바로 그것이다. 이중 대체 에너지를 제외하고는 모두 버블의 붕괴 과정을 겪었다.

미국의 초창기 버블 경제의 대표적 사례로 전신 산업을 들어 보자.

1912년 4월 15일 밤, 영국에서 첫 출항을 한 세계 최대의 여객선 타이타닉호가 캄캄한 북대서양에서 침몰했다. 무려 1500여 명의 사망자를 낸 유례없는 대참사에서 그래도 700여 명 이상이 살아날 수 있었던 것은 전신신호, 바로 SOS 덕분이었다. 전신의 뿌리인 모스 코드는 1832년 미국의 한 뜨내기 화가인 사무엘 모스에 의해 만들어졌다. 그는 우연히 만난 대학 교수와 전자기파에 관한 대화를 나누던 중 기발한 생각을 하게 된다. "전류의 단속(斷續)을 통해 알파벳과 숫자를 표시한다면?" 그는 즉석에서 단점(Dot)과 장점(Dash)을 조합한 부호를 스케치북에 그려나갔다. 그렇게 하여 단어와 간단한 문장을 짜 맞춘 은어표가 만들어졌는데 이것이 바로 모스 부호의 탄생이다.

1844년 5월 24일 모스는 주변을 설득하여 워싱턴 국회의사당에서 64km 떨어진 볼티모어까지 유선을 가설하고 드디어 역사적인 시연을 했

216

다. 그때 모스가 띄운 전문은 구약성서의 한 구절이었다고 한다. 이 시연으로 미국 전역은 흥분의 도가니로 빠져들었다. 그것은 인류 최초의 리얼타임 통신이었으며, 콜럼버스의 신대륙 발견에 비유할 정도였다. 정보의 동시성은 '공간의 공유와 지배'를 의미하여 당시 이미 '생각의 고속도로'라고까지 불렸다. 이렇게 전신은 장거리 통신의 총아로 떠오르면서 미국 전역은 물론 유럽 전체에까지 빠른 속도로 깔리게 되었다. 신기루 같은 이 신기술에 수많은 투자자가 몰려들었다. 그러나 결과는 참담한 투자실패로 이어졌다. 어느덧 미국의 전신 선로는 공급 과잉 사태로 이어졌고, 환상같이 부풀어 오르던 거품 경제는 순식간에 꺼져버렸다. 철도 산업도 전신과 비슷한 경로를 걸어온 사례이다.

버블 경제는 경제 발전에 악영향만을 끼치는 것일까. 반드시 그렇지만은 않다. 오히려 국가 성장에 기여하는 측면이 존재한다.

19세기 중반 많은 사람이 금을 캐기 위해 미국 캘리포니아로 모여들었던 금광 시대(골드러시)가 있었다. 하지만 정작 금을 캐서 돈을 번 사람은 없었다. 오히려 곡괭이나 청바지 등 금 채굴에 필요한 장비나 물품을 판매한 사람들이 돈을 더 벌었다. 금광 채굴 산업은 당초 기대에 미치지 못했다. 일종의 거품 경제였던 것이다. 그러나 이러한 거품 경제 덕분에 미국은 철도 산업·광산 기술 발전에 따른 공업화, 정착민들을 위한 농장 개발 등 공업과 농업이 동시에 성장해 오늘날 서부 지역 발전과 미국 번영의 원동력이 되었다. 1990년대 후반 '닷컴 버블'이 일었다. 많은 인터넷 기업이 수익 모델 없이 우후죽순 등장했다가 사라졌다. 하지만 인터넷 서비스를 제공하기 위해 필요로 했던 시스템, 네트워크, DB, 소프트웨어 등 관련 ICT 산업은 크게 성장했다.[55]

결과적으로 미국의 전신과 철도 역시 산업혁명의 최대 걸작이었다.

1840년대 전신 버블은 오늘날 비트 경제의 초석이 됐다. 전신 버블은 획기적인 커뮤니케이션 혁명을 일으키며 AP 같은 통신사들이 등장했고, 전신을 통해 돈을 송금할 수 있게 되면서 오늘날 미국을 금융시장의 중심으로 만드는 데 큰 기틀이 되었다.

인터넷도 마찬가지이다. 인터넷 버블이 붕괴되면서 막대한 사회적 비용이 날아가버렸다. 수십억 달러를 장밋빛 미래에 쏟아부은 벤처캐피털들은 도산했다. 그러나 인터넷 버블이 남긴 위대한 유산 때문에 오늘날 우리 사회는 구경제에서 신경제 시대로, 정보화 사회를 넘어 스마트 시대로 발전할 수가 있었다. 인터넷은 제3의 물결을 가능케 한 혁명이었다. 1999년 스위스 다보스 세계경제포럼에서 빌 게이츠는 "인터넷 버블이 존재하는 것은 맞다. 그러나 이로 인해 관련 산업에 많은 자금이 유입되었고, 혁신이 더 빠르게 일어날 수 있게 되었다"고 말했다.

오늘날 벤처캐피털들이 앞다투어 달려들고 있는 분야가 대체 에너지 산업과 바이오 산업 분야이다. 이 분야는 인류의 미래를 바꿔줄 기술로 주목받고 있기 때문이다. 미래 기술들은 대체로 투자자들의 과도한 기대와 환상을 자극하기 마련이어서 버블의 형성과 붕괴의 과정도 필연적이 될 수 있다. 그러나 혁신 기술들에 의한 버블은 경제의 활력소가 되고 있으며, 제3의 물결처럼 인류 문명의 발전을 촉진하고 있다.

PART 6

현대 문명 발전의 역사는
'크리에이티브'의 유산

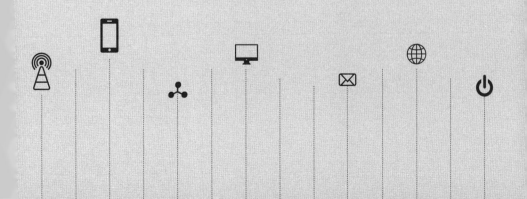

01
CHAPTER

전문가와 비전문가의 경계를
넘나드는 프로추어

1. 알고리즘 지능 기술, 프로추어 예술가를 양산하다

MBC 예능 프로그램 〈무한도전〉 음원 논란이 2013년 초 대한민국 가요계를 뜨겁게 달궜다. 이 프로그램을 통해 3개월간 작곡을 배웠다는 '왕초보' 박명수 씨가 작곡해 발표한 노래들이 각종 온라인 음원 차트 정상을 휩쓸었기 때문이다. 대학에서 작곡과를 나오거나 피아노나 기타 같은 선율 악기를 제대로 다뤄야 작곡을 할 수 있다고 여겨졌던 전문 영역의 신비한 위상이 깨져버렸다. 테크놀로지 발전에 힘입어 누구나 작곡에 도전할 수 있는 세상이 되었기에 가능한 일이다. 디지털과 컴퓨터 기술의 발전으로 연주자 도움 없이도 쉽게 기타 소리를 만들어내며, 음악에 드럼 소리를 섞어 넣고, 오케스트라 음을 만드는 수준으로 발전했다.

음악의 구조는 일종의 문법으로 나타낼 수 있다. 그리고 작은 구조가 전체 구조와 비슷한 형태로 존재하는 수학의 '프랙탈(Fractal) 구조'와 유사하다. 일단 문법이 정해지면 수많은 문장을 만들어낼 수 있듯이 음악도 유사한 측면이 많다. 과거부터 대위법이나 모차르트의 작곡 규칙 등 특정한 패턴을 응용하여 작곡하려는 시도가 많이 있었다. 그런데 지금은 작곡자가 정한 규칙이나 특정한 조건에 맞추어 컴퓨터가 자동으로 작곡하는 알고리즘 작곡으로까지 발전하고 있다. 음악의 문법 구조인 형식 언어에 익숙하지 않은 창작가들이 컴퓨터의 지원을 통해 창의성과 감성을 쉽게 발휘할 수 있도록 하는 세상이 온 것이다.[56] 물론 전문가들은 이들 아마추어 작곡가들의 예술적 깊이에 대해 의문을 제기하겠지만 말이다.

분명한 것은 사진, 영화, PC 게임, 전자 음악 등 현대의 많은 예술 분야들이 기술의 발달로 탄생한 창작 장르라는 점이다. 컴퓨터에 의해 새로운 소리가 생겨나면 새로운 음악 스타일이 탄생한다. 이것은 기술과 예술이 만나는 접점이다.

요즘 전통적 의미의 예술 창작자들은 컴퓨터 프로그램의 진화, 인터넷의 일상화에 따라 자신만의 고아(高雅)한 성채(城砦)를 마냥 지키고 있기만은 어려운 상황에 처했다.

이제 손안의 스마트폰 하나만 있으면 누구나 영화를 촬영하고 작곡을 하며 블로그를 통해 소설과 만화까지 발표할 수 있는 세상에서 예술의 창작자와 소비자는 빠르게 수렴되고 있다. 독일 사상가 발터 벤야민은 1930년대에 이미 "기술 복제 시대에는 예술의 아우라(Aura)는 사라지지만, 감상과 접근 측면에서 예술의 민주화가 이뤄질 것"이라고 예견했다. 그로부터 80년이 지난 지금은 예술 창작과 유통의 민주화까지 급속하게 진행 중이다.[57]

예전에 가장 인기 있는 프로그램 중 하나가 〈주말의 명화〉였다. 늦은 밤 TV에서 흘러나오는 〈주말의 명화〉 타이틀 곡만 들어도 가슴이 설레던 시절이 있었다. TV에서 명화를 소개하는 역할은 영화 평론가의 전문 영역이었다. 평론가의 말솜씨에 따라 시청률이 달라졌다. 이제 영화평은 전문가의 영역이라기보다 아마추어의 영역이 되었다. 인터넷과 SNS에 수많은 영화평이 쏟아지고 있다. 굳이 명망 있는 영화 평론가로부터 영화평을 듣고 극장에 갈 필요가 없다. 이제 우수한 한 명의 직감이나 지식보다 평범한 여러 사람의 능력 조합이 더 우수한 결과를 만드는 집단 지성의 시대다. 프로페셔널과 아마추어 사이의 견고한 벽은 무너져내리고 있다. 오히려 전문가를 능가하는 신생 마이너리티가 힘을 발휘하는 세상으로 바뀌고 있다.

이제 전통, 대형, 역사, 중진, 거물 등의 어휘가 그다지 긍정적인 이미지로 다가오지 않게 되었다. 오늘날 정치 세계를 들여다보면 더욱 자명해진다. 국회의원 선거 시 60%의 의원들이 바뀌는 세상이므로 5선, 6선, 7선이라는 전문 정치인들의 관록이 퇴색되었다. 오히려 시대의 패러다임에 맞는 새로운 이미지를 유권자들에게 부각시키기 위해 과거의 이미지를 지워버려야 할지 모른다.

비즈니스도 마찬가지이다. 소비자 트렌드를 연구하는 서울대 김난도 교수는 "역사를 자랑하는 기존 브랜드 파워보다 재미있는 아이디어와 스토리(콘텐츠)로 포장된 새로운 대안들이 일반화되고 있다"고 말한다. 브랜드를 성장시키기 위해서는 스토리를 지속해서 발굴하고 스토리화함으로써 소비자들에게 브랜드의 과거와 현재 그리고 미래를 보여주어야 한다.

일찍이 현대 예술의 거장 요셉 보이스는 예술을 일컬어 "예술은 삶이며, 삶은 곧 예술이다. 모든 사람은 예술가다"라고 정의를 내렸다. 이제 우리는 컴퓨터나 모바일 기기 덕분에 모든 것을 예술적인 작품으로 더 쉽게 생산할 수 있게 되었다. 전문가와 비전문가의 경계를 허물고 사진이라는 매개체를 통하여 일상생활 속에서 예술을 향유하는 프로추어(Pro-teur)들이 대표적인 사례이다. 이들은 전문가와 같은 식견과 실력을 갖춘 프로페셔널 아마추어들이다.

프로추어는 P세대에 많이 나타난다. P세대들은 참여 정신(Participation), 열정(Passion), 힘(Potential Power)을 바탕으로 패러다임의 변화를 일으키는 세대들이다. 자신이 좋아하는 부분에 아낌없이 투자하며 삶의 질을 높이려는 성향을 가진 이들은 동호회 활동을 통해 전문성을 공유하며 향상해 나간다.

인터넷의 발전으로 소비자 스스로 콘텐츠를 쉽게 생산할 수 있게 되었다. 아마추어 차원의 UCC(User Created Content)가 대중화되었고, 이를 넘어 전문가적인 PCC(Proteur Created Content)가 등장했다.

골프나 테니스에서 '오픈 토너먼트'라고 하면 아마추어와 프로를 구별하지 않는 것을 의미한다. 특히 테니스에서는 일찍이 호주, 프랑스, 윔블던, US 오픈의 세계 4대 메이저 대회 모두 오픈화 되었다. 이제 아마추어는 프로가 되기 위한 예비 단계 정도의 의미를 가지고 있을 뿐이다. 심지어 오픈 골프 토너먼트에서 아마추어가 우승하는 장면도 심심찮게 지켜볼 수 있게 되었다.

전문가급의 실력을 갖춘 프로추어들이 증가하면서 스포츠·레저 상품 분야에서 전문화와 고급화가 증가하고 있다. 100만 원 이상의 고가 등산 장비와 캠핑 용품이 증가하는 것도 대표적인 사례이다.

가정생활에 사용되는 제품을 직접 체험해보고 그 경험을 자신의 블로그나 카페, SNS에 공유함으로써 큰 영향력을 행사하고 있는 '주부 블로거'들 역시 프로추어 중 하나이다. 이들 주부는 전문가 못지않은 안목과 지식을 갖추고, 맛깔나는 글솜씨를 바탕으로 소비자들의 지갑을 열고 닫는

데 큰 역할을 하고 있다.

사회 문화 전반에 큰 영향력을 미치고 있는 이들 파워 블로거에게 기업들은 적극적인 지원을 해주고 있다. 또한 실제 경험을 바탕으로 제품과 서비스의 체험 후기를 공유하는 회원 사이트도 늘고 있다. 이곳에서는 양질의 사용 후기와 구매 정보들을 나눌 수 있어 살림 고수들의 사랑방 역할을 톡톡히 하고 있다.

왜 소비자들은 웬만한 기업들보다 더 똑똑해지고 있을까? 그것은 기업의 광고가 아닌 소비자들의 직접적이고 솔직한 체험담에 많은 소비자가 더 공감을 느끼고 있기 때문이다. 그리고 주부들은 비록 아마추어이지만 집단 지성에 의해 날로 프로페셔널해지고 있다.

2. 꿈과 판타지, 문학적 상상력과 기술의 공진화 물결

지상 340km에 떠 있는 중국의 우주정거장 톈궁(天宮)은 '하늘에 떠 있는 궁전'이란 뜻이다. 2013년 6월 10일 발사된 선저우(神舟) 10호를 타고 톈궁에 들어간 중국 우주인 3명은 지상에서 시청하는 6000만 명의 학생들을 대상으로 우주과학 강의를 했다. 중국 최초의 여성 우주인 왕야핑은 약 40분간에 걸쳐 뉴턴의 제2법칙인 'F=ma'(힘은 질량과 가속도의 곱)가 무중력 상태인 우주 공간에서 어떻게 나타나는가를 물방울 실험으로 보여주었다.

그리고 베이징 시 하이딩 구에 있는 인민대 부속 중학교 강당에 모인 중국 대륙은 물론 홍콩·마카오·대만에서 온 초·중등학생 330명과 직접 화상회의로 질의응답을 주고받았다. "우주에는 중력이 없는데 질량을 잴 수 있나요?", "우주에 오래 있으면 건강에 나쁘지 않나요?" 등 많은 질문이

나왔다.

강의를 마치면서 여성 우주인은 "과학에 대한 꿈을 키워 위대한 중국의 꿈을 실현하자"고 말했다. 강의를 시청한 학생들이 느꼈을 흥미와 신비감, 우주에 대한 꿈이 어떠했을까? 인간의 성장은 일의 방식을 바꾸는 것이 아니라 의미를 부여함으로써 이루어진다. 강의를 들은 학생들의 마음속에는 무한한 문학적 상상력과 과학적 탐험에 대한 의미가 교차했을 것이다.

2013년 12월, 중국의 달 탐사위성 창어(嫦娥) 3호가 달 착륙에 성공했다. '옥토끼'라는 뜻의 탐사차 위투호(玉兎)를 싣고 달 표면에 안착함으로써 중국은 미국과 구소련에 이은 세 번째 달 착륙 국가가 되었다. 우리나라에서는 달 표면의 반점에 토끼가 떡방아를 찧고 있다는 설화가 예로부터 전해지고 있었다. 중국이나 인도에도 달에 토끼가 살고 있다는 설화가 있다. 신비스러운 우리의 꿈을 찾아 떠난 탐사선 '옥토끼'는 그 이름부터 감성적인 스토리텔링과 판타지의 요소가 강하다.

유명 광고 회사 신입사원 채용에서 창의력 테스트를 위해 미래의 세상을 움직일 수 있는 것 3가지를 사진으로 찍어 오라는 과제를 내주었다. 대부분의 지원자들이 낸 사진은 컴퓨터, 인터넷, 그리고 돈이었다. 그중에서 면접관의 눈에 확 들어온 어느 지원자의 제출 사진이 있었다. 그것은 본인 사진 3장이었다. 세상을 바꾸는 것은 돈도 인터넷도 컴퓨터도 아닌 지원자 자신이라는 의미였다.[58]

꿈과 판타지는 어린이에게 과학을 키우는 성장 호르몬이 된다. 수사학의 대국인 중국은 특히 이런 면에 강하다. 미국은 우주 왕복선을 '발견(디스커버리)'으로 명명했지만, 중국은 '신저우(神舟)'로 불렀고 우주 기지를 '톈궁'으로 이름을 붙였다. 과거 중국인들은 하늘에 상제가 살고 있다고 믿었다. 신묘한 비행선을 타고 하늘 궁전에 상제를 만나러 간다는 문학적 상상력은 바로 과학이란 수단으로 실현되었다.

인류의 발달은 크게 문명과 문화의 양대 축으로 이루어져왔다. 문명은 기술과 하드웨어로 대표되고 문화는 소통과 소프트웨어로 대표된다. 인류사의 어떤 시기에는 문명이 지배하고 다른 시기에는 문화가 지배하며 또 다른 시기에는 문명과 문화가 융합한다. 문명과 문화가 모두 성장의 극에 달하면 그다음에는 문명과 문화의 물리적 결합이 일어나고 이어서 화학적 융합이 일어난다. 문명은 문화의 힘으로 발전하고 문화는 다시 문명의 힘으로 발전한다. 인류 역사의 큰 변혁은 문명과 문화가 융합하는 시기에 주로 나타난다.

우리의 사고 속에 가장 깊이 자리 잡고 있는 이분법적 사고 중 하나가 예술과 기술, 인문학과 자연과학 등의 구분이다. 2000년에 걸쳐 예술과 기술의 개념은 하나였으나 18세기에 순수 예술과 공예로 쪼개졌다.

철학사를 이야기하면서 빼놓을 수 없는 인물이 플라톤, 아리스토텔레스, 소크라테스 등이다. 그러나 우리는 단순히 이들을 철학자란 틀에 가두고 있는 것은 아닌지 의문을 던져야 한다. 소설『장미의 이름』에서 나오듯 아리스토텔레스는 기독교 세계관에 반하는 자연관을 제시했다. 이 안에는 물체의 기본 원소인 불, 공기, 흙, 물이 존재한다. 이것은 현대처럼 매끄럽게 정리되지 않았지만, 오늘날 원소와 물질에 대한 기본 뿌리를 제시한 셈이다.[59]

18세기 무렵 과학은 대학, 지식층, 부유층 등 사회의 상층에 속한 데 반해, 기술은 실제 생산 활동에 종사하는 낮은 계층의 분야로 구분되었다. 역사적으로 볼 때 기술의 발전은 전통적으로 교육받지 않은 장인들의 업적이 대부분이었다. 산업혁명기에 이르기까지의 크고 작은 기술적 업적은 모두 그 발명가들이 알려져 있지 않다는 사실이 이를 뒷받침해준다.

유체역학의 과학적 지식이 없어도 사람들은 경험으로 배 만드는 기술을 가지고 있었고, 유기화학이나 생화학 없이도 술 빚는 기술을 가지고 있었던 것이다. 또 이런 경험적 지식은 과학에 의해서나 과학자에 의해 얻어질 성질의 것이 아니라고 여겨져왔다. 많은 변수를 포함한 복잡한 문제들은 체계적이거나 과학적인 접근이 아니라 우연한 추측이나 수많은 시행착오라는 경험의 산물이었다.

르네상스 이후 과학은 전체를 세분화하여 사물의 존재 방식과 작동 원리를 탐구하는 학문으로 발전했다. 오늘날 과학으로 분자, 원자, 원자핵, 양성자, 중성자, 쿼크까지 물질을 구성하는 기본 단위가 한없이 작아지면서 오랫동안 신의 영역에 머물렀던 우주와 생명 등 자연계의 수많은 비밀을 풀 수 있게 되었다.

이러한 과학으로 장인에 의해 손으로 전수되던 기술이 '공통 언어와 체계적인 원리'를 갖추어 공유됨으로써 많은 사람이 해당 기술을 이해하게 되었고 기술은 더욱 진보했다.

이어령 교수는 통섭에 대해 다음과 같이 정의한다. "문학과 자연과학의 경계 파괴는 한쪽이 다른 쪽을 접수하는 것이 아니라 서로에게 영감을 주는 데 의미가 있다." 그는 달에 대한 문학적 상상력을 파괴해버릴 줄 알았던 인류의 달 착륙이 오히려 새로운 차원의 감수성을 자극했다면서 자연과학이 인문학적 색채를 띠어가는 것이 현대의 추세라고 강조했다.

21세기 기술은 사용자가 전자제품과 같은 사물을 어떻게 생각하고 행동하는지, 어떠한 감성과 느낌으로 사물을 대하는지에 대한 인문학적 통찰의 결정체다. 아이폰에서 보듯이 인간이 기계에 느끼는 심리적 거리는 손가락 터치라는 동작에 의해 완전히 사라진다. 그리고 아름다운 이미지와 스토리를 통해 인간의 감성과 기계를 하나로 융합하고 있다. 과학과 기술 그리고 예술의 결합은 윤리나 도덕, 아름다움과 같은 인간의 가치를 결합하는 과정이다. 과학기술에서 인간의 향기가 느껴질 때 비로소 맹목적으로 달려온 과학기술이 올바른 방향성을 찾게 되는 것이다.[60]

3. 디지털 기술의 생로병사, 사라지는 기술들

미국의 주간 사진 잡지 《라이프》가 지난 1000년간 인류에서 가장 큰 영향을 미친 100대 사건을 발표한 적이 있었다. 그중 1위는 석유나 진화론이 아니었다. 에디슨의 전구 발명이나 컴퓨터의 개발도 아니었다. 바로 구텐베르크의 성서 인쇄가 선정되었다. 구텐베르크가 42행 성서를 찍어내면서 유럽 전역에서 성서를 읽을 수 있게 되었고 지식과 정보의 교류가 확산되어 종교개혁에 큰 영향을 미쳤다. 또한 금속활자를 통해 지식이 전파되어 시민의 의식이 개혁되었으며 이를 바탕으로 근대 시민사회로 전환되었기 때문에 1위로 선정되었다.

한편 2011년 미국의 히스토리 채널은 '세상을 바꾼 도구 101'을 발표했는데 1위가 휴대전화·스마트폰이었다. 2위 발명품은 라디오이며, 3위는 텔레비전이었다. 그리고 뜻밖에도 많은 전자 기기를 누르고 주사기가 4위로 선정되었다. 무서운 전염병으로부터 인류를 구해낸 것이 그 이유다. 5위는 우리 삶의 효율성을 높이고 뉴스나 엔터테인먼트에 쉽게 접근할 수 있도록 해준 컴퓨터, 6위는 1939년 뉴욕 여름 세계 박람회에 등장한 에어컨이 각각 차지했다. 이어 7위 전화기, 8위 축음기, 9~10위는 알람시계와 백열등이다. 특히 알람시계는 더 많이 일하도록 잠을 뺏어 "침대로부터 산업혁명을 끌어냈다"는 평을 받고 있다. 그리고 현대 휴대용 기기의 탄생을 가능하게 한 건전지가 11위를 차지했다.[61]

신기술의 발전은 반드시 다른 유사 기술을 소멸시키거나 본래의 목적과 다른 기능으로 변화한다. 기술의 생로병사라고 할까. 아니면 생존을 위한 변신이라고 할까. 우리는 스마트폰의 등장으로 많은 기술이나 서비스가 스마트폰 속으로 흡수되거나 사라지는 것을 지켜보았다. MP3, 휴대용 게임기, 음성 녹음기, PDA, 손목시계, 종이 지도, 전화번호 안내 서비스 등은 이미 스마트폰에 밀려났거나, 스마트폰 속의 서비스로 흡수되었다.

여행지에서 디지털카메라보다 스마트폰으로 사진을 찍어 즉시 주변과 공유하는 모습이 일반화되었다. 거추장스럽게 목에 걸고 다니는 디지털카메라보다는 수백만 화소가 기본으로 탑재된 스마트폰 카메라로 다양한 스냅사진을 찍기가 훨씬 편리하다. 스마트폰과 태블릿PC 사이에 끼어버린 PC도 성장을 멈추었다. 개인용 비디오 플레이어도 마찬가지이다. 스마트폰으로 수많은 사람과 같이 게임을 즐길 수 있다. 〈앵그리버드〉와 같은 모바일 게임이 급격히 성장하면서 대용량·고화질의 PC 온라인 게임이 하향 국면을 맞고 있다.

'개인 디지털 비서'로 불리며 소비자의 주목을 받던 PDA도 사라졌다. PDA는 일정을 관리하고, 펜으로 메모를 입력하며 전화번호와 주소를 관리하는 전자수첩 역할을 수행했다. 그리고 사진과 동영상, 음악을 담고 즐기는 MP3의 기능이 PDA에 합해졌다. 소프트웨어 설치를 통해 새로운 기능을 추가시킬 수 있었던 PDA는 '손안의 컴퓨터'로 기대를 모았다. 하지만 휴대전화가 스마트폰으로 급속히 진화하면서 PDA는 하루아침에 사라지는 비운을 맞았다.

일명 '삐삐'로 불린 무선호출기는 한동안 선풍적인 인기를 끌었다. 삐삐는 커피숍의 새로운 풍경을 만들어냈다. 삐삐의 등장으로 테이블마다 전화기가 놓이게 되었기 때문이다. 비록 몇 자 안 되는 숫자만 보낼 수 있는 삐삐였지만 그 활용도는 가히 기상천외할 정도였다. 친구들과 약어를 사용해 '빨리빨리(8282)', '천사(1004)', '영원히 사랑해(0404, 012 486)'와 같은 숫자 식 언어로 소통했다. 삐삐 자랑하려고 바지춤에 삐삐 줄을 빼고 다니며 멋 부리던 모습은 이제 과거의 낭만이 되어버렸다. 그래도 삐삐는 살아 있다. 커피숍에서 커피를 주문한 손님을 부르는 진동 호출기가 삐삐의 후예이다. 이처럼 기술은 스스로 생존하기 위한 방식을 찾아간다.

손목시계는 지구촌 모든 사람에게 오랫동안 사랑을 받아온 필수품이자 액세서리이다. 그러나 스마트폰 때문에 손목시계는 적어도 필수품 목록에서는 빠져도 될 것 같다. 젊은 세대들에게 고가의 손목시계는 이미 아버지 시대의 기계가 되어버렸다. 대신 스마트폰이 21세기의 포켓 시계가 되었으며, 거꾸로 손목에 차는 스마트폰이 등장하여 손목시계의 형태를 닮아가고 있다.

과거 가장 보편적이었던 편지와 전보는 집배원이 전달하는 형태로써 정보 전달 속도가 많이 뒤처졌다. 전신기는 위의 두 경우보다 전달 속도가 빠르긴 했지만 '모스 부호'라는 일종의 신호를 사용했기 때문에 전신 기사와 같이 그 신호를 알고 있는 사람의 해독이 필요했다. 따라서 정보가 수신인에게 전달되는 속도가 느리고, 복잡한 내용을 전달하는 데 한계가 있었다. 이런 문제점들이 전화의 등장으로 한꺼번에 해결되었다. 물론 초창기의 전화는 교환원이 연결해주는 방식이었기 때문에 지금의 전화와는 비교할 수 없을 만큼 불편했지만. 분명 전화는 우리 인류에게 혁명적인 커뮤니케이션의 변화를 가져다주었다.

조선 말기에 도입된 전화가 백범 김구 선생의 목숨을 구한 이야기는 유명하다. 명성황후가 시해된 무렵, 젊은 시절의 백범 김구 선생은 일본인을 죽인 적이 있었다. 죄를 묻는 일본 경찰이나 재판관에게 백범은 당당히 말했다. "사사로운 원한으로 일본인을 죽인 게 아니라, 조선 청년으로서 조선 국모의 원수를 갚은 것이다."

일본 측에서는 김구 선생을 사형시키고자 했고, 형식적이지만 고종 황제에게 허락을 구했다. 김구 선생의 사형 집행 시간에 임박해서 고종 황제는 인천 감옥에 전화를 걸어서 사형 집행 중지 명령을 내렸다. 그 일이 있기 겨우 사흘 전에 국내에 시외 전화기가 설치되었다고 하니 전화가 극적으로 김구 선생의 목숨을 구한 것이다.

구식 전화는 휴대폰으로 획기적인 변신을 했고, 스마트폰으로 발전했다. 스마트폰에 이어 스마트 패드, 스마트 TV, 클라우드 컴퓨팅으로 이어지는 스마트 빅뱅이 출현해 획기적인 스마트 라이프로 전환되었다. 이들 스마트 미디어는 우리가 미디어와 콘텐츠를 소비하는 방식을 크게 바꾸어 놓았다.

SKT의 '티맵'은 빅데이터 수준의 내비게이션이다. 티맵은 전국 도로의 교통 상황을 5분 단위로 수집·분석하여 길 안내와 정확한 도착 시간 정보를 제공하고 있는데 콜택시, 유류 운반 차량, 고속버스 등에 GPS를 장착하여 전국 도로의 교통 정보를 수집하고 있다. 이제 휴대용 내비게이션은 스마트폰으로 통합되었다.

인터넷과 스마트폰 덕분에 음악 앨범을 끝까지 들어야 하는 불편함이 사라졌다. 자신이 좋아하는 음악을 낱개로 저렴한 가격으로 내려받아 즐기면 된다. 음반사, 영화사, 언론사들이 콘텐츠 저작권 보호를 위해 애를 쓰고 있지만 댐에 물이 넘쳐흐르는데 수문을 막는다고 해결될 문제는 아닌 듯하다.

1999년 인터넷을 통해 개인용 컴퓨터에 저장한 음악을 공유할 수 있도록 한 냅스터는 선풍적인 인기를 끌었다. 이에 대해 음반 회사들은 냅스터를 제소했고, 결국 냅스터는 2001년에 문을 닫게 되었다. 그러나 음반 회사들 역시 급격한 내리막길을 걷게 되었다. CD를 사는 대신 네트워크 컴퓨터를 통해 노래를 다운로드하고 저장하며 공유할 수 있는 소비자의 새로운 패러다임이 보편화되었기 때문이다. 변신을 거부하는 전통적인 음반 회사들과는 달리 애플의 스티브 잡스는 음악 산업을 음원 비즈니스 산업으로 재탄생시켰고 이는 애플 부흥의 원천이 되었다.

우리는 분명 아버지 세대보다 훨씬 일을 많이 하고 있다. 팩스, 호출기, PDA, 휴대전화와 같은 고도 기술이 계속 등장하면서 업무의 양과 질을 높여왔기 때문이다. 이런 정보통신 기기들은 우리 생활을 편하게 만들었지만, 그만큼 스트레스 또한 크게 증가시켰다.

뉴미디어 연구에 헌신했던 빌렘 플루서는 "문자 발명 후 문자 텍스트를 통해 계몽에 성공하기까지 무려 3000년 이상 걸렸지만 21세기의 디지털 코드에 의해 인간이 혁신적으로 변화하기까지는 불과 몇십 년이면 충분했다"고 설명하고 있다. 그는 『사진의 철학을 위해서』라는 저서에서 "온갖 편리한 장치들에 둘러싸여 탈산업사회를 살아가는 우리는 과연 자유로운가?"라는 질문을 던지고 있다. 그리고 "절대 아니다"라는 대답을 제시한다. 그는 사진기의 탄생을 대표적인 사례로 들고 있다. 그림과 텍스트로 세계를 묘사했던 인류의 유구한 전통은 사진기의 탄생과 함께 무너졌다. 사람들은 사진기를 통해 그 어느 때보다 우리가 사는 세계를 본질적으로 표현하게 됐다며 이를 인류의 진보라고 판단했다. 그러나 플루서는 이런 확신이 명백한 오해라고 단언한다.

플루서가 보기에 사진은 그것을 찍은 사람이 아니라 사진기라는 복잡한 메커니즘의 산물이다. 즉 사진기라는 장치 안에 존재하는 무수한 가능성 중 하나가 구현된 것이 사진이며, 사람이 사진에 대해 한 일은(사진기의 메커니즘에 대한 이해가 결여된 채) 그저 사용 설명서대로 셔터를 누른 것뿐이라는 것이다. 사진 속 아기가 예쁘게 나온 것은 그 아기가 실제로 예쁘기 때문이 아니라 사진기가 내장된 프로그램에 따라 피사체를 그렇게 표현했기 때문이라는 의미이다.[62]

디지털 기기에 대한 맹신과 기대 역시 과거 사진기의 발명처럼 비판적 사고의 부재를 초래하고 있다. 디지털 기기의 편리함 덕분에 뇌를 적게 쓰고 많은 부분을 '아웃소싱' 한다. 우리는 뇌라는 주기억장치 대신 외장 하드에 해당하는 스마트 기기에 지나치게 의존하게 되었다. 그 결과 인간의 뇌로 수행할 수 없었던 효율성과 편리함은 극대화할 수 있지만 정작 뇌가 스스로 수행해야 할 '어떻게'와 '왜'라는 비판적 사고가 약해질 수밖에 없다. 대신 우리는 디지털 기기를 이용하여 '어떻게 하면 쉽게 원하는 것을 찾을 수 있지?'라는 도구적 사고에 익숙해지게 되었다. 디지털 기기는 많은 정보를 제공하지만 생각할 시간을 뺏는다. 정보화 시대의 지적인 활동은 사유가 아니라 빠른 조작으로 바뀌고 있다. 사람들은 지하철에서나 이동 중에도 쉴 새 없이 스마트폰을 응시하면서 조작한다. 심지어 다 같이 단합하기 위해 모이는 회식 자리에서도 어딘가에 끊임없이 메시지를 보냄으로써 '다 함께, 그러나 따로 문화'를 만들어내고 있다.

1800년대 사진기의 발명은 화가들에겐 대단히 충격적인 사건이었다. 손에 의한 사실적 묘사가 그림 기법의 전부였던 당시 화가들은 사진기가 찍어내는 사실감에 밀려 하루아침에 노숙자 신세가 되어버렸다. 살기 위해 어떤 화가는 사진에 채색을 하는 일로 돌아섰고, 살길이 막막해진 화가들은 자살로 생을 마감하기도 했다.

그런데 사진 기술은 예상치 못했던 그림 예술의 대전환점을 마련해주는 계기가 되었다. 크나큰 어려움에 봉착했던 화가들이 사실적으로 묘사하는 그림만이 그림의 전부가 아님을 점차 깨닫기 시작했기 때문이다. 지금껏 화가들은 과일이 있는 정물이나 인물화, 풍경화를 그릴 때도 사실적 묘사에만 치중했다. 이 자리를 사진 기술이 차지하면서 화가들은 엉뚱한 생각을 발전시켰다. 과일을 그릴 때 과일의 맛과 과일을 키워낸 농부의 의지까지 그려야겠다는 생각을 했다. 인물화 역시 단순한 인물의 묘사가 아니라 인물의 내면을 표현하고자 했다. 이러한 탈출구가 인상주의, 입체주의 같은 새로운 회화적 장르를 만들어낸 계기가 되었다. 사진 기술의 영향이 없었더라면 아마도 오랫동안 미술의 발전은 답보 상태에 머물렀을 것이다.

21세기 디지털 영상은 과거 사진 기술의 발명과 미술의 변신이란 양면성을 되풀이하고 있다. 디지털 시대에 수용자들은 문자보다 훨씬 편하고 이미지로 전달되는 초언어적 코드에 의해 탈문자 시대를 열었다. 그러나 영상 문화 역시 반드시 자연을 그대로 재현하는 것이 아님을 우리는 잘 알게 되었다.

기호학자 롤랑 바르트는 영상이 또 다른 의미 작용을 발생시켜 우리에게 신화(Myth)라는 잘못된 믿음을 양산시키고 있다고 주장한다.

우리는 마릴린 먼로라는 배우를 영화를 통해 만난다. 영상을 통해 발생하는 의미 작용의 1단계는 단순히 그녀를 여배우로 생각하는 단계이다. 그리고 그녀의 모습에서 글래머 스타, 섹슈얼리티 등을 떠올린다면 의미 작용의 2단계인 함축적 의미가 되며, 할리우드 스타덤 혹은 아메리칸 드림을 떠올린다면 의미 작용의 3단계인 신화로 발전하게 된다. 이때의 신화는 사실과는 거리가 먼 허상일 수 있다. 오늘날 우리는 사진보다 더 생생한 디지털 영상 속에서, 그리고 가상현실 속에서 살아가고 있다.

수많은 기술이 나타나 기존의 기술을 대체하고 잘나가던 기술은 소리 소문 없이 사라진다. 그렇다면 오랫동안 우리 곁에 살아남는 기술은 무엇일까? 그것은 우리의 삶을 더욱 인간적이고 풍요롭게 해주는 기술들일 것이다. 아날로그적 진심을 담은 기술이 문화가 되는 순간 우리의 오랜 동반자가 된다.

우리 손에 스마트폰과 함께 좋은 책 한 권을 들고 있으면 어떨까? 이것이 시대적 패러다임에 맞지 않는다면 스마트폰을 통해 좋은 책이 읽히도록 하는 기술은 어떨까? 이것이 따스함이 있는 아날로그와 차가운 기술이 함께 존재해야 할 이유이다.

02
CHAPTER

디지털 코드와 영상 문화 시대

1. 이미지와 영상 코드에 의해 밀려나는 알파벳 문장

오늘날 디지털 시대에서는 인간의 본능적 감성에 어필하는 영상이 더 주목을 받고 있다. 젊은 세대들은 내용보다는 시각적인 감각과 총체적인 느낌, 이미지를 중시한다. 〈열린 음악회〉 청중들은 노래를 따라 부르고 〈뮤직뱅크〉의 10대 방청객들은 환호성을 지르고 〈전국노래자랑〉은 함께 춤추고 손뼉을 친다. 그리고 오디션 프로그램의 청중 평가단은 눈물을 흘린다. 같은 음악 프로그램이라도 수용자에 따라 영상을 해석하고 느끼는 감성 코드가 달라진다.

가사와 음절 속에서 구구절절한 감정을 느끼는 세대는 문자 세대들이다. 이들에게 빠른 속도의 랩은 가사가 잘 들리지도 않는 만큼 노래를 이해하기도 어렵고 감흥 또한 쉽게 일어나지 않는다. 그러나 젊은 감성 세대들은 비록 가사가 잘 들리지 않더라도 전혀 불편해하지 않는다. 세계 젊은 이들은 싸이의 「강남 스타일」에 열광하지만 정작 그 가사 내용을 이해하는 사람들은 거의 없을 것이다. 유튜브를 통해 영상으로 전달된 느낌 그 자체로 충분하다. 이제 영상은 이성과 감성을 아우르는 통합적 소통론으로 부상하고 있다. 통합적 소통론의 중심에는 공감(Sympathy)이 있다.

공감이란 무엇인가? "공감은 갈수록 복잡해지고 개인화되는 사회를 하나로 묶어주는 사회적 접착제! 공감 없는 사회는 상상조차 할 수 없다"고 미래학자 제레미 리프킨은 말한다. 이제 공감은 한 지역 사회를 넘어 글로벌 사회에 소통되고 있는 스토리가 되었다.

취향이나 패션 스타일, 문화 콘텐츠 소비 형태가 유사해지고 문화적 동질감이 일반화되면서 세계 젊은이들은 글로벌 D세대로 급성장하고 있다. 이들은 주로 이미지와 영상을 통해 즐거움과 재미를 추구하고 유대감과 공감을 형성해나간다. 정상적인 알파벳 문장은 사라진 지 오래되었다. 간단한 글과 그림문자로 표현되는 SNS가 알파벳 문장을 대신하고 있다. 21세기 상형문자라고 불릴 수 있는 이 사이버 언어는 문자 중심의 의사소통을 감성적으로 보완해주는 역할을 충분히 해주고 있다. 이제 '그림말'은 정지된 이미지보다는 움직이는 영상으로 점차 발전하고, 다채로운 색상으로 치장되고 있다. 갈수록 그림말은 문자보다는 영상에 더 가까워지고 영상으로 감성적 인식과 판단을 하는 현대인들에게 더 큰 호응을 얻고 있다. 그림말은 맞춤법과 문법을 무시하고 축약·왜곡되어 확산되는 텍스트와 달리 언어 체계 자체를 파괴하는 위험성이 없다. 이뿐만 아니다. 이 감성 문자는 디지털 시대의 속도감에 어울리는 간략하고 신속한 표현력을 가지고 있다. 그림말은 복잡하고 연속적인 감정이나 동작을 표현하기 위해서 때로 그 형상이 복잡하고 길어지기도 한다. 그래도 문장보다는 짧고 간략한 것이 그림말의 특징이다. 이런 이유에서 간단하고 빠른 속도로 메시지를 전달할 수 있는 그림말이 인기를 얻는다.

요즈음은 연인 사이에도 정식 문장으로 구성된 감성적인 연애편지를 주고받지 않는다. 수시로 카톡 문자를 보내면서도 충분히 사랑을 속삭일 수 있다. 오히려 긴 문장은 사람들에게 외면받는다. SNS에 사람들을 많이 연결시키는 관건은 '스토리텔링을 얼마나 잘 만드느냐'이다. 그리고 소설과 같은 만연체 대신 '짧고 가볍게'라는 감성적 언어의 구사가 필수적이다. 문장의 분절성과 짧은 호흡, 적절한 이모티콘의 혼합이 전달력을 높이는 필수 요소가 된다.

이것은 분명 올바른 커뮤니케이션의 방식은 아니다. 그러나 문제는 짧은 문장으로도 얼마든지 타깃의 감성을 정확하게 포착해 감동을 줄 수 있다는 사실이다.

하상욱은 스마트폰 게임인 〈애니팡〉을 소재로 쓴 시로 유명해진 시인이다. '애니팡 시인'으로 불리는 그는 SNS에 적합한 문체의 단편 시를 개발하여 인기를 끌고 있다. 그가 쓴 「애니팡」이라는 제목의 시는 이렇다. "서로가/소홀했는데/덕분에/소식 듣게 돼." 비록 한 줄도 안 되는 문장인데도 내용이 인상적이고 재치와 유머로 가득 차 있어 한 번 읽으면 잊지 못한다. 공감할 수 있는 언어와 이미지로 위트 있게 풀어낸 그의 시에 많은 사람이 매료되고 있다.

2. 디지털 그림문자로 고대 이집트인의 사유와 다시 만나다

1830년대 이라크 남부 지역에서 발굴된 수메르 설형문자 점토판이 해석되면서 이곳이 성서에서 인류의 탄생지로 그려진 에덴동산이었다고 알려지게 되었다. 기원전 5000년까지 거슬러 올라가는 수메르인의 문명은 이스라엘의 역사보다 훨씬 앞서 있었으며, 이미 고도로 발전된 문명이 자리 잡고 있었음을 알 수 있다. 그들은 최초의 설형문자를 만들어 농사에 대한 정보를 교환하면서 농업혁명을 일으켰다. 이후 유구한 역사를 통해 문자는 인류의 커뮤니케이션을 주도해왔고, 이성적 사고와 합리성이란 핵심 코드를 기반으로 문명의 발전을 선도해왔다.

3000년의 역사를 지닌 이집트의 상형문자는 어떠한가. 한 무릎을 꿇고 있는 남자의 모습, 얼굴을 정면으로 돌리고 있는 새의 모습과 기묘하게 생긴 꽃병 그림 옆에 또 다시 무릎 꿇은 남자의 모습이 그려져 있는 상형문자의 수수께끼가 드디어 풀렸다. 이것은 "그 사람은 서기(書記)다"라는 뜻이다. 프랑스의 언어학자 샹폴리옹은 14년의 연구 끝에 고대 이집트 상형문자인 성각(聖刻)문자의 체계를 알아내 마침내 로제타석(Rosetta Stone)의 비문을 해독했다. 프랑스의 시골 마을에서 태어난 샹폴리옹은 16세에 그리스어, 라틴어 등 12개 언어를 마스터할 정도로 언어의 천재였다. 당시 유럽은 나폴레옹의 이집트 원정을 계기로 이집트 열풍에 휩싸였다. 룩소르 카르낙 신전의 기둥들에 새겨진 성각문자는 성스럽다(Sacred)는 의미를 지녔으므로 이 문자가 신의 문자라 여기며, 엄청난 힘을 가진 마법의 언어가 숨겨져 있을 거라고 믿었다. 또 이 문자를 먼저 해석하면 세계를 지배할 수 있을 것이라고 믿었던 사람들도 있었다.

실제적으로 성각문자는 기념비적인 건물의 석벽이나 비문에 새겨진 것으로 특수한 지배 계층에게만 통용되었다. 지식과 권위를 독점하려는 지배층들은 성각문자가 일반 민중에게 경외의 대상으로 인식되기만을 바랐다. 그들은 결코 해독되는 것은 원치 않았다. 그래서 원정대가 가져온 유물과 문서 등의 비밀을 풀기 위해 수많은 학자가 경쟁했지만 아무도 쉽게 목표를 이루지 못했다. 마침내 1822년 샹폴리옹은 32세의 젊은 나이에 그 비밀을 풀어냈다. 많은 학자가 '성각문자는 표의문자'라는 고정관념에 갇혀 오역을 쏟아낸 반면, 샹폴리옹은 성각문자가 표의문자와 표음문자가 혼재된 체계라는 사실을 밝혀냄으로써 해석할 수 있었다.

21세기 첨단 디지털 통신 언어인 이모티콘은 문자와 그림 그리고 동영상의 경계를 무너뜨리며 태어난 문자이다. 마치 샹폴리옹이 밝혀낸 이집트의 상형문자가 표의문자와 표음문자가 혼합된 형태였던 것처럼 말이다. 이모티콘은 아날로그 문자 세계의 인지와 사고방식을 뛰어넘어 영상과 감각 중심의 사고방식으로 현대 문화의 인식 체계를 이끌고 있는 그림말이다.

SNS는 21세기의 상형문자이다. 이집트 상형문자는 장식적인 성격이 강하고 돌, 나무, 파피루스 등 소재에 따라 달라지기 때문에 상하좌우 어느쪽으로든 쓸 수 있다는 특징을 갖고 있다. 당시에 글을 그림처럼 표현해서 간단히 대화하며 문자를 주고받았다는 것이 참 신기하다. 울산의 반구대(盤龜臺)에도 신석기 시대의 진기한 바위 그림이 남아 있다. 이집트의 로제타석처럼 해석이 가능한 일관성 있는 그림문자의 형태는 아니지만, 신석기인들은 바위 벽에 고래, 물개, 사슴 등 수많은 동물을 그려놓아 마치 선사 시대에 발신된 모스 부호처럼 당시의 생활상을 어렴풋하게 전달해주고 있다. 그런데 이 바위에 새겨진 그림들을 보면 PC, 휴대폰과 함께 새로운 문자로 등장한 이모티콘, 그리고 SNS에서 소통되는 다양한 그림문자가 떠오른다. 현대를 사는 우리가 고대 이집트인의 상형문자를 닮으려는 경향을 보이는 이유는 무엇일까? 만일 고대 이집트 문명처럼 지금의 문명이 멸망하고 오랫동안 그것이 봉인된 상태에 놓인 후 먼 후대에서 발견된다면 이집트의 상형문자와 다를 바가 없을 것이다.

이제는 그림말로 간단한 스토리까지 만들 정도다. 그만큼 그림말이 양적으로 다양해졌고 질적으로도 더욱 섬세하고 표현력의 호흡이 길어지고 있다. 21세기를 사는 우리가 B.C. 3000년부터 시작된 고대 이집트인의 사유와 닮았다는 것이 놀랍기만 하다.

이모티콘이라는 그림말의 발달을 우리는 어떻게 봐야 할까? 이모티콘은 젊은 세대가 사용하는 이해하기 힘든 외계어이고, 우리말을 오염시키는 잘못된 언어문화인가? 또한 그림말이 함의하고 있는 대중문화적 성격은 무엇인가?

그림말은 디지털 기기와 사이버 스페이스 문화와 친숙한 세대들이 즐기는 신종 사이버 언어임이 분명하다. 각 나라 젊은 세대는 그들만의 고유한 사이버 언어를 만들고 공유함으로써 사이버 언어문화를 형성했다. 그러나 과거 이집트의 상형문자와 다른 것은 현대의 아이콘은 특정 세대만의 전유물이 아니라는 점이다. 기성세대들도 이미 만들어져 스마트폰에 저장된 아이콘으로 자신의 감정을 표현하는 메시지를 보낸다. 컴퓨터나 스마트폰의 복사성과 재전송 기능이 그림문자를 더욱 확산시키고 있다.

3. 디지털 증후군, 현실 무감각의 팝콘 브레인이 증가하다

지구 상에 '인류'라고 이름 붙일 만한 존재가 등장한 것은 15만 년에서 25만 년 전쯤이다. 구 인류와 현생 인류를 구분하는 존재인 호모사피엔스는 '지혜가 있는 사람'이라는 의미다. 수렵 생활을 한 호모사피엔스를 호모파베르라고 부르기도 한다. 이들은 다른 동물과는 달리 물건이나 연장을 만들어 사용했기 때문이다. 오늘날 인류도 연장을 사용하여 편리한 생활을 영위한다. 다만 그 연장은 디지털과 인터넷 기반의 스마트 기기이며, 이를 이용하여 정보를 활용하는 인간이므로 후세 사람들은 우리를 호모 스마트쿠스나 호모인텔리쿠스로 부를지도 모른다. 미국의 사회학자 돈 탭스콧은 디지털 기기를 사용하는 세대를 일컬어 '인류 역사상 가장 영리한 세대'라고 일컫고 있다.

전자계산기, PC, 태블릿PC, 스마트폰 등 수많은 디지털 기기의 등장은 인간의 삶을 다시 디자인했다. 머리를 쓰거나 계산하지 않아도 손가락만 몇 번 움직이면 기기가 알아서 모든 문제를 척척 해결해준다. 복잡한 숫자를 외우고 다닐 필요도 없다. 길을 몰라도 목적지 주소만 알면 어디든지 찾아갈 수 있다.

편리함이 있으면 잃는 것도 있게 마련이다. 디지털 기기 때문에 인간의 뇌가 퇴화하는 디지털 치매 증후군이 늘고 있다. 디지털 치매란 첨단 디지털 기기에 대한 현대인의 의존도가 높아지면서 기억력이나 계산 능력이 크게 떨어지는 증상을 뜻한다. 가족의 생일이나 기념일이 생각나지 않거나 과거 수십 개의 전화번호를 외우던 사람들이 가족들의 전화번호조차도 쉽게 기억하지 못한다. 늘 다니던 길도 내비게이션이 없으면 운전하기 어렵다. 모든 것을 스마트폰이나 디지털 기기에 의존한 채 살아가고 있다. 디지털 치매가 '뇌 질환'이라고 보기는 어렵지만 우리의 생활을 불편하게 만들고 있는 것은 분명한 사실이다.

조사 결과에 따르면, 스마트폰 이용자가 하루 평균 스마트폰을 확인하는 횟수는 34번이다. 이 가운데 '습관적으로' 스마트폰을 눌러보는 이들이 65%를 차지했다. 일종의 스마트폰 중독인 셈이다. 디지털 치매와 같은 폐해 중 하나로 '팝콘 브레인(Popcorn Brain)' 현상이 있다. 이 말은 팝콘처럼 톡톡 튀는 상상력이나 창의성을 의미하는 것이면 좋겠지만 그와는 정반대이다. 팝콘처럼 튀어 오르는 것에는 반응하지만 느리게 변화하는 실제 현실에는 무감각해진 뇌를 의미한다. 스마트폰과 태블릿PC 등을 활용한 멀티태스킹에 익숙해지면, 뇌의 생각 중추인 회백질의 크기가 줄어들어 팝콘 브레인과 같은 뇌로 변한다는 연구결과가 있다. 즉, 사람의 뇌가 눈앞의 자극적인 영상에는 반응하지만, 현실의 돌발 상황에는 반응하지 않는 증세를 말한다. 스마트폰이나 인터넷과 같이 빨리빨리 변화하는 영상에만 길든 뇌는 차분하게 책을 읽고 대화하거나 무엇인가를 기다리기가 점점 어려워진다. 특히 스마트폰에 많이 노출된 어린이들의 뇌가 감정과 표현을 잃은 팝콘 브레인으로 쉽게 변할 수 있다고 한다. 그들은 손에 스마트폰이 쥐어지지 않으면 집중하지 못한다.

우리 시대의 많은 사람이 이미 팝콘 브레인으로 변하고 있거나 디지털 치매에서 자유롭지 못하다. 모든 사람의 두뇌가 내장 하드(주기억장치)라면, 스마트 기기는 외장 하드(보조기억장치)이다. 우리는 '뇌'라는 주기억장치보다 스마트폰이라는 보조기억장치가 없으면 꼼짝할 수 없는 스마트 증후군에 빠져 있다.

어느 블로그에 디지털 치매 증후군에 관한 내용의 글이 올라왔다. 아래 10개의 문항 중에서 7개 이상 일치하면 디지털 치매로 발전할 가능성이 있다는 것이다.

> 부모님 전화번호를 외우지 못한다.
> 노래를 부를 때 가사를 보지 않고는 1절도 부르기 어려운 경우가 많다.
> 손으로 글씨를 쓰는 것보다 휴대전화 문자나 키보드 입력이 편하다.
> 지도보다는 내비게이션을 더 자주 이용한다.
> 맞춤법이나 영어 단어, 한자가 헷갈리고 가물가물하다.

친구들과 인터넷으로만 연락한다.

내비게이션 없이 길 찾기가 쉽지 않다.

휴대폰이 없으면 왠지 불안하다.

단순한 암산도 계산기로 하는 것이 좋다.

인터넷 접속 시 패스워드가 잘 생각나지 않는다.

   인간은 기본적으로 자신의 능력을 향상시키려는 욕구가 있다. 현재 이 욕구를 스마트 기기가 실현해주고 있다. 스마트 기기들에 대한 지나친 의존이 역설적으로 인간의 두뇌를 퇴화시키고 있는 것이다. 스마트폰을 잃어버리기라도 하면 그야말로 '멘붕'에 빠지게 된다. 스마트 기기가 발전하면 할수록 더 많은 정보가 우리의 두뇌에서 스마트 기기로 이동하게 된다. 그리고 스마트 기기는 몸에 착용하는 웨어러블(Wearable) 단계를 거쳐 언젠가는 사람의 몸에 이식될 것이다. 이미 우리 인간은 스마트 기기를 자신의 일부로 여기기 시작했다.

현실과 가상이 혼합되는
디지털 인터페이스의 미래

1. 인간의 꿈, 순간 이동이 모바일 편재성으로 실현되다

우리는 어렸을 때 늘 순간 이동을 꿈꾸며 놀았다. 디지털 비디오카메라는 이 같은 놀이를 가능케 해주었다. 방 안에 있던 내가 다음 장면에는 전혀 예상할 수 없는 다른 장소에 나타나게 해줄 수 있기 때문이다. 당시에 우리는 알 턱이 없었지만, 그것은 전문 영화 용어로 몽타주 기법의 하나였다. 영화 산업 초기에 달려오는 기차를 따로따로 찍어 마주 오는 기차가 충돌하는 것처럼 편집함으로써 수많은 관객을 경악하게 만들었다. 이처럼 영화는 따로따로 촬영된 필름의 단편을 창조적으로 접합해서 현실과는 다른 영화적 시간과 공간을 만들어낸다. 영화의 예술성은 편집을 통해 새로운 현실을 구축하여 시각적 리듬과 심리적 감동을 자아내게 함으로써 창출된다.

그러나 현실 세계에서는 순간 이동이나 실재하는 것이 두 개 이상일 수 없다. 같은 시간에 다른 곳에 있었던 또 하나의 사물은 거짓이다. 공간과 장소의 제한을 초월해서 존재할 수 있는 것을 편재성(偏在性, Omnipresence)이라고 부른다. 이 편재성은 오직 신이나 천사만이 가능하다. 언제 어디에 있건 누구에게나 존재한다는 믿음이 하느님의 편재성을 가능케 해준다.

오늘날 모바일은 가상과 현실을 융합하여 우리가 어렸을 때 꿈꾸었던 '순간 이동'과 '편재성'을 실현해주고 있다. 문화적 형식이 모바일로 소통하면서 콘텐츠는 상호작용과 이동성을 구현해주고 있다. SNS는 즉각적이고 다중적이며 일시적인 소통을 가능케 해준다. 모바일 이용자는 시공간을 넘나들며 동시적으로 또는 비동시적으로 타자와 만나 또 다른 세계를 접한다.

현대 철학과 문화 연구에 지대한 영향을 끼친 러시아의 미하일 바흐친은 문학예술 속에서 공간적 지표와 시간적 지표가 용의주도하게 짜이고 융합된다는 의미로 '크로노토프(Chronotope)'라는 용어를 사용했다. 이는 그리스 말로 시간을 뜻하는 '크로노스(Chronos)'와 장소를 의미하는 '토포스(Topos)'의 합성어이다. 문학 작품에서 어떤 인물이나 사건이 형상화될 때 시간과 공간의 결합은 필수적이다.

실제 세계에서 시간은 눈에 보이지 않지만, 작품 속에서는 '지금', '어제', '해질 무렵', '몇 시간 동안' 등으로 우리의 눈앞에 가시화된다. 물론 '집 앞에서', '광장의 벤치에서', '마을 밖 물레방앗간에서', '바다 건너 어느 도시에서' 등과 같이 공간도 인물과 사건 전개의 기본 골격으로 작동한다. "해질 무렵 그들은 마을 어귀 사람들 발길이 드문 물레방앗간 어둑한 구석에서 눈빛을 마주했다"는 식으로 시간과 공간은 하나로 결합되어 이야기의 진행과 구조를 규정하는 중요한 역할을 수행하는 것이다. 이렇게 작은 사건에서의 시·공간의 결합으로부터 역사적 사건과 구체화된 공간으로 확

장되면서 이야기는 동시대 현실의 구조에 '접촉'해나간다.[63]

'우주의 일체 사물에는 예외 없이 예수의 힘이 두루 존재한다'는 설에서 기원한 인류의 편재성에 대한 욕망은 기독교뿐만 아니라, 불교에도 '편조금강(遍照金剛)'을 통해 그 꿈이 반영되어 있다. 우주를 밝게 비추고 세상 만물을 포육하는 어머니와 같은 이지(理智)의 본체로서 편재성을 표현하고 있다. 이 편재성은 IT 기술을 이용한 유비쿼터스(Ubiquitous)로 실현되었다. 스마트폰을 이용해 등산길에서도 집에 있는 가스나 전깃불을 끌 수 있고 컴퓨터의 위치에 관계없이 언제 어디서나 자유롭게 네트워크에 접속하면서 커뮤니케이션하고 있다.

의류 회사 해외 영업직 A 과장은 미국 LA에 있는 바이어와 화상회의를 시작한다. 바이어는 영화 〈스타워즈〉 한 장면처럼 화면 속에서 홀로그램 형태로 걸어 나와 얼굴을 마주하며 협상을 한다. 그리고 신상품을 '가상 거울'에 여러 벌 띄워 놓고 어느 것이 잘 팔릴 것인지 가상으로 걸쳐본 뒤 구매를 결정한다. 퇴근 후에는 광화문 근처에서 오랜만에 친구를 만나 저녁을 같이 하기로 했다. 주변의 거리를 스마트폰으로 비추니 맛집들이 오버랩 되면서 떠오른다. 귀가 후 TV를 켜니 수천 명이 열광하는 미국의 팝그룹 '블랙 아이드 피스'의 공연이 생중계되고 있었다. 그런데 네 명의 멤버 중 백댄서 2명이 갑자기 스르르 무너져내리면서 눈앞에서 사라져 관객들을 깜짝 놀라게 했다. 이 멤버들은 홀로그램으로 만든 가상의 댄서들이었다.

A 과장이 보낸 오늘 일과는 SF 영화 속에 나오는 미래 세상의 모습이 아니라 이미 실현되기 시작한 현실이다. 현실 공간의 실체를 전자적 실체로 변환시켜 이동시킴으로써 공간을 초월하는 텔레프레전스(Telepresence, 원격 실재)와 증강현실(AR: Argument Reality) 기술이 위와 같은 이야기들을 가능케 해주고 있다.

증강현실은 현실과 가상이 혼합된 새로운 세상을 탄생시켰다. 앞으로 보급이 확산될 텔레프레전스는 시·공간적 제약을 단축시켜줄 미래 커뮤니케이션의 핵심 기술이다. 유비쿼터스가 '어디든 존재한다'는 라틴어에서 비롯된 것에 비해 텔레프레전스는 '거기에 있다는 환영 또는 착각(Illusion of being there)'이라고 정의된다. 제임스 카메론 감독의 영화 〈아바타〉가 우리에게 던져준 충격이 몇 년 되지도 않았는데 벌써 3D 입체 영상을 뛰어넘어 고도로 발달한 실감형 가상의 세계로 진화하고 있다.

애플의 '시리'와 같은 음성 인식 기술이 발전하여 앞으로 누구든 휴대용 기기에 '개인 비서 로봇'을 넣고 다닐 수 있게 된다. 주말에 친구들과 골프를 치고 싶다면 굳이 본인이 귀찮게 여기저기 골프장에 전화할 필요가 없다. 친구들의 스마트폰 속에 있는 비서 로봇들이 서로 정보를 주고받아 날짜를 정하고, 골프장 예약 사이트에 접속해서 부킹까지 한다. 한국전자통신연구원(ETRI)은 앞으로 10년간 주목해야 할 정보기술 분야로 스마트 상황 인지 로봇, 홀로그램 디스플레이, 뇌파 인지 인터페이스, 빅데이터 등을 지목했다.

시·공간의 개편을 선도한 미디어는 아마도 일본 소니의 워크맨일 것이다. 1980년에 출시된 워크맨은 그 당시에 엄청난 충격이었다. 어떤 장소에서 음악을 듣는 것이 아니라 걸으면서 동시에 음악도 듣다니 엄청나게 효율적이지 않은가? 음악은 조용한 공간에서 미세한 소리까지 놓치지 않고 들어야 하는 콘텐츠로 생각했었다. 기성세대들은 서울 명동의 컴컴한 클래식 음악 다방을 지금도 잘 기억할 것이다. 거리를 걸으면서 음악을 듣는다는 새로운 착상으로 대성공을 거둔 워크맨 덕분에 달리기, 자전거 타기, 헬스 등 운동을 하면서 음악을 즐길 수 있게 되었다. 2013년에는 심지어 수영하면서 물속에서까지 음악을 들을 수 있는 워크맨이 나왔다.

10대 문화의 형성에 결정적인 역할을 한 것이 바로 워크맨의 출현이다. 허리에 차고 다니는 워크맨은 10대들에게 자신만이 향유할 수 있는 문화의 소비를 가능케 한 혁명적인 도구였다. 워크맨은 오늘날의 스마트폰만큼은 아니지만 공간의 한계를 극복하고, 공간의 심미화(審美化)를 만들어낸 워크맨 효과를 창출했다.

2. 증강현실과 위치 기반 소프트웨어가 모바일 기술의 중심

현재 자동차 산업은 IT로 빠르게 변신 중이다. 토요타의 하이브리드카 '프리우스'는 이미 제조원가에서 전자부품 비율이 40%에 이를 정도이다. 주요 국내외 자동차 메이커들은 자동차의 지능화에 투자를 아끼지 않고 있다. 달리는 차끼리 무선으로 위치와 차향 정보를 상호 교환하고, 주변 교통 상황을 실시간으로 전달받아 안전 주행을 할 수 있도록 지원하는 시스템도 개발 중이다. 그리고 자동차가 주변의 상황을 인지하면서 스스로 운전할 수 있는 '자율 운전' IT 기술 개발도 추진하고 있다.

기계 중심의 자동차 기술에서 다양한 IT 기술을 융복합해 고도의 안전과 편의를 제공하는 스마트 자동차로 변신하고 있는 것이다. 스마트 자동차에서 IT 기술의 핵심은 기계와 같은 하드웨어가 아니라 소프트웨어이다.

그러나 운전을 돕는 소프트웨어 기술들에 너무 의존하다 보니 때로는 큰 낭패를 겪기도 한다. 2013년, 벨기에에 사는 한 할머니는 145km만 가면 될 거리를 내비게이션에 의존해 운전하는 바람에 무려 1450km나 달려 엉뚱한 곳에 도착했다는 신문기사가 가십으로 등장하기도 했다. 이 할머니는 친구를 만나기 위해 브뤼셀 역으로 갈 계획이었지만, 내비게이션의 오류로 이틀에 걸쳐 독일과 오스트리아, 그리고 크로아티아 세 나라 국경을 통과하면서 18시간 만에 목적지인 기차역에 도착했다는 것이다.

최첨단 전투기 F-35는 미국 록히드 마틴의 차세대 스텔스 전투기이다. F-35는 100% 눈에 보이지 않는 스텔스가 강점이다. 전투기가 적의 머리 위를 날아가도 레이더에서 인식하기 어렵다. 그러나 실전 배치에 오랜 시간이 걸리는 것은 하드웨어가 아니라 소프트웨어 때문이다. 전투기뿐만 아니라 다른 첨단 제품 안에도 신규로 개발한 소프트웨어들이 들어가면서 서로 얽히고설키다 보니 내부적 충돌에 의한 오작동이 자주 발생한다. 하드웨어 결함은 쉽게 개선되지만, 소프트웨어 결함은 정말 골칫거리이다. 반대로 이런 현상은 그만큼 제품의 핵심이 하드웨어가 아니라 소프트웨어가 되고 있다는 것을 의미하고 있다.

이제 가전제품에도 소프트웨어는 핵심이다. 여기에는 F-35 스텔스 전투기에는 없는 감성을 얹어야 팔려나간다. 김치냉장고는 온도, 시간, 습도 등에 따라 소비자가 원하는 최적의 보관 환경을 제공해서 소비자들의 감성 욕구를 충족시켜 주고 있다. 맛이라는 감성을 마치 무게를 달아 측정하듯 소비자의 입맛에 맞는 김치 맛을 유지해주는 '감성의 과학화'를 실현하고 있다. 이처럼 식품 기업들은 IT 기술을 이용하여 맛을 수치화하고 표준화해 품질을 관리한다. 고추장의 매운 맛도 캡사이신 농도에 따라 덜 매운 맛, 매우 매운 맛 등 5단계로 표준화했다.

우리의 라이프 사이클에 커다란 변화를 주고 있는 소프트웨어가 증강현실과 위치 기반 서비스이다. 도시 속에 숨어 있는 수많은 점포도 위치 기반과 증강현실 기술이 융합되어 손쉽게 찾을 수 있게 해준다. 스마트폰으로 어떤 상점을 비추면 할인 정보가 자동으로 검색되고 거리를 비추면 맛집 정보가 뜬다. 스마트폰으로 밤하늘을 비춰보면 별자리 정보가 나타난다. 오랜만에 선산을 찾았다가 비슷비슷한 묘지 모양 때문에 헷갈린 때가 있을 것이다. 이때 스마트폰을 꺼내 비추면 조상의 묏자리가 맞는지 확인할 수 있다. 미국 애틀랜타의 오클랜드 공동묘지에서는 스마트폰으로 묘비석을 비춰보면 묘지 위로 망자의 이름, 생몰 연대, 영정 사진이 떠오르는 증강현실 서비스를 제공한다고 하다.

증강현실은 사용자가 눈으로 보는 현실 세계에 가상 세계를 덧씌워 동시에 하나의 영상으로 보여주는 기능이다. 위치 기반 서비스는 스마트폰에 장착된 GPS 기능을 이용하여 사용자가 원하는 것을 제공자가 실시간으로 전달해주는 기능이다. 증강현실 기술과 위치 기반 서비스가 융합되면서 스마트폰에서 가장 중요한 애플리케이션이 되었다. 폴 사포 스탠퍼드 대학 교수는 "앱 혁명이 피부로 느껴지는 대표적인 기능은 위치 기반 서비스"라고 단언하고 있다. 초창기 위치 기반 서비스 기능은 사용자가 주체가 되어 내비게이션으로 매장(판매자)을 찾는 '지도' 수준에 지나지 않았다. 그러나 이제는 판매자가 위치 기반 기능으로 사용자를 찾아내 매장으로 끌어오는 패턴으로 발전하고 있다.

아웃도어 브랜드인 노스페이스가 미국 시장에서 제공하고 있는 위치 기반 광고 캠페인이 대표적인 사례이다. 매장이 있는 지점의 반경에 노스페이스 앱 소비자가 들어오면 해당 매장에서 진행하는 이벤트 홍보 SMS를 보내주는 방식이다. 이때 쇼핑할 생각이 없던 소비자도 근처 매장에서 스마트폰으로 날아오는 세일 광고를 보고 구매욕을 느끼게 된다.

위치 기반 서비스에 증강현실 그리고 모바일 뱅킹까지 접목한 앱도 등장했다. 사용자는 백화점 등 매장에서 앱의 증강현실 기능을 이용해 상품의 가격, 원산지, 출하 일시, 유통기한(식품의 경우), 특별 할인 등 내역을 간단히 확인할 수 있다. 계산하기 위해 길게 줄 설 필요도 없다. 그 자리에서 바코드를 스캔하고 모바일 뱅킹으로 구매를 끝내기 때문이다. 말 그대로 매장 통로에서 구매가 완료된다. 구매 이력은 기록으로 남는다. 그래서 판매자는 해당 고객의 취향, 예산, 쇼핑 시기 등 데이터를 집계해 앞으로 개개인의 쇼핑 스타일에 따른 맞춤형 광고와 할인 오퍼를 발송한다.

시·공간을 초월한 사이버 공간이 우리의 생각을 뛰어넘으며 지속적으로 확장되고 있다.

3. 전장의 디지털 병사, 랜드 워리어

1453년 비잔틴 제국이 붕괴한 이후 콘스탄티노플을 점령한 오스만튀르크 제국 때문에 유럽 상권은 치명타를 맞게 되었다. 동방 진출로가 봉쇄되었기 때문이다. 그래서 유럽인들에게 절대적으로 필요했던 향료와 후추 때문에 항로를 방해하는 국가들과 전쟁을 불사하면서 새로운 길을 개척해야 했다. 도대체 유럽인들에게 향료와 후추는 무슨 의미를 가진 것일까?

중세 시대만 해도 유럽 전역에 사실상 맛있는 요리의 개념은 없었다. 금욕적인 기독교 정신에 따라 음식의 맛을 내지 못하는 분위기가 강했고, 로마문화를 제대로 계승하지 못한 탓에 음식 맛이 형편없었다. 특히 맛없기로 유명한 영국 요리는 "냅킨이 제일 맛있다"는 주변 국가들의 놀림감이 될 정도였다. 당시 유럽에는 냉장 시설이 없어 고기는 소금에 절였고 생선은 말려 사용했다. 그러나 이것만으로 부패를 막기에 한계가 있었다. 그래서 부패한 냄새와 맛을 감추기 위해 향신료를 사용했고 서민들은 허브를 그리고 귀족들은 후추를 사용했다. 그러므로 후추를 얻는 자가 세계를 얻는다는 말이 과언이 아니었다.

이는 마치 중세 시대 프랑스에서 향수가 발전한 것과 같은 이치이다. 중세 시대 유럽에는 흑사병이 유행했고, 목욕은 치료를 목적으로 하는 특수한 경우에 조심스럽게 행해졌다. 사람들은 자주 목욕하지 않은 탓에 엄청난 악취에 시달렸고 향수로 냄새를 감추려 했다. 목욕을 기피하는 유럽의 목욕 문화는 향수 산업을 발전시켰던 것이다.

당시 후추는 현금으로 사용할 만큼 가치가 있었다. 후추로 지참금이나 세금 그리고 집세 등을 계산하기도 하고 지주들은 지대로 화폐보다 후추를 더 선호했다. 후추 한 움큼은 당시 노예 10명에 해당하는 가치가 있었다. 이처럼 화폐로 사용하던 후추가 오스만튀르크 제국이 높은 관세를 붙이는 바람에 가격이 폭등하면서 유럽은 심각한 경제 위기에 봉착했다.

유럽 각국은 후추를 확보하기 위해 군사력이 막강한 오스만튀르크와 전쟁을 하는 대신 인도에서 후추를 들여오기로 했다. 당시의 항해 기술로서는 엄청난 모험이었다. 그러나 후추를 확보하고자 하는 집념으로 항해술이 비약적으로 발전하게 된다. 각국은 인도로 가기 위한 독자적인 항로 개척에 박차를 가하면서 대항해 시대를 개막하게 되었다. 이 허구적으로 보이는 스토리가 엄연한 인류의 역사이다.

오늘날 과학의 발달은 공상과학 영화에 나오는 허구를 실제 현실로 만들어내고 있다. 영화 〈어벤져스〉에 나오는 슈퍼 히어로들은 지구의 안보가 위협당하는 위기의 상황에서 세상을 구하는 디지털 전사들이다. 현실 속의 병사들도 영화 속의 주인공처럼 변화하고 있다. 특수부대원들은 강력한 방탄 효과를 갖추고 외부 기상 조건을 극복할 수 있는 강화복을 기본으로 착용하고 있다. 가까운 장래에 영화 속 전사들처럼 웬만한 빌딩은 가볍게 뛰어넘을 수 있는 제트 분사 장치, 가상현실이 눈앞에 펼쳐지는 헬멧과 안경, GPS 통신 장비, 레이저 탐지기, 미니 미사일로 무장하여 탱크와도 맞서 싸울 수 있는 파괴력을 갖춘 병사들이 태어날 전망이다.

이미 이라크와 아프가니스탄에 파병된 미국의 특수부대원들은 몸에 입는 웨어러블 컴퓨터와 디스플레이 장치가 장착된 헬멧을 착용하는 등 랜드 워리어(Land Warrior) 군장으로 무장하고 있다. 병사들은 네트워크에 연결되어 자신과 적의 위치 파악은 물론 지뢰 매설 지역 등 지형 정보를 제공받으면서 위성 통신으로 교신한다. 공상과학영화의 내용이 그대로 현실화된 것이다.

지향 사격을 하는 M16 소총은 5만 발당 1명의 살상력밖에 제공하지 못한다. 하지만 레이저 거리 측정기가 붙은 공중 폭발탄은 목표 지점까지의 거리를 정확히 계산해 적이 밀집한 상공에서 터지게 함으로써 큰 피해를 입힌다. 미래의 병사는 전장의 부속품이 아니라 영화 속 디지털 병사들처럼 독자적으로 판단하고 강력한 전투 수단을 가진 하나의 무기 체계가 되고 있다.

랜드 워리어는 '전장의 SNS'이다. 네트워크 안에 있는 병사들은 서로 보는 것을 같이 보고 아는 것을 같이 안다. 전쟁 일선의 병사와 본부 간에 음성, 문자, 사진을 공유한다. 언제, 어디로 공격할지 더는 지휘관의 무전 명령을 기다릴 필요가 없다. 헬멧 디스플레이를 통해 명령을 확인할 수 있기 때문이다. 영화 〈아이언맨〉에서 파워 슈트를 입은 민간인이 놀라운 힘을 과시하면서 싸우는 것과 똑같은 현실이 되었다. 지휘 본부에서는 병사와 병사를 네트워크로 연결하여 최대한의 전과를 내는 것이다.

2011년 5월, 미국의 집요한 추적과 전광석화 같은 작전으로 9·11 테러 공격을 자행한 알카에다 조직의 상징적 인물이었던 오사마 빈 라덴이 제거되었다. 놀라운 것은 그 숨 막히는 현장을 지구 반대편에 있는 백악관 상황실에서 오바마 대통령을 비롯한 조셉 바이든 부통령, 힐러리 클린턴 국무장관, 로버트 게이츠 국방장관 등이 지켜보고 있었다는 것이다.

정보통신 기술을 이용하여 전쟁의 현장을 실시간으로 안방에 생생히 전달한 원조는 CNN이다. 이로 인해 CNN은 세계 최고의 방송으로 부각되었고 이후 전쟁은 언론사의 매출 증대에 크게 기여하게 되었다. 물론 CNN이 수많은 인간의 생명이 죽고 다치는 전쟁을 상업화하고 있다는 비판을 받기도 했다.

CNN이 걸프전을 통해 미디어 세계의 왕자로 떠올랐다면 알자지라는 아프간 전쟁을 통해 새로운 강자로 떠오르며 CNN의 아성을 뒤흔들었다. 알자지라는 탈레반 정권의 지원과 오사마 빈 라덴의 협조(?)를 바탕으로, 카불에서 단독으로 방송 송출을 하게 되면서 단숨에 세계인들의 주목을 받았다. 아랍의 CNN이라는 명성을 확보한 알자지라 방송은 2013년 미국에까지 진출했다. 그 이면에는 전장 중계의 첨단화와 상업화라는 아이러니가 도사리고 있다.

PART 7

가상의 세계에 살고 있는 신인류

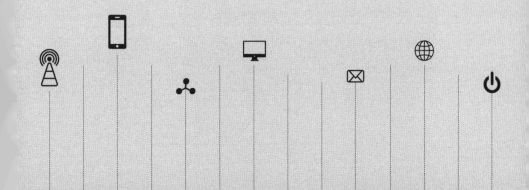

01
CHAPTER

인간의 상상력,
빅데이터로 미래를 예측하다

1. 북경의 나비는 언제 펄럭이는가?
숨겨진 패턴으로 세상의 흐름을 읽다

'작고 사소한 사건 하나가 나중에 커다란 효과를 불어온다'는 의미로 "북경에서 나비가 날갯짓을 했는데 미국 뉴욕에 돌풍이 불었다"는 표현을 쓰고 있다. 말 뜻 그대로라면 나비의 날갯짓으로 발생한 작은 바람이 어떤 다른 요인들에 의해 증폭되고, 결국은 허리케인이 되어 뉴욕에 도착했다는 것이다.

그런데 이 둘 사이의 연관 관계를 설명할 방법은 거의 없다. 그러므로 허리케인을 예측할 수도 피할 수도 없다. 만물이 나타나기 이전의 혼돈 상태인 카오스(Chaos)처럼 너무나 변덕스럽기 때문이다. 그러나 무질서하고 혼돈의 상태에 있는 것으로 보이는 현상들 속에도 질서와 규칙성을 지배하는 논리적 법칙이 존재한다. 그것이 카오스 이론이다. 이제 빅데이터 분석으로 무질서 속의 숨겨진 패턴을 찾아내 미래를 예측하는 일이 가능해졌다. 극단적으로 말하면 과거에는 불가능했던 빅데이터를 분석하여 북경의 나비가 언제 날갯짓을 할지를 예측함으로써 뉴욕의 허리케인 피해를 최소화할 수 있다는 뜻이다.

빅데이터란 '자료의 양이 방대하고 형태도 일정하지 않아 수집과 저장, 검색 및 분석, 시각화가 어려운 데이터'를 의미한다. 그러므로 빅데이터는 거대한 크기(Volume), 다양한 형태(Variety), 빠른 생성과 유통 및 이용 속도(Velocity)라는 3가지 요소로 규정된다.

방대한 양의 데이터 속에서 의미 있는 자료를 도출해내는 빅데이터가 기업들의 주요 전략 중 하나가 됐다. 대부분의 기업이나 정부에서 보유하고 있는 전체 정보 중 약 20% 정도만이 정형화된 정보로 이뤄져 있고, 나머지 80%는 데이터베이스에서 규격화된 정보로 추출해낼 수 없는 비정형 정보로 이뤄져 있다. 특히 기업과 고객, 정부 기관과 국민 간에 소통되는 정보의 형태가 전화에서 온라인, SNS, 동영상에 이르기까지 더욱 다양해지고 있어 무정형화된 정보의 양은 폭발적으로 늘어나고 있다.

2008년만 해도 유튜브에 1분마다 8시간 분량의 동영상이 올라왔지만 2012년에는 60시간으로 늘었으며, SNS가 가세하면서 콘텐츠의 양과 종류가 급증하고 있다. 카카오톡 사용자 수 역시 2013년 기준으로 일일 8100만 명에 달하고, 하루 메시지 전송 건수도 최대 40억 건을 돌파하여 빅데이터 수준에 도달했다.

빅데이터의 발전은 저장 장치와 분석 기술의 눈부신 성장에 기인하고 있다. 미국 국회 도서관은 470여 개 언어로 된 1억 권이 넘는 책을 소장하고 있으며, 서재 공간이 세계에서 가장 넓은 곳으로 유명하다. 이곳에는 구텐베르크 성서를 포함한 귀중한 고서들도 보관되어 있다. 이 도서관의 모든 책을 디지털 데이터로 바꾸려면 약 15테라바이트의 용량이 필요하다. 그런데 1테라바이트 저장 장치가 10만 원 정도이므로 150만 원이면 미국 국회 도서관을 모두 담아 집에 들여놓을 수 있다.

미국 경제 상황을 예측하기 위해 온라인상에서 회자되는 단어를 빅데이터로 분석한 결과 '낙담(Depressed)'이란 단어를 사용한 사람의 비율이 상승하면 약 4개월 후 미국의 실업률이 최고치에 도달한다는 사실을 발견하기도 했다. 미국 대선에서 빅데이터는 유권자의 성향 파악을 위해 적극 활용된다. 특히 오바마 대통령의 선거 운동 조직은 소셜미디어 활동을 분석하는 최강의 전문가팀을 운용하고 있다. 빅데이터를 분석해보면 고양이를 기르는 사람은 민주당, 개를 기르는 사람은 공화당을 선호하는 경향이 있다는 것까지 파악할 수 있을 정도다. 그래서 이들에게 적절한 메시지를 제공함으로써 개개인의 지지를 이끌어 낼 수도 있다.

『버스트』의 작가 앨버트 라슬로 바라바시는 "인간의 행동은 이상적이고 독립적이며 무작위적으로 움직이는 것이 아니라, 단순하고 재현 가능한 모종의 패턴에 따라 움직인다"고 주장하고 있다. 그러므로 단순한 인적 관계의 네트워크를 분석하는 것을 뛰어넘어 인간의 행동 패턴을 분석하고 예측하는 일은 가능하다고 말한다. 인간 행동 분석에 필요한 데이터가 저절로 수집되고 있기 때문이다. 주식 가격의 연쇄 폭등과 폭락, 글로벌 경제 현상, 어느 날 갑자기 터지는 누리꾼들의 댓글 잔치, 거리로 물밀듯 쏟아져 나오는 촛불시위 군중 등 우리 주변에 일어나고 있는 현상들 속에 오롯이 숨어 있는 법칙들, 신의 손에 의해 벌어지고 있는 현상들을 '버스트(Bursts)'라고 한다. 그리고 그 속에 숨어 있는 인간의 행동 패턴에 대해 자료를 통해서 통계적으로 법칙을 풀어낼 수 있다.

동전을 던져서 앞면이 나오면 앞으로 뒷면이 나오면 뒤로 한 발자국 간다고 했을 때 100번 동전을 던진 뒤 이 사람은 어디에 있을까? 아마 제자리 근방에 있을 것이다. 예측 불가능한 무작위 사건들은 예측 불가능하기 때문에 오히려 확률적인 예측이 가능하다.[64]

2.가장 행복한 요일은? 최적화된 미래를 빅데이터로 설계하다

직장인들이 일주일 중 가장 행복하게 느끼는 요일은 언제일까? 목요일이라고 한다. 이날은 대개 야근이 없고 주말을 준비하는 날이기 때문이다. 그럼 일 년 중 가장 행복한 날은 언제일까. 영국의 일간신문《텔레그래프》가 보도한 바에 따르면 6월 20일이라고 한다. 영국 카디프 대학교의 교수였던 심리학자 클리프 아널시는 2013년 'O+(NxS)+Cpm÷T+He'로 정리한 '행복한 날짜 방정식'을 발표했다. He는 여름휴가에 대한 기대감이고, O는 야외 활동, N은 자연 상태, S는 친구와의 교류, Cpm은 어린 시절의 긍정적인 기억들, T는 기온을 의미한다. 이 요소들을 대입할 경우 6월 20일은 자연 상태가 가장 좋아 야외 활동을 하기 적합하고 여름 휴가에 대한 행복한 기대가 어우러져 사람을 가장 행복하게 만든다고 한다. 반대로 가장 우울한 날은 크리스마스 때 선물 사느라 진 빚을 잔뜩 갚아야 하는 1월 말이라고 분석했다.[65]

이제 이런 정보의 분석은 스마트폰에서 유통되는 수많은 메시지를 취합하여 빅데이터를 통해 더 정확히 해낼 수 있다.

과거 정보를 언론 기관이나 정보 기관이 독점하던 시절이 있었다. 아날로그 시대에는 정보가 많지 않았고, 이를 유포시킬 수단도 마땅치 않았기 때문이다. 정보를 소유한 사람이 권력을 장악한 사람이었다. 디지털 시대에서의 정보는 모든 사람이 공동으로 이용하는 공공재와 같다. 엄청난 정보가 생성되고 이를 유통하는 것 역시 거의 동시에 이루어진다. 1970년대 앨빈 토플러는 '정보의 홍수(Information Overload)'를 언급했는데 이를 훌쩍 넘어서 빅데이터 시대가 온 것이다.

정보의 가치는 활용하는 이에게 달렸다. 누구에게는 정보 공해가 되고 누구에게는 보석과도 같은 귀중한 경영 정보가 된다. 또한 빅데이터는 더 이상 일반인과 무관한 전문가의 영역이 아니다.

구글 트렌드(Google Trends)를 예로 들어 보자. 이 서비스는 국내 포털 사이트의 실시간 검색어 순위와 비슷하다. 다른 점이 있다면 검색어별로 과거 얼마나 많이 검색됐는지 일목요연하게 이력을 제공해준다는 점이다. 구글 트렌드를 통한 분석만으로 독감 유행 징후를 빠르게 감지할 수 있다. 과거 독감 유행을 파악하려면 보건 당국이 각 지역 병원에서 환자 통계 데이터를 넘겨받아 취합해야 했다. 이 방식으로는 빨라야 일주일 이상 걸린다. 그러나 요즈음은 사람들이 조금이라도 독감 현상이 감지되면 곧바로 검색부터 한다. 독감이 유행하면 인터넷상에 '독감', '발열', '기침', '병원' 등의 검색어가 빈번하게 등장하고, 보건 당국은 이를 토대로 판단하여 독감 유행주의보를 내릴 수 있다.

과거 스완플루가 지구촌 사람들을 공포에 몰아넣었을 때 가장 먼저 이를 파악한 것도 페이스북이었다고 한다. 그 무렵 유독 독감에 대한 단어가 가입자들의 메시지 속에 많이 발견되었기 때문이다.

소매업에도 빅데이터를 활용할 수 있다. 어떤 도시에 유명한 대형 찐빵집이 있다고 치자. 고객들의 구매 정보, 요일별 방문객 수, 날씨 등 다양한 데이터를 조합해 보면 "기온 1도가 떨어질 때 찐빵 1000개가 더 팔린다"와 같은 구체적인 결과를 도출해낼 수 있을 것이다.

미국의 이동통신사 티 모바일은 자사가 보유한 빅데이터를 분석해 고객의 이탈을 사전에 감지하는 시스템을 운영하고 있다. 이 회사에는 3000만 명이 넘은 가입자로부터 매일 170억 건 이상의 통화 및 송수신 내역을 담은 빅데이터가 발생하는데 이를 업무에 활용하고 있다. 다른 통신사로 회선을 옮긴 고객이 SNS를 통해 사전에 보였던 특유의 이용 패턴을 발견하고 이를 실시간으로 포착해내는 시스템을 구축했다. 그 결과 주변에 영향력이 큰 고객을 따라 지인들이 동반 이탈하는 현상을 발견할 수 있었고, 이탈 징후를 보이는 고객에게 맞춤형 혜택을 제공하여 큰 이탈을 막을 수 있었다.

실시간으로 빠른 길을 안내하고 있는 SK텔레콤의 티맵은 전국 도로의 교통 상황을 5분 단위로 수집·분석하여 길 안내와 정확한 도착 시간 정보를 제공한다. 이를 위해 콜택시와 유류 운반 차량 및 고속버스 등에 GPS를 장착하여 전국 도로의 교통 정보를 수집하고 이를 실시간으로 분석하여 최단 거리를 안내해준다.

오늘날 거대 도시들은 수많은 데이터를 생산하고 있다. 사람과 자동차, 대형 이벤트들이 섞여 복잡하고 거대한 움직임을 만들어내고 있다. 싱가포르는 도시 계획이 잘돼 있는 나라로서 좁은 영토를 효율적으로 쓰기 위해 도시의 데이터에 매우 신경을 쓴다. 그들은 '비가 올 때 택시가 왜 안 잡힐까?'라는 사소한 문제까지 분석한다. 시민들은 막연하게 비가 오면 교통량이 늘어나므로 택시 잡기가 어렵다는 인식을 갖고 있었다. 싱가포르-MIT 연구기술 얼라이언스는 두 달 동안 위성 데이터와 8000만 개의 택시 운행 기록을 통해 8억 3000만 개의 GPS 정보를 수집했다. 그 결과 비가 내릴 때 택시들이 영업하지 않는다는 사실을 찾아냈다. 그 이유를 다시 조사해보니, 택시 사고가 나면 기사들이 사고 비용을 물어야 하는 것이 원인으로 나타났다. 비 오는 날에 사고가 많이 나니 아예 운행을 안 하는 편이 낫다는 것이다. 원인을 국가에서 파악했으니 이를 해결하는 것은 어렵지 않을 것이다.

"우리가 모르고 있는 것은 결국 우리가 알고 있는 것에 의해 발견된다"고 통계학자 라오는 말한다. 미시간 대학의 스콧 페이지 교수 역시 "불특정의 일반인 집단이 전문가 집단보다 더 우수한 문제 해결 능력을 보인다"는 '다양성의 집합 능력의 법칙'을 주장하고 있다. 빅데이터 시대에 충분히 공감이 가는 이야기이다.

3. 누군가 우리의 생각을 조정하고 지배한다

빅데이터는 SNS의 발달, 클라우드와 스마트폰 등의 채널 증가로 기하급수적으로 쌓이고 있다. 누구와 통화를 하고 문자를 보내는지, 어떤 교통수단을 이용하는지, SNS상에서는 어떤 이슈가 중심이 되는지 등 매일 상상할 수 없는 양의 데이터들이 시공간을 흘러다니고 있다. 개인의 일주일간 스마트폰 이용 행태를 분석해보면 그 사람의 미래 행동을 상당 부분 예측할 수 있다.

인터넷이 정보의 바다라 한다면 그 정보를 찾아가는 방법은 '검색'이다. 초기의 인터넷은 나침반도 없이 망망대해에 떠 있는 작은 보트들로 가득했다. 각각의 보트는 서로 보이지도 않고 설사 같은 섬에 상륙했다고 해도 서로 알아볼 수도 없었다. 그러다가 검색이라는 도구가 생기자 무작정 여기저기를 돌아다니던 배들에 내비게이션이 장착되고 지도가 주어진 것이다. 특정 검색 사이트에서 원하는 키워드를 입력하면 그 정보가 존재하는 섬들을 알려주고 바로 갈 수 있게 해주었다. 그러나 검색하는 수단을 제공하고 있는 구글이나 아마존, 페이스북과 같은 업체에서는 사용자들의 이동을 경제적 원리로 파악하고 작동시킨다.

우리가 네이버나 다음, 구글에 검색어를 입력할 때도, 페이스북이나 트위터에 오늘 점심은 무엇을 먹었는지, 오늘 기분은 어떠했는지에 대해 짧은 글을 남기는 순간에도, 우리의 위치 정보, 취향이나 습관, 검색 패턴, 구매 기록은 물론 그날의 기분까지 알아낼 수 있는 막대한 양의 데이터들이 쌓이고 있다.

구글과 페이스북은 자사 서비스 플랫폼에 올라오는 글이나 그림, 동영상 등을 분석해 이용자의 성향이나 관심 사항을 파악해 '리타깃팅'이란 기술을 통해 이를 맞춤형 광고에 활용하고 있다. 이런 페이스북의 행태를 꼬집어 페이스북 서비스를 현대판 '빅브라더 서비스'라고 부르고 있다. 소비자가 운동화를 사면 나중엔 '땀을 기막히게 흡수'할 수 있다는 기능성 양말 광고가 해당 소비자가 찾아가는 인터넷 사이트마다 따라붙게 되는 형태이다.

IT 기업 환경에서 이제 하드웨어와 소프트웨어의 경계가 사라지고 있다. 전문가들은 앞으로 하드웨어와 소프트웨어에서 부가가치가 발생하는 것이 아니라 사람들의 라이프 스타일과 연동된 빅데이터가 가치 창출의 원천이 될 것으로 예측하고 있다. 그리고 앞으로는 사람들의 '사고'를 비즈니스화하는 것이 가장 큰 핵심 사업이 될 것으로 지적한다.

가공되지 않은 원석인 살아 있는 데이터를 분석하여 사람들의 생각을 파악하고, 비즈니스에 활용되는 기술이 비정상적으로 사용된다면 어떨까. 누군가가 내 생각을 읽어 나를 조정하고 있다면 어떨까. 한 걸음 더 나아가 인터넷 기업이 사용자들의 이메일과 SNS를 통해 그들의 교육이나 두뇌 수준을 파악한 뒤 영업 목적으로 이를 활용한다면 어떻게 될까. 특정 포털이 정보의 내용과 배열을 조작하여 왜곡한다면 어떻게 될까.

『생각의 조정자들』이란 책을 저술한 엘리 프레이저는 검색엔진이 공정하고 타당한 결과를 보여주고 있다는 우리들의 생각에 경종을 울리고 있다. 정보의 흐름을 조작하고 관심을 왜곡하기는 우리가 생각하는 것보다 훨씬 쉽기 때문이다.

당신은 구글을 구매해본 적이 있는가? 물론 없을 것이다. 구글 검색이나 유튜브 영상 모두 무료이다. 구글은 수입 측면에서 보면 광고 회사이다. 이들은 애드워즈와 애드센스라는 검색 광고로 90%가 넘는 수입을 올리기 때문이다. 구글은 검색, 동영상 공유, 위치 기반 서비스를 장악하는 자가 바로 인터넷을 장악한다는 점을 너무나 잘 알고 있다. 구글이 구글 안경의 성공에 그토록 집착하는 이유가 여기에 있다. 데이터가 많이 쌓여야 사람들은 구글에서 더 많이 검색하고, 검색하면 우리가 방문하는 사이트는 물론 클릭하는 링크까지 추적할 수 있다. 이를 이용하여 광고주에게 광고 공간을 판매한다. 구글에게 검색은 색인이고 동영상은 보편 언어이며 위치는 맥락이다. 이 3가지를 모두 지배하고 있는 거대한 공룡 구글은 우리가 남긴 흔적을 그대로 파악하여 우리보다 우리를 더 잘 아는 존재가 되었다. 구글은 우리가 어제 무엇을 했는지 족집게처럼 집어내는 구글신(神)이 되었다. 이러한 세상을 예견하고 있는 구글은 스스로 "사악해지지 말자"라는 슬로건을 내걸고 있다.

IT 기술의 발달과 SNS의 확산으로 사람과 사람 사이의 연결은 과거보다 훨씬 긴밀하고 촘촘해진 초연결 사회가 되었다. 인류는 서로 연결의 범위를 확대하며 문명을 발전시켜왔고, 문명이 발달할수록 연결의 범위는 커졌다. 오늘날 스마트 기기와 모바일 혁명이 만들어가고 있는 초연결 사회는 지금까지 목소리를 내지 못했던 사람들의 이야기를 들을 수 있게 만들면서 변화와 발전의 속도를 가속화하고 있다.

초연결 사회는 세계의 거리를 단순히 축소시키는 것만 아니라 기기, 사람, 문화에 이르기까지 모든 생태계를 하나로 묶고 있다. 연결이 강해질수록 우리는 창의와 창조 그리고 혁신이 잘 이루어지는 것으로 믿고 있다. 이처럼 초연결 사회의 등장은 우리의 행동 방식과 사고방식에 심대한 영향을 미친다.

그런데 과연 SNS 등에 의해 거미줄처럼 연결되고 있는 우리 사회의 민주주의는 더욱 강화되고 있는 것일까? 아니면 감시와 규제가 더 강화되고 있는 것일까? 우리의 일상사와 커뮤니케이션 내용을 수집·분석하여 미래를 예측하고 마케팅에 활용되는 빅데이터는 과연 우리 인류에 도움이 되는 방향으로 활용될 것인가. 세상을 발전시킬 '좋은 미디어 기술'이란 무엇인지 깊이 생각해볼 문제이다.

02
CHAPTER

창조와 혁신은 누가 하는가

1. 자전거 수리공이 비행기를 만든다

우리나라의 10분의 1밖에 되지 않는 450만 인구를 가진 '아드리아 해의 진주'로 불리는 크로아티아에는 우리가 잘 모르는 이야기들이 많다. 무엇보다도 이 나라는 노벨상 수상자를 3명이나 배출했다. 넥타이와 펜, 낙하산을 발명한 나라가 크로아티아이다. 만년필을 상용화한 사람은 미국의 워터맨으로 알려졌지만, 발명자는 에두아르 펜칼라로서 펜이란 단어도 그의 이름에서 비롯되었다. 교류전기, 라디오, 형광등, 레이더 등을 발명한 니코라 테슬라 역시 미국에 귀화한 크로아티아인이다. 『동방견문록』을 쓴 마르코 폴로도 이곳 출신이다. 이 자그만 나라 크로아티아에는 수백 개의 프로 축구팀이 있으며 FIFA 랭킹 4위의 축구 실력을 자랑한다.

유네스코가 지정한 세계문화유산도 6개나 된다. 그중 가장 인기 있는 곳이 참나무숲이라는 의미인 '두브로브니크'이다. 유고 내전으로 2000여

발의 포탄이 떨어졌을 때 유럽의 지성인들은 인간 띠를 만들어 이곳을 지키고자 했다.

넥타이는 어떻게 시작되었을까. 프랑스를 도와 오스만 제국을 물리친 크로아티아 병사들은 목에 아름다운 천 조각을 달고 있었다. 크로아티아 여인들이 장병의 무사 귀환을 기원하여 달아준 장방형의 천이었다. 프랑스의 루이 14세 왕의 눈에 띤 이 천은 이때부터 크라바트(넥타이의 프랑스어)로 불렸고 이후 세계 모든 사람이 필수적으로 애용하는 패션 코드가 되었다. 한마디로 크로아티아는 이스라엘과 같이 창의성이 넘치는 국가이다.

창의와 혁신은 어디에서 나오는 것일까. 영국의 경제학자 슘페터가 주장하는 혁신은 새로운 결합(New Combination)을 의미하고 있으며, 이를 위해 창조적 파괴(Creative Destruction)를 주장했다. 그가 주장하는 혁신은 세상에 없던 새로운 것을 만드는 게 아니라, 자원의 결합 방식을 바꾸거나 새롭게 결합해 가치를 높여주는 활동이다.[66]

그러나 슘페터의 이런 파격적인 생각은 초기에 환영을 받지 못했다. 1980년대에 들어서면서 비로소 슘페터는 재조명을 받게 되었다. HP, 애플, 마이크로소프트, 구글처럼 처음에는 아무런 자원도 없었지만 독특한 아이디어 하나로 엄청난 부를 모은 기업들이 속속 나오면서부터이다. 이들 기업은 기존의 거대한 기계 덩어리 컴퓨터를 파괴하고 개인용 PC 시장을 창조했다. 그리고 과거의 휴대폰 시장을 파괴하고 스마트폰 시장으로 재창조했다. 스티브 잡스는 창조적 혁신을 통해 CD 중심의 음악 시장을 파괴하고 디지털 음반 상점인 아이튠스를 설립해 새로운 음원 시장을 만들었다. 이 모든 것은 무에서 유를 창조한 것이 아니고, 존재하는 시장을 분해하고 파괴하여 새로운 시장을 창조한 것이다.

신속하게 공간을 이동할 수 있는 편리한 교통수단인 비행기를 최초로 만든 사람은 의외로 자전거 수리공인 라이트 형제이다. 무에서 유를 창조하고자 했던 수많은 과학자나 전문 기술자는 비행기를 만드는 데 모두 실패했다. 윌버 라이트는 동생 오빌 라이트와 함께 1900년부터 글라이더 실험에 착수하여 수차의 시행착오를 거친 끝에 1903년 마침내 최초의 동력 비행기를 만들어 비행에 성공했다. 최초의 비행은 12초, 두 번째 비행은 59초의 짧은 시간에 불과했지만 인간이 하늘을 날게 된 큰 이정표를 세웠다. 이들은 집안 형편과 건강상의 문제로 정규교육을 마치지 못했으나 독학으로 인쇄 기계를 만들어 인쇄소를 운영하기도 했다. 그리고 당시에는 첨단산업에 속하던 자전거 수리 및 제조업을 운영했다. 기계에 대해 탁월한 재능을 가진 이들 형제는 비행 제어 기술의 원리를 터득했다. 사람들은 겨우 스물을 넘은 풋내기 청년들이 버려진 자전거 부품 따위를 이용해서 비행 장치를 만들겠다는 꿈을 조롱했다.

최초의 비행에 성공한 라이트 형제는 훗날 이런 이야기를 했다. "우리는 기존의 모든 비행 장치들이 신빙성 없는 계산에 의해 어둠 속을 헤매고 있다는 것을 깨달았다. 우리도 처음에는 기존 과학 자료들을 절대적으로 믿었지만 하나하나 의심하지 않을 수 없었다. 2년간의 실험 끝에 결국 기존 자료들을 전부 파기하고 우리 자신의 탐구에만 의지했다."

이들 형제는 실험실에 틀어박혀 나는 것을 설계하고 연구하는 과학자를 흉내 낸 것이 아니라, 현장에서 다양한 경험과 실패를 축적하며 그들만의 방식으로 마침내 결실을 맺은 것이다.

고대로부터 새처럼 하늘은 날고 싶어 하는 것은 인류의 꿈이었다. 그리스 신화에 나오는 이카루스는 아버지가 만들어준 밀랍으로 만든 날개를 달고 하늘을 날았으나 태양에 너무 가까이 가는 바람에 날개가 녹아 하늘에서 떨어져 죽고 만다. 이카루스의 아버지 '데이달루스'는 이론가가 아니라 기술자로서 명성을 떨친 사람이다. 스스로 비행에 성공한 그는 아들에게 날개를 달아주면서 다음과 같이 그의 경험을 바탕으로 신신당부했다.

> 바다와 태양의 중간을 날아야 한다.
> 너무 높이 날아오르지 마라.
> 너무 높이 날면 태양의 열기에 네 날개의 밀랍이 녹아서 떨어지고 만다.
> 그러나 너무 낮게 날지도 마라.
> 너무 낮게 날면 파도가 날개를 적실 거야.

그러나 하늘에 날아오른 이카루스는 아버지의 충고를 잊어버리고, 태양을 향해 높이 오르다가 밀랍이 녹아 바다에 추락하여 죽고 말았다. 우리는 이것을 '추락하는 것은 날개가 있다'는 '이카루스의 패러독스'로 부르고 있다. 잘나가는 기업이 일시적 성공에 취하여 자기도취에 빠지고, 그 결과 회사를 망쳐버리는 경우를 일컫는다.

'이카루스 패러독스'의 대표적인 예가 '폴라로이드' 회사이다. 폴라로이드사는 발명왕이라고 알려진 에드윈 랜드 박사가 1937년에 설립한 회사이다. 당시 폴라로이드는 즉석 사진을 사진기에서 뽑아낼 수 있는 획기적인 상품으로서 대단한 성공을 거두었다. 그러나 랜드 박사는 자신의 성공에 도취되어 주변에 어떤 경쟁이 도사리고 있는지에 관심을 갖지 않았다. 그 사이에 출현한 것이 디지털카메라였다. 뒤늦게 기술의 흐름을 파악하고, 디지털카메라 시장에 뛰어들었지만 너무 늦었다. 결국 폴라로이드는 2001년에 파산에 이르렀다.

하늘 아래 진정으로 새로운 것은 없다. 애플, 구글, MS, IBM, 페이스북과 같은 혁신 기업들도 사실은 남의 아이디어를 빌려와 창조적으로 변형함으로써 혁신적 제품을 만들었다는 사실을 간과해서는 안 된다. 창의적 인재의 표상으로 거론되고 있는 애플의 스티브 잡스도 사실 많은 기술을 IBM이나 다른 회사로부터 훔쳐왔다. 매킨토시를 한창 개발하고 있을 때 그의 부서에 해적 깃발을 갖다 두기도 했다. 창의와 혁신은 바로 우리 주변에서 관찰할 수 있는 아이디어를 자신의 상황에 맞추어 새롭게 조합하고 적용해봄으로써 얻을 수 있는 땀의 결정체이다. 세상을 바꾸는 거대한 변화도 자그마한 아이디어들이 모여서 이루어졌다는 사실을 상기해볼 필요가 있다.[67]

2. 룰 브레이커, 블랙스완의 출현

과거 1000년의 역사에서 인류에게 가장 큰 영향력을 미친 기술이 인쇄술이었다면, 다음 1000년의 인류 역사에 가장 큰 영향력을 미칠 기술이 바로 디지털과 인터넷이며, 우리는 이를 킬러 앱으로 부른다.

킬러 앱은 당초 파괴 기술, 토네이도 기술로 표현했듯이 혁신적인 기술을 의미한다. 즉 금속활자, 도르래, 증기기관, 백열전구, 엘리베이터, 원자탄과 같이 우리에게 획기적인 전환점을 준 발명품들을 노스웨스턴 대학교의 래리 다운스 교수는 '킬러 애플리케이션(Killer Application)'이라고 명명했다.

핵폭탄이 폭발하기 위한 최소 질량의 원자(우라늄 238번)를 임계질량(Critical Mass)이라고 하는데 인터넷과 같은 곳에서 사용자 수가 임계질량에 도달하면서 원자폭탄이 폭발하듯이 원래의 사용 목적을 뛰어넘어 획기적으로 산업의 변화와 시장 재편, 그리고 경쟁 제품을 축출하는 강력한 힘을 지닌 킬러 앱이 등장한다.

인류 역사에 큰 영향력을 미치고 있는 수많은 발명품이 우리의 라이프 스타일이 되기까지 우연과 행운, 그리고 무엇보다도 탄력적인 변형이 존재하고 있다.

〈블랙스완〉은 나탈리 포트만이 열연해 아카데미 여우 주연상을 받은 작품이다. 또 나심 니콜라스 탈레브가 2007년 글로벌 금융 위기를 예측하면서 유명해진 저서의 제목이기도 하다. 유럽인들은 18세기까지 백조가 모두 희다고 믿었다. 그러나 네덜란드의 한 탐험가가 호주에서 블랙스완을 발견한 후 이제까지 통념이 산산이 부서지는 충격을 받았다. 그 뒤블랙스완은 불가능하다고 생각해왔던 상황들이 발생하는 것을 은유적으로 나타내는 표현이 되었다.

예를 들어 미국은 수십 년간 테러를 방지하기 위해 천문학적인 투자를 해 왔으나 9·11을 막지 못했다. 이제 검은 백조가 수시로 출몰하는 세상이 됐다. 불가능하다고 믿었던 검은 백조 현상들이 실제로 벌어지고 있는 것이다. 발생 확률이 낮아 가능성이 없어 보이지만 일단 발생하면 엄청난 파급효과를 가져오는 검은 백조 사건들.『블랙스완』의 저자 탈레브는 0.1% 정도의 극단적인 가능성이 발생하면 세계가 휘청거릴 수 있으므로이에 대비해야 한다고 주장하고 있다.[68] 그러나 한편 블랙스완이 주는 의미는 과거의 사건을 아무리 정교하게 분석하더라도 미래를 예측하기 어렵다는 것을 동시에 시사해주는 용어가 되기도 한다. 블랙스완은 세상을 이해하는 새로운 패러다임 중의 하나로 자리매김하고 있다.

그러나 블랙스완을 우리는 마냥 부정적으로 볼 필요는 없다. 혁신적 비즈니스 모델로 무장하여 시장을 하루아침에 지배하는 '시장 파괴자' 혹은 '룰 브레이커(Rule Breaker)'들이 출몰하는 세상이 마치 블랙스완을 닮고 있

기 때문이다. 룰 브레이커는 발상의 전환을 통한 룰 크리에이터(Rule Creater)
와 맥을 같이 하는 말이다.

룰 크리에이터는 기존 제품의 성능을 단순히 개선시키는 의미가 아니
다. 기존의 제품이나 서비스와 완전히 다른 온리 원(Only One)을 만드는 노력
이다. 집단 지성으로 만들어진 위키피디아는 전통적인 백과사전 브리태니
커 백과사전을 온라인에 그대로 옮기지 않았다. 대신 세계 모든 지성과 개
인들이 참여할 수 있는 공간을 온라인에 제공하면서 정보의 신뢰를 위해
계속 수정해나갈 수 있는 '오픈 콜라보레이션(Open Collaboration)' 또는 '오픈
이노베이션(Open Inovation)'이란 개념을 제공하여 백과사전의 새로운 패러다
임을 만들었다.

위키피디아의 출현으로 설 자리를 잃게 된 브리태니커는 2010년, 244년
의 역사를 뒤로하고 출판 백과사전 사업을 접었다.

유무선 인터넷 기술이 발달하고 소셜 네트워킹이 발달한 요즘 같은 시
대에서는 '창조적 파괴'에 의한 룰 크레이터는 어느 특정 기업가에 의해 주
도되는 것이 아니다. 일반인들이 참여하는 집단 지성이 정보를 공유하고
네트워킹하면서 참여자 모두가 '창조적 파괴'의 주인공이 되고 있다. 기업
은 소비자들의 집단 지성을 이끌어내 신제품에 반영하기 위해 많은 노력
들을 경주하고 있다. 세상 어느 한 귀퉁이에 숨어 있는 잠재된 '창조적 파
괴'의 발상을 찾아내는 일이 중요하다. 형식을 갖추지 못한 지식의 암묵지
를 발굴하여, 형식을 갖추어 표현되고 전파와 공유가 가능한 지식인 형식
지로 바꾸는 일이 기업의 역할이다.

일하는 방식도 다양한 IT 기술의 활용으로 창조적 파괴가 이루어지고
있다. 스마트 오피스를 중심으로 어디서나 똑똑하게 일하는 스마트 워크
가 확산되고 있다.

스마트 워크는 직원들이 장소·시간·디바이스에 구애받지 않고 직장의 업무를 처리할 수 있도록 환경 조성을 하여 업무를 보게 하는 것이다. 2011년, KT는 분당, 서초, 광화문, 동작 등 서울과 수도권 15개, 대전 1개의 스마트워킹센터를 설치했다. 그리고 매달 4000여 명의 직원이 스마트워킹센터 또는 재택근무를 이용한 결과, 1인당 출퇴근 절감 시간 94분을 적용하면 연간 26년의 시간이 절감되는 효과를 가져왔다고 KT는 분석하고 있다. 또한 스마트 워크로 출퇴근 거리가 감소하고 이로 인해 이산화탄소 절감 등의 친환경적 성과도 나타났다. 1인당 평균 출퇴근 거리 33.4Km를 한 달간의 스마트워크 이용 일수 1만 1700일에 적용하여 계산해보면 39만 킬로미터로서, 지구 9.7바퀴만큼 출퇴근 거리가 감소하고 20톤의 이산화탄소 절감 효과가 산출되었다는 것이다.

새로운 발상의 룰 브레이커의 세계는 블랙스완의 세계이다. 그리고 구글과 아마존, 애플, 삼성과 같이 승자가 전체 시장을 좌지우지하는 세상이 되었다. 그들에게는 정답이 없다. 세상을 읽는 통찰력이 있을 뿐이다.

답을 찾지 마라.
인생에 정답은 없다.
모든 것은 정답과 오답이 공존한다.
지혜로운 사람들은
선택한 다음
그걸 정답으로 만들어내는 것이고
어리석은 사람들은
그걸 선택하고
후회하면서 오답으로 만든다.[69]

3. 개천에서 용이 나오는 창의력 교육은 어떻게 해야 하나?

애플의 철학이 담긴 슬로건은 "Think Different!"이다. 이 슬로건은 「미친 자들에게 바치는 시에서 따왔다고 한다.

> 부적응자, 반역자, 말썽꾸러기들
> 그들은 세상을 다르게 보는 사람들입니다.
> 그들은 규칙을 좋아하지 않습니다.
> 현재의 상황에 대한 존중심도 없습니다.
> 여러분들은 그들을 칭찬할 수도 있고, 다른 의견을 가질 수도 있습니다.
> 그들의 말을 인용할 수도 있고, 믿지 않아도 좋습니다.
> 그들을 칭송하거나 아니면 비방할 수도 있습니다.
> 다만 한 가지, 그들을 무시할 수는 없습니다.
> 왜냐하면 그들은 세상을 바꾸는 사람들이기 때문입니다.
> 그들은 발명하고 상상하고 치유하고 탐험하고 창조하고 영감을 줍니다.
> 그들은 인류를 앞으로 나아가게 하는 사람들입니다.
> 혹자는 그들을 미친 사람이라고 볼지 모르지만
> 우리는 그들에게 천재성을 엿봅니다.
> 세상을 바꿀 수 있다고 생각할 만큼 충분히 미쳤기에,
> 그들이야말로 세상을 바꾸는 것입니다.
> 다름에 대해 생각해 보십시오(Think Different).[70]

학교에서 선생님이 학생들에게 질문한다. 추위에 꽁꽁 언 얼음이 녹으면 무엇이 됩니까? 모든 학생이 물이 된다고 정답을 말했다. 그러나 한 학

생은 봄이 온다고 했다. 정답만을 가르치는 교육적 사고로는 봄이 온다고 답한 학생은 당연히 틀렸다. 그러나 이 답 역시 맞는다고 포용하는 것이 다양성을 확보하는 방법이다. 창조 사회에서의 사업적 기회는 '다름'으로부터 나온다. 창조경제를 만드는 것은 돈도 힘도 아니다. 창조 사업가다.[71]

2013년 초, 국내 한 방송사의 오디션 프로그램에서 이찬혁(18세) 군과 이수현(15세) 남매로 구성된 '악동뮤지션'이 우승했다. 이 남매의 성장 배경과 경선 과정은 그야말로 드라마틱하다. 이들은 선교사인 부모님을 따라 몽골 초원에 살면서 홈스쿨링을 하다가 우연히 오디션에 응모했다. 이 남매의 자작곡들은 기성 가수들을 제치고 모든 음원 차트에서 1~2위에 올랐다. 「다리 꼬지마」, 「매력 있어」, 「못난이」, 「크레센도」 등의 노래를 부르는 모습이 담긴 동영상의 조회 수 역시 폭발적이었다.

이찬혁 군이 한 곡을 만드는 데 보통 30분에서 45분이 걸린다고 한다. 오래 시간을 끌면 감정이 변하기 때문에 곡을 만들지 못한다고 한다. 그래서 가장 빨리 만든 곡은 5분 만에 완성했다고 한다.

여동생과의 듀엣에다 작사·작곡·기타 반주까지 담당한 찬혁 군은 음악 교육을 받지 못했다. 그래서 그는 악보를 읽지 못한다. 그 대신 그는 그림과 문자를 사용한 자기만의 독특한 방식으로 작곡을 한다. 이들 남매에게 작사·작곡이란 형식적 기호가 아니라 내용, 즉 콘텐츠 자체이다.

창의력이란 무엇일까? 익숙한 것을 고정관념의 틀에 가두어 두지 않고 경험들을 잘 연결시킨 결과물이 곧 창의력이다.

물고기를 잡는 그물로 물을 나를 수 있을까. 답은 뜻밖에 간단하다. 물을 얼음으로 만들면 된다.

우리가 생각하는 선풍기에는 당연히 날개가 달려 있다. 2009년 미국 시사 잡지 《타임》이 선정한 올해의 발명품 가운데 영국 다이슨사의 날개

없는 선풍기가 선정되었다. 1882년 전기로 돌리는 선풍기가 발명된 이래 127년 동안 선풍기는 당연히 날개가 있어야 했다. '왜 선풍기에 꼭 날개를 써야 할까?'라는 질문이 127년 동안 고정된 프레임을 꺾은 것이다.

> 창의는 익숙한 사람들의 비웃음과 손가락질에서 탄생한다.
> 새로운 아이디어는 비판을 받게 마련이다.
> 혁신적이고 익숙하지 않았던 아이디어를 접하게 되면
> 대부분의 비창의적인 사람들은 비웃는다.
> 비웃음과 손가락질이 많을수록 그 아이디어는 세상에 빛을 발한다.[72]

창의성에 감성과 디자인을 얹어야 소비자가 지갑을 여는 시대가 되었다. 덴마크 기업 뱅앤올룹슨의 이어폰을 보면 누구나 한 번쯤 사고 싶은 유혹에 빠진다. 음질이 우수해서만이 아니다. 오히려 음질만 따지고 보면 더 우수한 제품들도 있다. 아이폰은 '전화 기능에 더해진 아이팟'이라는 새로운 콘셉트와 심플하고 감성적인 디자인이 핵심 포인트였다. "아이폰은 전화기가 아니다. 당신 삶의 동반자이자, 살아가는 방법이다"라는 것이 애플이 내세운 전략 포인트였다.

소비자들은 새로운 기술보다 새로운 경험을 중시한다. 명품은 소비자들의 새로운 경험을 타겟으로 소구한다. 경쟁사 제품보다 제품의 원가가 낮다고 소비자의 경험까지 쌀 필요가 없으므로 명품은 항상 비싸게 팔린다.

03
CHAPTER

스타의 세계와 디지털 기술

1. 스포츠와 연예계에는 왜 슈퍼스타 경제학이 나타나는 것일까?

지난 몇 년간 우리나라 방송사의 가장 히트 프로그램은 경연 프로그램이다. 〈위대한 탄생〉, 〈슈퍼스타 K〉 등은 높은 시청률을 기록했고, 지원자가 200여만 명에 이르는 등 대중의 관심이 가히 폭발적이었다. 경연 곡은 디지털 온라인 차트에서 시청자들의 인기를 끌어모으며 높은 음원 수익을 창출했다. 경연 프로그램 덕분에 대학의 실용음악과가 인기 학과로 급부상하기도 했다. 경연 프로그램은 음악에 국한되지 않고 연기, 요리, 창업 등 다양한 분야로 확대되었다.

경연 프로그램이 높은 인기를 끌 수 있었던 요인은 무엇인가? 삼성경제연구소는 그 이유로서 주제와 소재의 공감성, 경연 방식의 공정성, 경연 참가자의 독창성을 지적하고 있다. 우선 공감성을 살펴보자. 시청자는 참

280

가자의 도전과 좌절, 성취 등 스토리가 있는 경연 과정에 공감하며 감동을 느끼게 된다. 그리고 신세대부터 노년 세대까지 전 연령층이 음악 콘텐츠를 매개로 세대 간의 감성을 공유할 수 있다. 다음은 공정성이다. 기존 가요계가 참가자의 국적, 학력, 나이 등의 제한을 두었다면 최근의 경연 프로그램은 자격 조건을 철폐하여 실력 중심으로 참가자를 평가한다. 또한 평가의 투명성을 위해 시청자를 단순한 관객으로만 국한시키지 않고 경연 미션 곡의 선정부터 참가자 심사 투표까지 경연 운영 전반에 능동적으로 참여시키고 있다. 마지막으로 독창성을 들 수 있다. 참가자들은 생존에 성공하기 위해 단순히 노래를 잘하는 것을 뛰어넘어 자신만의 고유한 개성을 표현하며 고정관념을 뛰어넘는 과감한 발상으로 다양한 무대를 연출하고 있다.[73]

엄청난 경쟁의 관문을 뚫은 최종 우승자는 명실상부한 스타로 탄생하게 된다. 치열한 경연 과정을 지켜본 시청자들의 기대와 사랑 속에 탄생한 새로운 스타의 일거수일투족은 언론의 뉴스거리가 된다. 그리고 본인의 능력에 따라 부를 거머쥐게 된다. 그러나 경연에 탈락한 사람들은 사람들의 주목에서 멀어지면서 쉽게 잊힌다.

스포츠계도 마찬가지이다. 한국인 최초의 메이저리그 투수로 활약한 박찬호 선수, 그 뒤를 이어 2013년도에 진출한 류현진 선수, 미국 LPGA에 혜성처럼 등장해 불멸의 우승 기록을 세우며 명예의 전당에 헌정된 박세리 선수, 한국인 최초의 프리미어리거가 된 박지성 선수 등은 부와 명예를 한 손에 쥔 스포츠 스타들이다.

대개 직장인들은 능력에 따라 급여의 차이가 존재한다. 기술자도 마찬가지이다. 보통 능력의 자동차 정비공에 비해 우수한 정비공의 수입이 더 많은 것은 자연스러운 일이다. 그러나 수십 배, 수백 배의 차이가 나지는 않는다. 하지만 연예인이나 운동선수는 다르다. NBA 선수 중 절반은 200만 달러 이상을 받는다. 이는 미국 상위 1%의 평균 가계 수입의 5배 이상이다. 코비 브라이언트 같은 슈퍼스타는 연간 2500만 달러를 번다. NBA 대열에 끼지 못한 농구 선구들과 비교하면 수백 배, 수천 배의 차이가 난다.

톱스타는 천문학적 수입을 올리는 반면 나머지 대부분은 그저 먹고살 만큼만 번다. 왜 이런 일이 생기는 것일까? 고액 연봉의 스타가 존재하는 이유는 시장의 특수성 때문이다. 미국 시카고 대학 교수이자 노동 경제학자인 셔윈 로젠은 이 같은 '슈퍼스타 탄생' 현상을 재능의 제한된 공급과 과잉수요의 상호작용으로 설명했다. 그는 "1등은 엄청난 보상을 받는 반면 차점자는 훨씬 적은 보상을 받으며 이런 현상은 특히 연예나 스포츠 분야에서 두드러지게 나타난다"고 분석했다.

로젠 교수는 '실력'과 '몸값'이 늘 완벽한 상관관계를 이루는 건 아니라고 말한다. 그들의 몸값을 결정하는 요인 중 하나는 '실력'이 아니라 '관중'이며, 그 소비의 차이를 만들어내는 것은 바로 언론이라고 지적한다. 슈퍼스타의 몸값에는 실력 외에 관중 동원 능력과 매스컴 노출 빈도가 포함돼 있다고 볼 수 있다. 로젠 교수는 가수나 연예인, 운동선수 간 소득 불균형이 심화되는 원인으로 매스미디어의 확산을 꼽았다. 매스컴에서 주목받은 선수는 '1등' 자리를 계속 유지하는 이점이 있다.

슈퍼스타 현상이란 승자가 모든 것을 가져가는 '승자 독식 현상(Winner Takes All)'과도 비슷하다. 승자 독식 현상을 떠받치는 경제 이론은 '차액지대론'과 '파레토의 법칙'이다. 데이비드 리카도의 차액지대론은 토지가 비옥할수록 더 많은 곡물을 생산할 수 있기 때문에 더 비싼 임대 비용을 내야 한다는 이론이다. '소득 분배의 불균형'을 설명하기 위한 파레토 법칙도 마찬가지이다. 19세기 후반 이탈리아의 경제학자 빌프레도 파레토는 "이탈리아 인구의 20%가 이탈리아 전체 부의 80%를 갖고 있다"고 주장했다.[74]

마이클 조던의 경기를 보면서 사람들은 열광했다. 스타들은 대중을 끌고 다닌다. 대중들은 슈퍼스타의 서비스를 저렴한 비용으로 대량 소비한다. 마이클 조던의 농구 경기는 케이블 TV를 통해 전 세계 시청자들에게 제공되어 누구나 값싸게 즐길 수 있었다. 그러나 아무리 뛰어난 실력을 지닌 자동차 정비공일지라도 그의 서비스를 소비할 수 있는 사람은 제한돼 있어 슈퍼스타가 될 수 없다.

스타 시스템은 누가 돈을 가장 많이 벌고 있는가 하는 구조에 기반을 두고 있다. 하이 리스크, 하이 리턴의 수익 구조가 특징인 연예 산업계에서는 성공한 1%가 실패한 99%를 먹고 사는 시스템이기 때문이다.

운동경기 토너먼트에서는 둘 중에 한쪽이 떨어져 나가야 한다. 토너먼트 시스템에서는 꼭 잘한 팀이 우승한다는 보장이 없다. 반드시 이겨서 승부를 가려야 한다. 운이 좋아 간발의 차로 이겼더라도 우승은 우승이다. 그런데 우승자와 패배자 사이에는 부와 명예의 배분에서 많은 격차가 벌어진다. 승자가 대부분을 가져가는 시스템에서는 능력대로 배분되지 않아 일부 사람들은 불만을 터트리기도 한다. 그러나 대부분의 사람들은 운동경기나 스타 시스템에 너무나 익숙해졌다. 우리의 사회가 승자 독식의 시스템으로 변한 것에 대해 무슨 문제가 있는지 모르고 있다. 아마도 우리는 누구나 스타가 될 수 있다는 환상 속에 살아가고 있을지도 모른다.

이 같은 승자 독식의 세계는 우리가 가장 평등하고 민주주의를 실현하는 개인 미디어라고 생각하는 SNS에도 적용된다. SNS에서 우리는 1%의 소수에 의해 게시된 콘텐츠가 최소한의 검증 작업 없이 순식간에 확산되고 유포되는 현상을 흔히 볼 수 있다. SNS에도 1 대 9의 법칙이 나타나고 있다. '인터넷 이용자의 90%는 관망하며, 9%는 재전송이나 댓글로 확산에 기여하고, 1%만이 콘텐츠를 창출한다'는 법칙이 통용되고 있기 때문이다. 영향력 있는 소수 의견이나 콘텐츠가 불특정 다수에게 일방적으로 흐르는 현상이 SNS에 나타나고 있다. 덴마크의 인터넷 전문가인 제이콥 닐슨은 이러한 법칙을 언급하면서 "인터넷과 SNS에 의해 사람들의 생각과 의견이 활발히 교환되는 쌍방향 소통이 가능할 것이라는 예상과 달리 대부분의 이용자들이 게시된 정보에 대해 비판이나 참여 없이 일방적으로 관망하는 참여 불균등이 심해지고 있다"고 지적하고 있다.

2. 바비 인형과 IT의 갈라파고스화 현상

세계의 여자아이들이 가장 사랑하는 인형 중 하나가 바비 인형이다. 아이들은 바비에게 옷을 갈아입히고 머리를 따주며 놀았다. 그런데 수시로 바비 인형 옷이 시리즈로 나오는 바람에 이 옷을 사 모으는 데도 많은 돈이 들어갔다. 어른들은 바비 인형이 아이들을 허영심 강한 쇼핑 중독자로 만들 수 있다며 우려를 표명했다. 한마디로 어른들의 시각으로 볼 때 바비 인형은 좋은 이미지가 아니었다.

어른들이 바비 인형을 싫어하는 이유는 두 가지가 더 있다. 그 하나는 1980년대 바비 인형 시리즈가 나올 때 제기된 "여자아이들을 밖으로 나돌게 해서 전통적인 여성상을 깨트려 가정의 규율을 흔들 수 있다"는 비판이다. 또 하나는 여성인권운동가들의 비판이다. 바비 인형의 비현실적인 몸매 때문이다. 영국의 《데일리메일》 보도에 따르면 영국 19세 소녀의 평균 체형이 32(가슴)-31(허리)-33(엉덩이)인데 바비는 36-18-33이다. 이것은 아이들에게 잘못된 신체 이미지를 갖게 만들 수 있다. 그래서 바비의 몸매를 동경한 소녀들이 무의식적으로 영양실조와 거식증을 불러일으킬 수 있다는 점을 지적하고 있다. 독일 베를린에 실물 크기의 바비 인형 및 각종 바비 생활용품을 갖춘 '바비 인형 드림 하우스' 테마파크가 문을 열었다. 이에 대해 여성단체들은 바비가 여성들로 하여금 예뻐져야 한다는 강박관념을 부추기는 대상이므로 이를 폐쇄해야 한다며 연일 시위를 계속했다고 한다.

이처럼 바비 인형은 60년 가까이 여성들의 엄청난 질시와 논란의 중심에 서 있으면서도 여전히 여자아이들과 소녀들의 사랑을 받아오고 있다. 이들이 바비를 좋아하는 것은 그저 예쁜 것을 추구하는 심미적인 취향 때문이지 그 몸매를 동경하고 따라가기 위해서가 아니다. 이처럼 두 개의 실제가 비동조화되어 따로따로 특정한 현상이 진행되는 경우가 허다하다.

비동조화 현상은 경제 분야에서 많이 발생한다. 서로 인접한 국가의 경우 비슷한 경제 현상을 보여야 하지만 실제는 그러지 않다. 일본의 경제와 한국의 경제 그리고 중국의 경제가 다르고, 저 멀리 미국의 경제가 다르다. 보편적인 세계 경제의 흐름과 달리 독자적인 경제 흐름을 보이는 비동조화 현상이 자주 발생하고 있는 것이다. 미국 주가가 오르는데도 한국의 주가는 하락하는 경우가 대표적인 사례이다.

비동조화 현상은 제조 분야에서도 나타난다. 전통과 역사를 자랑하는 100년 기업으로 미국의 자존심인 GM이 2009년 파산 보호 신청을 한 후 '뉴 GM'으로 재편했다. 오랫동안 미국은 외국과는 달리 소형차의 수요가 많지 않은 중·대형차 위주의 시장이었다. 미국의 높은 1인당 소득과 낮은 연료 가격, 넓은 도로와 장거리 운행, 대중교통 수단의 미비 등이 중·대형

차를 선호하게 된 배경이 되었다.

미국은 1950년부터 차량의 연간 판매 대수가 500만 대가 넘는 세계 최대 시장이었기 때문에 GM은 내수 시장 지키기에 주력했고, 수익이 나지 않는다는 이유로 소형차 시장을 무시했다. GM뿐만 아니라 포드와 크라이슬러 등 미국 자동차 업체 빅3 역시 미국 시장의 갈라파고스화에 고착되어 소형 승용차를 앞세운 일본 기업을 잠재 경쟁자로 경계하지 않았다. 그래서 미국 경제가 침체되면서 소형차 붐이 일었을 때 일본 자동차 회사와의 소형차 생산 경쟁에 밀릴 수밖에 없었다. 해외 시장 진출에서도 외국 자동차 업체와의 경쟁에서 크게 뒤질 수밖에 없었다. 중·대형차 위주의 미국 자동차 시장과 소형차 분야에서 경쟁력을 축적한 일본 시장 사이에 비동조화 현상이 발생한 것이다.

비동조화 현상은 다시 같은 방향으로 움직이는 재동조화 현상(Recoupling)을 불러오기도 하며 이 과정에서 많은 손실이 발생할 수 있다.

비동조화 현상은 갈라파고스 현상을 초래한다. 갈라파고스는 남미 에콰도르의 화산 활동으로 생겨난 섬이다. 이 섬은 『종의 기원』을 저술한 찰스 다윈에게 진화론의 영감을 준 섬으로 유명하다. 갈라파고스는 육지로부터 멀리 떨어져 있어 독자적으로 진화한 종들이 살고 있었는데 이 종들은 외부 종이 유입되자 멸종되거나 멸종 위기를 맞게 되었다. 갈라파고스화, 갈라파고스 증후군(Galapagos Syndrome)이란 말은 이러한 상황을 빗대어 내국 시장에 치중하다가 세계 시장으로부터 고립되고 있는 일본의 제조업, 특히 IT 기업의 현상을 일컫는 용어이다.

1990년대 일본의 제조업은 까다로운 자국 시장의 기준 맞추기에 주력한 결과 오히려 세계 시장으로부터 고립되고 말았다. 일본 기업이 개발한 기술과 서비스 수준이 국내 소비자들의 독자적이고 높은 기준의 취향에 맞춰 발전하다 보니까 세계 시장의 욕구와 국제 표준에서는 맞지 않은 것이다. 시간이 지나면서 세계 시장 진출이 막히고 일본 내수 시장마저 침체되는 현상을 보였다. 그 결과 세계 시장에서의 영향력이 약해지고 내수 시장마저 빼앗길 위기에 처하게 되었다. 대표적인 사례로 일본의 휴대전화를 들 수 있다. 자체 개발한 무선인터넷 아이모드가 1억 1000만 명의 거대한 내수 시장에서 큰 성공을 거두자, 스마트폰에 대한 대응이 늦어져 위기에 처하게 되었다.

세계 혁신 기업의 대명사로 꼽히던 소니는 기존 기술을 과신해 혁신을 멀리했다. 아날로그 브라운관 TV의 성공에 취해 LCD(액정 디스플레이) TV 도입을 서두르지 않았다. 파나소닉도 마찬가지이다. PDP(플라스마 디스플레이) TV 기술에 집착하다 LCD로 넘어갈 타이밍을 놓쳤다. 결국 일본의 IT 기업들은 세계 최첨단 수준의 기술력을 갖추었으면서도, 주수입을 창출해주는 내수 시장에 집착하다가 세계 시장에 진출하지 못하는 아이러니한 상황에 부딪치게 된 것이다.

3. 〈아바타〉가 아카데미 시상식에서 수상하지 못한 이유

영화 〈미션 임파서블〉 시리즈로 엄청난 흥행 수입을 올렸던 파라마운트 영화사는 2006년 인기 배우 톰 크루즈와 14년간의 독점 계약을 해지했다. 대중의 관심과 선호가 특정 스타에 집중되는 이른바 '슈퍼스타 경제학'의 효과가 사라지고 있다는 판단에서였다. 디지털 영상 시대에 몇백억 원씩 받는 슈퍼스타들을 대신하여 '슈렉' 같은 애니메이션 캐릭터나 〈반지의 제왕〉, 〈아바타〉의 캐릭터들처럼 CT(Culture Technology: 문화 기술)의 힘으로 태어난 디지털 배우들이 저렴한 비용으로 훌륭한 연기를 펼치면서 스타 배우들과 경쟁하기에 이르렀다.

2010년 '슈렉'은 수많은 인간 스타들을 제치고 당당히 할리우드에 있는 명예의 전당에 2408번째로 이름을 올리는 영예를 안았다. 슈렉은 앞서 이름을 올렸던 미키 마우스, 도널드 덕, 심슨과 함께 어깨를 나란히 하게 되었다. 늪지대의 녹색 괴물에서 할리우드 명예 스타로 우뚝 선 것이다. 드림웍스의 CEO인 제프리 카젠버그는 "슈렉은 위대한 할리우드의 꿈을 진정으로 대표한다"면서 "이 거리의 모든 스타처럼 슈렉도 이제 우리 문화의 한 부분이 되었다"고 평가했다.

2010년 제62회 칸 영화제의 개막작은 오랜 전통을 깨고 개봉 한 달 만에 3000억 원을 벌어들인 3D 애니메이션 〈업〉을 선정했다. 바야흐로 첨단 디지털 애니메이션 시대가 우리 앞에 활짝 열린 것이다.

중요한 것은 디지털 애니메이션의 기법도 놀랍지만 스토리가 재미있다는 점이다. 콘텐츠 산업의 핵심은 스토리텔링이다. 특히 미국은 세계 각국의 스토리 원형을 발굴하여 글로벌 산업으로 키워내는 탁월한 기반을 갖추고 있다. 스토리의 원형은 마치 에스프레소 커피와 같다. 너무 쓰다는 이유로, 또는 너무 양이 적다는 이유로 커피 전문점에서 가장 적게 팔리는 커피가 바로 에스프레소이다. 그런데 왜 잘 팔리지도 않고, 맛도 쓴 에스프레소가 모든 커피 매장에 자리 잡고 있는 것일까? 그것은 에스프레소가 커피의 기본 메뉴가 되기 때문이다. 아메리카노는 에스프레소와 뜨거운 물의 결합이며, 카페라테는 여기에 스팀밀크를 결합한 커피이다. 미국이나 영국 같은 콘텐츠 선진국은 이야기의 원액인 에스프레소를 잘 발굴하여 스토리텔링 산업으로 성장시킴으로써 엄청난 부가가치를 창출하고 있는 나라이다.

2011년도 세계 애니메이션 시장은 약 145억 달러, 우리 돈으로 16조 원 규모이다. 이 시장은 해마다 점점 커지고 있지만, 미국(42.5%)과 유럽(26%) 그리고 일본(18%)이 독식하고 있다. 중국의 점유율은 2.2%, 우리나라는 0.3%에 불과하다. 그러나 전문가들은 앞으로는 디지털 기술이 뛰어나고, 인건비가 저렴한 아시아 국가들이 애니메이션 산업의 강자로 떠오를 것으로 전망하고 있다. 특히 중국의 도전은 거세다. 세계적인 캐릭터 손오공을 전면에 내세워 글로벌 시장 진출을 추진하고 있다.

2009년 세계 최고의 흥행 대작인 SF 영화 〈아바타〉의 출연 배우들은 정작 아카데미 영화상에서는 찬밥 신세가 되었다. 〈아바타〉에서 연기한 남녀 주연 배우들이 진짜였는지 가짜였는지가 심사위원들의 논쟁거리가 되었기 때문이다. 영화 속에서 울고 웃으며 사랑하고 싸우던 제이크(샘 워딩턴)와 네이티리(조 샐다나)가 진짜 살과 피를 가진 사람이었는지, 아니면 컴퓨터가 창조한 디지털 캐릭터였는지를 놓고 심사위원들의 찬반이 크게 엇갈렸다.

결국 영화 속 캐릭터들과 그들의 연기가 '인간 배우들에 의한 예술적 창조물이라기보다는 컴퓨터에 의한 기술적 생산물'이라는 데 의견이 기울어지면서 출연 배우들은 아깝게 수상할 기회를 놓치게 되었다.

3D 디지털 캐릭터인 '슈렉'이 할리우드 스타 대접을 받는 것은 2D 애니메이션 캐릭터인 미키 마우스와 사뭇 의미가 다르다. CG와 애니메트로닉스(Animatronics) 같은 눈부신 CT의 발전으로 태어난 디지털 캐릭터들이 어느새 인간 배우들의 자리를 넘보고 있는 수준으로 진화하고 있기 때문이다. 파라마운트 영화사의 〈트랜스포머〉는 화려한 특수효과와 눈부신 연기를 펼치는 로봇 간의 전투 장면으로 관객들을 몰입하게 만들었으며, 영화사에 막대한 수입을 안겨주었다. 반면 슈퍼스타 톰 크루즈는 독

점 계약이 끝났다. 3D 영화와 디지털 캐릭터가 톱스타의 자리를 밀어낸 형국이다.

〈아바타〉에 출연한 인간 배우들은 기술과의 합성으로 아카데미 수상의 기회는 놓쳤다. 그러나 〈아바타〉는 촬영상, 시각효과상, 미술상을 수상했다. 이 정도면 CT 기술로 탄생한 디지털 캐릭터들의 눈부신 연기는 제대로 보상을 받은 셈이다.

PART 8

제4의 물결로 진입을 이끄는 기술들

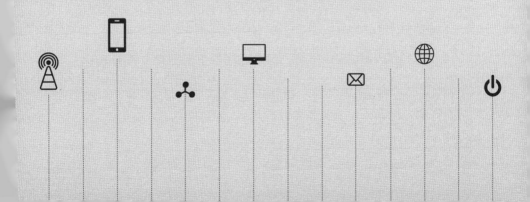

01
CHAPTER

제4의 물결로 진입을 이끄는 기술들

1. 새로운 기술의 발견은 우연인가, 필연인가?

우리가 매일 사용하는 볼펜, 전자레인지, 텔레비전과 리모컨 같은 것들은 어떻게 만들어졌을까. 인류 문명을 크게 바꾸어 놓은 위대한 발명품 중에 우연히 발명된 것들이 많다. 물론 변화를 이끈 동인(動因)은 우연보다 필연이 내재되어 있을 것이다. 동인은 누구나 인정할 만한 니즈라고 할 수 있다.

인류가 수렵사회에서 농업 사회로 전환한 농업혁명에는 생존을 위한 인간의 생리적 욕구가 있었다. 농업 사회에서 산업 사회로 이끈 산업혁명에는 편리에 대한 욕구가 있었고, 산업 사회에서 정보화 사회로 이끈 인터넷 혁명에는 사람들의 참여 욕구가 있었다. 그리고 정보화 사회에서 유비쿼터스 사회로 이끈 유비쿼터스 혁명에는 자아실현에 대한 욕구가 주요 동인으로 작용했다. 그러나 시작의 발단은 결코 크지 않은 사소한 계기나 발명이 시대의 니즈에 부합되면서 전혀 다른 방향으로 크게 성장한 경우가 많다. 특히 미디어의 발명이 대표적인 예가 될 수 있다.

매스미디어의 중심 매체인 라디오와 TV의 역사에 가장 중요한 인물은 데이비드 사노프이다. 러시아 이민자의 아들이었던 사노프는 15세에 뉴욕에 있는 무선전파통신 회사인 마르코니에 사환으로 들어가 무선통신사가 되었다. 그는 1912년 호화 유람선 타이타닉호의 비극적인 침몰 사건을 가장 빨리 전달하여 일약 세계적으로 유명한 인물이 되었다.

타이타닉호는 영국 사우샘프턴 항에서 뉴욕 항으로 처녀 출항에 나섰는데 바다를 떠다니던 빙산과 충돌한 후 두 동강 나면서 해저 3821m 아래로 가라앉았다. 승선 인원 총 2228명 가운데 711명만이 살아남은 최악의 대형 참사였다. '바다 위에 떠 있는 궁전'으로 불린 타이타닉호는 최신 기술의 집약체로서 현재 가치로는 4억 달러가 넘은 어마어마한 건조 비용이 들어가 "신도 이 배를 침몰시킬 수 없다(God himself could not sink this ship)"는 문구로 광고를 하기까지 했다.

사노프는 당시 우연히 이상한 무선 신호를 포착하게 되었는데 그것은 타이타닉호가 침몰하면서 보내고 있는 무선 구조 신호였다. 그는 타이타닉의 침몰 소식을 72시간 동안 전 세계로 긴박하게 타전하면서 불행 중 다행으로 많은 인명을 살리게 된 계기가 되었고, 세계적으로 가장 유명한 사람이 되었다. 이 사건으로 사노프는 스스로 전파의 막강한 위력을 실감했으며, 라디오 방송과 TV 방송의 가능성을 알아차렸다.

이후 사노프는 부단한 노력 끝에 1922년에 세계 최초의 정규 라디오 프로그램을 선보였고, 1939년에는 NBC를 설립하여 미국 뉴욕에서 열린 만국박람회의 개막식을 중계함으로써 TV 방송의 막을 올려 전파의 황제로 불렸다.

사노프가 인류의 가장 큰 발명 중 하나인 '방송'이란 개념을 처음부터 독립적으로 고안해낸 것은 아니었다. 방송을 의미하는 '브로드캐스팅 (Broadcasting)'은 이미 해군에서 군사 용어로 사용하고 있었다. 해군에서는 '함장의 명령을 한꺼번에 여러 군함에 보내는 것'을 브로드캐스팅이라고 했다. 사노프는 군사 용어인 방송을 '함장의 명령'이 아니라 '콘텐츠를 전파에 실어 다중에게 보내는 것'으로 그 개념을 바꾸어놓음으로써 전파의 황제로 등극했다.

함장의 명령과 방송은 비록 같은 용어이지만 발신자의 목적에 따라 수신자가 체험하고 경험하는 것은 180도 달랐다. 이후에도 함장의 명령을 의미하는 브로드캐스팅은 통신 산업으로, 엔터테인먼트를 대표하는 브로드캐스팅은 방송 산업으로 수십 년간 각기 다른 길을 걸으며 발전했다. 그러나 1990년대 들어 통신·방송 융합 환경에 접어들면서 비로소 하나로 통합되기 시작했으니 아이러니한 일이 아닐 수 없다.

방송처럼 발명자가 당초 생각하지 못한 방향으로 성장하여 인류에게 크게 공헌하고 있는 발명품들은 많다. 예를 들어 자동차라는 단어는 원래 영국에서 '말이 없는 마차(Horseless Carriage)'를 뜻했다고 한다. 자동차 역시 사람을 태워 이동시켜 주는 기능이므로 마차의 연장으로 생각하여 이 단어를 만들었을 것이다. 그러나 오늘날 자동차는 '말이 없는 마차'의 개념을 훨씬 초월하여 사용자들에게 전혀 다른 체험과 편리함을 가져다주고 있다.

오늘날 사람들이 가장 즐겨 입는 평상복인 청바지는 어떠한가. 국경과 세대를 초월하여 젊음의 상징으로 자리 잡은 청바지는 19세기 중엽에 탄생했다. 발명자인 미국인 스트라우스의 '블루진(Blue Jeans)'은 실패가 안겨준 행운이었다.

1930년대 초반 미국의 샌프란시스코에서는 많은 양의 금이 나왔다. 자연히 금을 캐려고 모여드는 사람들로 이른바 '골드러시'를 이루었고 이에 따라 전 지역이 천막촌으로 변해갔다. 이때에 천막 천 생산업자였던 스트라우스는 이들에게 천막 천을 판매하여 톡톡히 재미를 보고 있었다.

그러나 그에게 뜻하지 않은 시련이 있었다. 어느 날 스트라우스에게 군납 알선 업자가 찾아와 대형 천막 10만여 개 분량의 천을 납품하도록 도와주겠다고 제안했고, 뜻밖의 큰 행운에 고무된 스트라우스는 큰 빚을 내어 천막을 생산하기에 이르렀다. 그는 공장과 직원을 늘려서 밤낮으로 생산에 돌입하여 3개월 만에 주문받은 수량을 만들어내었다. 그러나 뜻밖에 군납의 길이 막혀버리면서 큰 낭패에 직면하게 되었다. 엄청난 빚더미에 올라앉은 그는 산더미처럼 쌓여 있는 엄청난 양의 천을 처분하지 않는 한 회생의 길이 막막했다.

실의에 빠진 그가 어느 날 주점에 들렀다가 금광촌의 광부들이 옹기종기 모여 앉아 낡은 바지를 꿰매고 있는 광경을 목격하게 되었다. 이때 천막 천으로 해어지지 않는 바지를 만들어보자는 아이디어가 번개처럼 떠올랐다. 일주일 후 천막 천은 산뜻한 바지로 탈바꿈되어 시장에 선을 보였고, 스트라우스는 이 작업복을 '블루진'이라 이름 붙였다. 푸른색의 잘 닳지 않는 바지인 청바지는 뛰어난 실용성을 인정받아 광부들뿐만 아니라 일반인들에게까지 엄청난 인기를 끌게 되었다.

특히 영화 〈이유 없는 반항〉에서 제임스 딘이 청바지를 입고 출연했는데 이를 본 많은 젊은이가 청바지를 입기 시작했고, 서부 카우보이 영화에서 주인공들이 청바지를 입고 나옴으로써 대중적인 인기를 끌게 되었다. 그리고 대학생들 역시 노동자들과 단결의 표시로 남녀를 가리지 않고 청바지를 입게 되었고, 이는 한편으로 유니섹스의 첫 출발이기도 했다. 세상

296

에 청바지가 나온 지 3년 만에 스트라우스의 청바지는 전 세계 지구촌에서 가장 사랑받는 의류가 되면서 그는 엄청난 부를 쌓을 수 있게 되었다.

오늘날 여성들의 전용품인 양산과 하이힐도 마찬가지이다. 이 두 개의 첨단 패션이 오물을 피하기 위한 수단으로 발명되었다면 누가 믿을까. 그러나 이는 엄연한 사실이다. 16~19세기 유럽의 위생 상태는 더러움 그 자체였다. 스페인 카스티야 왕국의 이사벨라 여왕은 평생 동안 딱 두 번, 즉 태어날 때와 결혼 전날에만 목욕을 했다고 자랑까지 했을 정도였다. 당시 유럽인들은 목욕하면 페스트에 잘 걸린다는 속설을 신봉해서 목욕을 기피했다. 어이없게도 화장품과 향수 또한 목욕을 하지 않아 생기는 지독한 냄새를 희석시키기 위해 사용한 것이다. 당시에는 베르사유 궁전에서도 화장실을 찾기 어려울 정도였으니 일반 가정집에는 물론 화장실이 없었다. 그래서 사람들은 용변을 보고 밖으로 던져버리는 관습이 있었다. 창문을 통해 머리 위에 떨어지는 용변을 막기 위한 도구가 바로 양산이며, 길거리에서 용변을 밟더라도 낭패를 피해 갈 수 있도록 고안한 것이 하이힐이었다.

오늘날 현대인들의 필수품인 크리넥스 티슈도 엉뚱한 곳에서 비롯되었다. 제1차 세계대전 중이던 유럽은 매일같이 부상병이 쏟아져 치료 도구가 태부족이었는데 특히 피를 닦는 솜과 거즈가 크게 부족하여 낭패를 겪고 있었다. 이때 미국의 킴벌리 클라크란 회사에서 치료용 솜을 대신할 제품을 개발하여 제공했는데 이는 흡수성이 뛰어난 '셀루 코튼'이라는 물질이었다. 약간의 솜에다 펄프 섬유소를 섞어 만든 것이었는데 당시 치료용으로 큰 인기를 끌면서 전쟁에서 절대적으로 필요한 물품이 되었다.

그런데 전쟁이 끝나자마자 이 제품은 금세 찬밥 신세가 되었다. 그래서 회사의 사활을 걸고 궁리 끝에 용도를 변경한 것이 휴대용 티슈였다. 셀루 코튼을 종잇장처럼 얇게 제작하여 '크리넥스'라고 이름을 붙여 화장을 지울 때 쓰면 편리하다고 대대적으로 홍보했다. 그러나 시장의 반응은 냉랭했다. 당시 모든 여성이 천으로 만든 손수건에 만족하고 있었으므로 값비싼 크리넥스에 눈길을 줄 리 없었다.

그러자 킴벌리 클라크에서는 "'주머니에 감기를 넣고 다니지 마세요!"라는 대대적인 광고를 시작했고, 이 광고 문구 하나가 세상을 뒤집어놓았다. 감기로 시달리는 사람들이 손수건으로 코를 훔치고 다시 호주머니에 넣는 것을 꼬집은 이 광고를 본 수많은 사람이 주머니에서 손수건을 꺼내 던져버리고 대신 크리넥스를 찾게 되었다. 이후 크리넥스는 고유의 상표명에서 누구나 사용하는 보통명사로 바뀌면서 오늘에 이르고 있다.

2. 로마 전찻길과 철로 폭, 그리고 우주 왕복선 추진 로켓의 너비는 왜 똑같을까?

영화를 볼 때 관객들이 가장 즐겨 먹는 게 무엇일까? 그것은 당연히 팝콘이다. 평소엔 팝콘을 잘 먹지 않던 사람들도 영화관만 가면 팝콘을 찾는다. 미국 남가주 대학 연구팀은 이 같은 현상에 대해 "특정 음식을 어떤 장소나 환경에서 반복적으로 먹은 경험이 있으면 다시 그곳에 갔을 때 뇌가 해당 음식을 기억하고 찾는다"라고 분석하고 있다.

많은 발명은 우연히 일어난다. 어느 가정에서나 볼 수 있는 가전제품 중 하나인 전자레인지는 마이크로파라는 전자파가 식품에 포함된 수분에 작용, 급속히 열에너지를 얻어내는 방법으로 간편하게 음식을 조리하는 기구이다. 이 전자레인지는 2차 세계대전 직후 미국의 퍼시 L. 스펜서에 의해 발명되었다.

그는 가난 때문에 12세 때 초등학교를 중퇴하고 어느 전자 회사의 직공으로 취직하여 전자관을 만드는 기술자가 됐다. 어느 날 정신없이 일하느라 배가 고팠던 그는 호주머니에 넣어 두었던 초콜렛바를 꺼내보니 이미 녹아 있었다. 그는 초코렛 바가 녹은 것은 체온 때문이 아니라, 작업장의 전자관에서 나온 무언가 때문이라고 직감적으로 생각했다. 스펜서는 간식으로 싸온 옥수수를 전자관 가까이 대보았더니 팝콘이 튀겨졌다. 전자관에서 발생되는 마이크로파가 음식을 빠르게 익힐 수 있음을 알아낸 그는 마침내 전자레인지를 만들어냈고, 1945년 특허를 내 제품을 팔기 시작하여 부와 명예를 거머쥐게 되었다.

연장을 처음 발명한 사람은 에티오피아의 리프트밸리에서 발견된 240~290만 년 전의 밀개를 만든 이들이다. 이들은 아직 완전한 인간은 아니었지만 연장의 출현은 인간의 진화에 결정적인 역할을 했다. 연장에 뒤늦게 달리게 된 손잡이는 구석기 시대를 신석기 시대로 이끌었다. 나뭇조각 3개로 조립했을 뿐인 인류 최초의 바퀴는 이동과 커뮤니케이션의 혁명을 일으켰을 뿐만 아니라 에너지 생산에 기여하고 현대의 기계공학을 탄생시켰다. 경험과 마법에서 시작한 원시적인 약과 치료 행위는 생명공학과 유전공학으로 발전했고, 노화방지 약 개발로까지 이어지고 있다.

『역사상 가장 위대한 발명 150』을 쓴 작가 미셸 리발은 "어떤 발명도 단한 사람의 천재성에만 빚진 것이 아니다"라고 말한다. 각각의 발명은 당대의 기술력과 시대의 요청이 뒷받침되지 않았다면 이뤄지지 않았을 것이기 때문이다.[75]

발명의 연대기를 살펴보면 의외의 작은 발명이 인류 문명의 수레바퀴를 움직이는 큰 발명으로 발전되기도 하고, 뜻밖에도 과거 경로 의존성(Path

Dependency) 때문에 기능만 발전하는 경우도 있음을 알 수 있다. 스탠퍼드 대학교의 데이비드와 브라이언 아서 교수는 '사람들이 어떤 이유에서든 한 번 일정한 방향성에 익숙해지고 나면 나중에 그 방향이 옳지 않거나 효율적이지 못하다는 사실을 깨닫고 난 후에도 그 방향성에서 벗어나지 못하는 경향을 경로 의존성이라고 설명하고 있다.

2007년 8월 발사된 우주왕복선 엔데버호에 쓰인 추진 로켓의 너비가 대표적인 경로 의존성의 사례이다. 이 너비는 4피트 8.5인치(143.51cm)로서 엔지니어들은 추진 로켓을 좀 더 크게 만들고 싶었지만 그럴 수가 없었다. 그것은 기술의 문제가 아니라 엉뚱하게도 열차 선로 폭의 문제였다. 미국 유타 공장에서 플로리다의 미 항공우주국 발사대까지 기차로 옮겨야만 하는 추진 로켓은 기차 터널을 통과하기 위해 기차선로 폭 1.435m에 맞춰 설계할 수밖에 없었다.

그럼 열차 선로의 너비는 어떻게 정해졌을까. 19세기 초 영국은 석탄 운반용 마차 선로를 지면에 깔아 첫 열차 선로를 만들었다. 선로 폭은 선로 위의 마차를 끄는 말 두 마리의 엉덩이 폭으로 정했다. 사실 선로의 폭은 영국보다 앞서 2000년 전 로마 시대로 거슬러 올라간다. 영국을 정복한 로마군이 '로마로 통하는 길'을 만들기 위해 도로 건설을 로마 전차 폭에 맞춰 만들었다. 무려 2000년의 세월이 흐른 디지털 시대인 현재에도 우리 인류는 2000년 전 말 두 마리의 엉덩이 폭으로 길의 폭을 정한 굴레를 벗어나지 못하고 있는 것이다.

물리학의 '관성의 법칙'이 사회심리학에도 그대로 재연되고 있는데 경로 의존성을 '매너리즘(Mannerism)'과 '관성(Inertia)'이라고 해석할 수도 있다. 우리가 사용하고 있는 PC의 쿼티(Qwerty) 자판과 드보락(Dvorak) 자판의 관계가 좋은 사례이다. 쿼티 자판은 맨 윗줄 영문이 'Q-W-E-R-T-Y' 순으로 배열되어 있어서 그렇게 불린다. 우리는 쿼티 자판을 사용하고 있으며, 드보락 자판을 사용하는 사람은 없다. 쿼티 자판이 드보락 자판보다 효율적이어서 우리가 사용하고 있는 것이 아니라 과거부터 모든 사람이 그 방식을 배워 익히고 사용해왔으므로 그 표준을 바꾸지 않은 것이다.

동전 옆면의 빗금도 경로 의존성의 대표적 사례이다. 수백 년 전, 금화나 은화를 쓰던 시절에 사람들은 금화나 은화를 미세하게 깎아내서 빼돌렸다고 한다. 그래서 국가에서는 이를 막기 위해 동전 옆면에 빗금을 쳤다고 한다. 세월이 흘러 금화와 은화가 사라진 지금 동전 옆에 굳이 빗금을 칠 필요가 없게 되었다. 그럼에도 아직도 많은 나라에서는 동전 옆면에 빗금을 쳐서 동전을 발행하고 있다. 특별한 다른 이유가 있어서가 아니다. 단지 관습이란 경로에서 벗어나지 못하고 있기 때문이다.

3. 최고의 고객 유지 전략은 경로 의존성을 확보하는 것

진화경제학의 한 흐름인 '신제도이론'에서는 역사의 발전에서 경로 의존성이 제약적 요소로 작용할 수 있다고 지적하고 있다. 특정 시기에 합리적 수단으로 만들어진 제도나 시스템도 시간의 흐름에 따라 원래 의도와 다른 결과를 낳을 경우, 이를 폐지하거나 수정해야 하는데 경로 의존성 때문에 그렇게 하지 못하기 때문이다. 모든 혁명이 어려운 이유가 바로 여기에 있다. 그러므로 경로 의존성은 정치적인 의미에서 옛것을 지키고 새것을 회피하려는 '보수주의'를 설명해주는 개념이 되기도 한다.

그러나 마케팅 이론에서는 '시장 선점'의 경쟁력을 설명해주는 개념이 된다. 시장에서의 경로 의존성은 임계질량 즉 크리티컬 매스(Crtitcal Mass)와 밀접한 관계를 맺고 있다. 물이 끓기 위해서는 100도의 온도가 필요한데, 99도에서는 끓지 않던 물이 100도에 도달하면 끓게 된다. 물이 끓기 위한 100도가 크리티컬 매스가 된다. 물리학에서 비롯된 이 용어는 오늘날 경제학이나 심리학, 사회학, 경영학 등에서 두루 사용된다. 초기에 선택된 어떤 기술이 임계질량을 지나게 되면 매몰 비용이 증가하여 경제 구조 내에서 고착화된다. 그러므로 다른 우월한 기술이 출현한다 해도 쉽게 바뀌지 않는 경로 의존성을 지니고 있다.

사업자 입장에서 크리티컬 매스란 '본격적인 확산을 위한 변곡점, 즉 사업자들이 인건비, 운영비 등을 충당하고도 일정 수익을 담보할 수 있는 사용자 수의 규모'를 의미한다. 케이블 TV보다 기술적으로 우월한 IPTV가 출현했다고 해서 기존의 케이블 TV 시스템을 다 걷어낼 수는 없는 일이다. 소비자들 역시 시장의 지배적 사업자를 쉽게 버리지 않는다. 그만큼 사업자로부터 부가적인 혜택을 받고 있거나 해당 서비스가 관습적으로 몸에 뱄기 때문이다. 임계점을 지난 케이블 TV는 IPTV에 의해 시장 잠식이 되지만 오랫동안 지배적 사업자로서 존속하게 된다.

경로 의존성은 '닻 내리기 효과'라는 용어로도 설명될 수 있다. 대학교 강의실은 지정 좌석제가 아닌데도 대부분의 학생들은 늘 같은 자리에 앉는다. 우리는 사고의 관성 혹은 타성을 갖고 있기 때문이다. 이는 현상 유지의 편향으로도 해석된다. 닻을 내린 곳에 배가 머물듯이 처음 입력된 정보가 정신적인 닻으로 작용해 다음번의 판단에도 계속 영향을 미친다. 특정한 경로 의존성이 비효율적이라는 사실이 판명된 후에도 우리는 타성에 의해 그 길을 벗어나기 힘들다.

감자가 유럽의 식탁에 오르는 역사의 과정에서도 고정관념의 타성을 살펴볼 수 있다. 보통 새로운 작물이 사람들에게 맛을 보인 뒤

200~300년이 지난 뒤에야 비로소 주식으로 식탁에 오른다고 한다. 감자의 경우는 더욱 그러했다. 1539년 스페인인들이 감자를 페루에서 처음 보았고, 스페인으로 들여왔다. 그러나 이상한 생김새 때문에 유럽인들에게 그다지 환영받지 못하는 식품이었다. 감자는 주로 말 사료로 쓰였고 아주 허기질 때만 식용으로 사용되었다고 한다. 또한 감자를 먹으면 한센병에 걸린다는 헛소문도 감자가 식용으로 대중화되는 것을 가로막았다. 더 중요한 사실은 사람들이 전쟁의 기아 속에서도 감자를 잘 먹지 않았던 이유가 '식사는 반드시 빵으로 해야 한다'는 고정관념 때문이었다. 글루텐 성분이 없어 빵을 만들 수 없는 감자이므로 감자는 밀가루를 대체하여 식탁에 오를 수가 없었다.

넓은 아프리카 대륙과 아시아, 남미의 개발도상국 사람들은 예외 없이 물 부족과 물 오염에 시달리고 있다. 물만 끓여 먹어도 많은 사람이 목숨을 건질 수 있는데도 실상은 그러지 못한다. 한 국제기관의 지원으로 200가구가 사는 페루의 한 마을에서 2년 동안 물 끓여 먹기 실천 운동이 펼쳐졌다. 그러나 단지 17가구만이 물을 끓여 먹는 데 그쳤다. 왜 그런 결과가 나왔을까. 원주민들은 사람이 물에 빠져 오래 있으면 숨을 쉴 수 없으므로 죽게 된다는 것을 너무나 잘 알고 있다. 그런데 '병균이라고 한들 물속에서 어떻게 숨을 쉬고 살 수 있겠는가'라는 스스로의 확신 때문에 물 끓여 먹기 운동이 효과적으로 전파될 수 없었다. 별로 어렵지도 않은, 어찌 보면 혁신처럼 보이지 않는 것들도 그 사회의 신념이나 이해와 부딪히게 되면 효과적으로 확산되기가 어렵다.

과거 SKT는 자체 브랜드로 휴대폰 기기 '스카이'를 공급했지만 삼성전자 '애니콜'의 벽을 넘지 못했다. 이동통신 사업자인 SKT가 자체 브랜드의 휴대폰을 가입자들에게 보급하는 일은 쉬운 일로 보일 수 있다. 이동통신 서비스를 직접 제공함에도 SKT는 후발주자의 한계를 벗어나기 어려웠다. 그만큼 삼성전자의 애니콜에 대한 브랜드 신뢰도가 높았기 때문이다. 사람들은 일등 브랜드를 당연히 선호한다. 아이폰은 시장 점유율에 비해 높은 고객 충성도를 가진 제품이다. 이는 재구매 의사가 그만큼 높다는 의미이다. 아이폰 출시 당일은 마치 국가 행사처럼 누가 제일 먼저 아이폰을 손에 쥐었는지, 얼마나 오랫동안 줄을 길게 서 있는지 생중계하다시피 한다.

IT 사업자들이나 미디어 사업자들이 가장 노력하는 일은 크리티컬 매스에 도달하는 것이다. 크리티컬 매스 이후에는 어느 정도 관성에 의해 성장을 지속하게 되고, 반대로 경로 의존성에 의해 쉽게 가입자가 무너지지 않는다.

IPTV와 스마트 TV 등 뉴미디어가 계속 등장하고 있지만 한번 시장에서 자리를 잡은 케이블 TV의 가입자는 아무리 경쟁 매체의 서비스 내용이 우수하고, 수신료가 저렴하더라도 쉽게 빠지지 않는다. 이는 케이블 TV가 이미 시장을 선점하고 있기 때문이다. 또한 케이블 TV 사업자들은 '시장 선점'의 강점을 활용하여 다양한 마케팅 전략을 구사하면서 고착화 전략(Lock-In)을 전개한다. 뉴미디어 사업자들에게 가장 중요한 것은 빨리 크리티컬 매스에 도달하는 일이다.

온라인 검색 시장도 마찬가지다. 구글이 한국 시장에서 쉽게 발을 붙이지 못하는 가장 큰 이유는 이미 크리티컬 매스를 훌쩍 넘겨버린 '네이버'나 '다음' 등 토종 검색 포털에 대한 사용자들의 '한국적 친숙함'을 극복하지 못하고 있기 때문이다.

밴드웨건 효과(Band Wagon Effect)는 경로 의존성 마케팅의 출발점이다. 이 용어는 미국의 경제학자인 하비 라이벤스타인이 처음 사용했다. 밴드웨건이란 미국의 서부 개척 시대에 흔히 쓰이던 운송수단인 포장마차를 말한다. 서부 영화를 보면 포장마차는 주로 무리를 이루어 여러 명이 같이 이동한다. 그 당시에는 금광이나 신천지가 있다는 말만 믿고 무작정 다른 사람들을 따라가는 경우가 많았다고 한다. 우리가 어렸을 때는 소독차가 연기를 내뿜으며 지나가면 차 꽁무니를 마구 쫓아갔다. 별다른 이유는 없다. 단순히 신기하니까 쫓아간 것뿐이다.

　기업 입장에서는 이러한 밴드웨건 효과가 가장 좋은 마케팅 전략이다. 밴드웨건의 무리들이 다른 사람들을 따라 이리저리 이동하는 것처럼 자신의 주관이나 기호보다는 같은 또래의 친구들이나 모임 등에서 구매하는 것을 따라 하거나 새로운 스타일이나 패션을 따라가기 위해 구매하며 유명 스타가 나오는 광고를 보고 구매한다. 밴드웨건 효과는 '편승 효과'라고도 하는데 일종의 모방 심리와도 일맥상통한다. 우리 속담에 "친구 따라 강남 간다"는 말이 있는데 그런 식의 소비 성향과 유사하다고 할 수 있다.

　유행에 민감한 젊은 여성들이나, 연예인 등을 동경하는 10대 소비자들은 본인도 모르게 이러한 소비 행태를 보일 가능성이 높다고 할 수 있다.

초연결 사회를 잇는 네트워크의 과학

1. 만리장성 속에 스스로 가둔 한족, 그리고 디지털 노마드의 사회

중국의 만리장성은 지도상으로 2700km이지만 지선들과 굴곡까지 합친다면 약 5000km 이상으로 추정되는 거대한 인공 구조물이다. 춘추전국시대부터 존재하던 여러 장벽들을 진시황이 연결하고 새로이 축조하면서 15~16세기 명나라 때 대대적인 보수를 거치면서 오늘날의 만리장성이 되었다. 현대 토목 기술로도 산을 따라 성벽을 쌓는 일은 결코 쉽지 않다. 2007년 인류가 만든 최대 길이의 건축물인 만리장성은 이탈리아에 있는 콜로세움, 페루의 마추픽추, 인도의 타지마할 등과 함께 세계 7대 신(新)불가사의로 선정되었다.

사람들이 담을 쌓은 이유는 무엇일까. 자신들을 외부로부터 지키기 위해서이다. 그러므로 성 안에 있는 사람보다 성 밖의 침입자들이 더 강하다고 볼 수 있다. 다시 말해 외부의 강력한 이민족들이 두려워서 그들의 영역을 지키기 위해 만리장성을 축조한 것이다. 유목민에 대한 정착민의 수세적 대응으로 해석될 수 있다.

오늘의 관점에서 보면 그 드넓은 지역에 만리장성을 쌓아 외적을 막겠다는 사고 자체가 아연할 수밖에 없다. 어쩌면 성의 축조는 당시 고정관념의 소산일지 모른다. 미국 보스턴 대학의 저명한 중국 학자인 토머스 바필드 교수는 진시황제가 장성을 쌓은 이유는 "나라는 사면이 성곽으로 둘러싸여야 한다"는 고정관념 때문이라고 주장한다. 나라 '國'이라는 한자에서 보듯이 전통적인 중국인의 사고 속에 나라는 사면을 외적의 침입으로부터 방어하는 성곽을 필수 전제 조건으로 가진다. 일종의 성읍국가의 개념을 가지고 있었던 것이다. 춘추전국시대 주변국과 치열한 대결을 하며 끊임없이 동쪽과 남쪽에 겹겹이 성곽을 만들었던 진나라는 대제국을 통일한 후 북방을 방어해주는 성곽의 필요성을 느끼게 되었고, 막대한 인력과 비용을 들여 장성을 건축하게 됐다는 설명이다.

이처럼 한족들에게 만리장성은 정치와 문화의 보호 장막이었다. 그 안에 살고 있는 자신들을 중화(中華)라고 미화했고 그 밖에 있는 민족들을 야만(野蠻)이라고 지칭했다. 그런데 정작 초원의 유목 세력들에게 만리장성은 그저 그런 장애물에 지나지 않았다. 결코 넘지 못할 장벽은 아니었던 것이다. 이들은 툭하면 만리장성을 넘어 남하하여 중원을 유린했다. 유목민들에게 만리장성은 아무런 장애가 되지 않는 한심한 건축물이었을지 모른다.

군사적으로 고정된 진지나 성벽이 영원한 방벽이 될 수는 없다. 20세기에 축성된 프랑스의 마지노선(Marginot Line)이 대표적인 사례이다. 마지노선은 1930년대에 프랑스가 북동쪽 국경선에 건설한 정교한 방어용 장벽으로서 방책(防柵)의 주요 창안자이며 프랑스 육군 장관을 지낸 앙드레 마지노의 이름을 따서 붙여진 이름이다. 제1차 세계대전 당시 참호전에 크게 당한 프랑스는 엄청난 비용을 투자하여 독일 국경에 현대판 만리장성을 만들었던 것이다. 그러나 독일군은 이를 우회 돌파하여 불과 7주 만에 프랑스를 굴복시켰다. 마지노선이 프랑스의 국경을 지키는 데 아무런 역할을 하지 못한 것이다.

세월이 흘러 성으로 둘러싸였던 국가의 경계는 인터넷으로 무너져내렸다. 미래학자들이 '국경 없는 세상'을 예측했지만 이렇게 빨리 그리고 현재와 같은 모습으로 나타날 것은 상상하지 못했다. 이처럼 인터넷은 과거 미래학자들의 상상력의 지평을 넘어서는 혁명적인 변화를 가져왔다.

과거에는 한 국가 단위 내에서 돈과 상품 등이 흘러 사회가 유지되었다. 그러나 세상이 디지털로 바뀌면서 생산, 유통, 금융에서 세계화가 급속도로 이루어졌다. 홍콩 출장 중에 미국에 거주하고 있는 자녀, 한국에 있는 부인과 동시에 3자 통화를 할 수 있게 되었다. 그것도 무료로.

이제 글로벌 비즈니스 미팅에서 국적을 따지는 것은 별로 의미가 없게 되었다. 삼성이나 현대자동차는 현지에서 제품을 생산하여 현지에서 판매하기도 한다. 로컬에 종속되어 있던 문화 코드 역시 국경의 경계를 무너트리고 지구촌을 하나의 용광로로 만들고 있다. 음악이나 영상 같은 문화 콘텐츠뿐만 아니라 패션과 식음료 등에 이르기까지 유행의 속도는 온라인의 폭발적 스피드를 타고 광속으로 달리고 있다. 이제 국가 간의 경계는 점점 정치적으로 독립성만 유지할 뿐 물리적, 경제적 측면에서의 장벽은 급속히 허물어지고 있다.

K-POP으로 제2의 한류를 선도한 SM 엔터테인먼트 이수만 회장은 말한다. "미래에는 누구나 두 개의 시민권을 갖고 태어난다. 하나는 아날로

그적 출생국의 시민권이며 다른 하나는 버추얼네이션(Virtual Nation)이란 가상 국가의 시민권이다. SM타운은 하나의 버추얼네이션이다. 파리에서 했던 공연도 그곳에 사는 'SM타운 국민'들을 위로하기 위한 것이었고 아프리카, 남미, 아랍에도 SM타운 국민이 살고 있다." 프랑스나 남미의 팬들은 물리적으로는 프랑스 국민이지만 사이버 세상에서는 SM 국민이란 의미다. SM타운 국민으로서 시민권을 받을 자격이 있는 사람들은 유튜브와 페이스북 등을 통해 SM 콘텐츠를 접하는 이들이다.

사이버 세상에서는 문화로 동질감을 느끼는 글로벌 세대가 부상하기 때문에 가상 국가의 개념이 가능하다. 젊은 세대들은 물리적 국경의 나라와 가상의 국가에서 생활하는 것에 매우 익숙하다. 가상 국가의 원조는 2003년 린든 랩이 개발한 인터넷 기반의 세컨드 라이프이다. 이용자(거주자)는 다른 아바타와 상호작용할 수 있고, 보편적인 메타버스(Metaverse)의 모습과 결합한 소셜네트워크 서비스를 제공받는다. 메타버스는 가공, 추상을 의미하는 메타(Meta)와 현실 세계를 의미하는 유니버스(Universe)의 합성어로 3차원 가상 세계를 의미한다. 기존의 가상현실(Virtual Reality)이라는 용어보다 진보된 개념으로 웹과 인터넷 등의 가상 세계가 현실 세계에 흡수된 상태를 뜻한다.

디지털 문명의 새로운 혁명기에 접어든 오늘날, 모바일 기술과 SNS에 의한 연결 방식으로 우리는 언제, 어디서나, 모든 사람의 생각과 아이디어를 연결하고 공유하는 초연결 사회가 되었다. 세계 인구의 90%가 이동통신 신호가 터지는 곳에 사는 세상, 사하라 사막 이남 인구의 절반 이상이 휴대전화를 소유하고 있는 세상이 되었다.

기술로 연결된 국경 없는 가상의 세계에 사는 우리는 분명 과거의 인류가 아니다. 영화 〈블레이드 러너〉에서는 인간보다 더 인간다운 인조인간

(레플리카)에 대해 진지하게 의문점을 제시하고 있다. 본연의 인간이라는 존재와 인간이 창조한 새로운 인간 사이의 차이는 무엇인가, 또 가상과 실제의 구별이란 무엇인가에 대한 질문이 바로 그것이다.

2. 우리는 무작위로 연결되어 있는가?

> 원하든 원하지 않든 간에
> 우리는 서로서로 연결되어 있다.
> 그래서 나 혼자만 따로 행복해지는 것은
> 생각할 수도 없다.

티베트의 종교적·정치적 지도자인 달라이 라마는 우리 세상의 인연에 대해 이렇게 말했다. 그러나 이제 과학이 우리를 촘촘하게 엮어내고 있다. 우리가 원하든 원치 않든 간에 세상은 거미줄 같은 인터넷에 의해 스몰월드가 되고 있다.

TV의 인기 프로그램 〈개그 콘서트〉에 등장했던 '브라우니'라는 개 인형이 있다. 보통 기업들이 2~5만 명의 소셜미디어 팬들을 보유하고 있는데 사람도, 살아 있는 강아지도 아닌 브라우니는 무려 16만 명의 팬을 확보하고 있었다. 하물며 브라우니도 그런데 일반인들의 SNS 사랑은 얼마나 더 할까?

왜 우리는 과거와 달리 스스로 SNS를 통해 서로가 묶이기를 원할까? 그 본질은 '자신의 자랑' 또는 '자기 과시'에서 비롯된 측면이 강하다. 영화 평론가 최광희는 이렇게 말한다.

"우리는 모두 자기 인생의 주인공이고 싶어 한다. 그러려면 청중이, 관객이 필요하다. SNS는 많은 사람에게 서로가 인생의 주인공임을 말하고, 서로의 청중이 되어주는 곳이기도 하다. 그러나 누구도 진짜 주인공은 아니고, 누구도 진짜 청중이 아닌 곳이기도 하다. 그래서 가끔 이 공간이 서글프다."

『거대 권력의 종말』을 집필한 미래학자 니코 멜레는 말한다. "아마추어 창작자들은 페이스북이나 트위터, 유튜브 같은 사이트에 현혹되어 자신보다는 미디어 플랫폼에 이득을 주는 흥미로운 콘텐츠를 만들기 위해 돈과 시간 에너지를 쏟아붓는다. 중세의 농노처럼 창작자들은 자신이 거주하는 땅을 소유하지 않으며 그 땅은 페이스북이나 트위터, 텀블러(사진 공유 SNS) 등 다른 누군가가 소유하고 있다."[76] 한마디로 그는 현대인들의 SNS 중독증을 스스로 플랫폼을 이롭게 하는 디지털 농노주의에 비유하고 있다.

사회생활을 하면서 모든 사람들은 자신과 다른 사람들, 다른 소사이어티를 연결하는 네트워크를 가지고 있는 것이지만, 정작 네트워크는 어떻게 형성되는가에 대해서는 쉽게 대답을 할 수가 없다. 그것은 사람과 사람 사이의 관계망을 우리가 너무나 당연하게 여겨왔으므로 내가 속한 네트워크에 무슨 과학적 근거가 있을까 생각하기 때문이다.

헝가리 수학자 폴 에르디쉬는 한평생 오로지 숫자만을 사랑한 학자이다. 그는 하루에 19시간씩 수학 문제를 풀었고 평생 485명의 수학자들과 1475편의 수학 논문을 공동으로 펴냈는데, 수학사상 에르디쉬보다 논문을 많이 쓴 사람은 18세기의 스위스 수학자 오일러뿐이라고 한다.

"왜 수는 아름다운가?" 에르디쉬는 말한다. "이것은 왜 베토벤 9번 교향곡이 아름다운지 묻는 것과 같다. 당신이 이유를 알 수 없다면 남들도 말해줄 수 없다. 나는 그저 수가 아름답다는 것을 안다. 그게 아름답지 않다면 아름다운 것은 세상에 없다."

폴 에르디쉬와 알프레드 레니는 세상은 무작위로 연결된다는 네트워크 이론을 발표했다. 그들의 실험은 '파티와 와인'의 사례에서 비롯되었다. 어느 사람이 서로 아는 사람이 전혀 없는 손님 100명을 파티에 초대했다. 그리고 집주인은 파티장에 모인 두세 사람에게만 파티장의 중앙에 놓인 와인이 구하기 힘든 최고급 와인이라는 정보를 살짝 귀띔해주었다. 주인 생각에는 파티장에 모인 손님들이 서로 모르는 사이이므로 파티가 끝나기 전까지 자신이 얘기해준 정보가 기껏해야 대여섯 명에게만 전해질 것으로 생각했다. 그러나 결과는 어떻게 되었을까?

집주인의 기대와는 달리 놀랍게도 파티가 끝날 무렵까지 최고급 포도주에 대한 정보는 100명의 손님들 거의 전원에게 알려졌고, 귀한 와인은 한 방울도 남지 않았다. 도대체 이런 현상은 어떻게 일어날 수 있고 어떻게 설명할 수 있을 것인가?

에르디쉬-레니 이론은 이런 현상을 다음과 같이 설명하고 있다. 사교적인 모임에서는 전혀 모르는 사람들끼리 섞어 두더라도 서로 외면하는 것이 아니라 자연스럽게 2~3명씩 소규모 단위로 그룹을 만들어 이야기를 시작하기 마련이다. 파티가 시작되면 처음에는 각각의 그룹들로 나뉘어져 서로 떨어져 있지만, 시간이 가면서 참석자들은 새로운 사람들과 대화를 나누고자 하기 때문에 최초에 만난 소규모 그룹들이 헤어져 또 다른 소규모 그룹들로 뭉친다. 파티가 진행되는 동안 이런 형태가 되풀이되면서 점차 네트워크들이 확장되기 시작한다. 그 결과 파티에 참석한 모든 사람들은 직간접적으로 서로 연결되는 사회적 네트워크 모형이 형성되게 된다. 그러므로 파티장에 모인 사람들은 자연스럽게 테이블에 놓인 귀한 와인에 대한 정보를 알 수가 있었다.

에르디쉬–레니는 파티장에서의 와인에 대한 정보처럼 세상의 네트워크는 근본적으로 랜덤 네트워크(Random Network), 즉 무작위로 이루어진다고 보았다.

그러나 그들의 연구는 훗날 '스몰월드 효과(Small World Effect)'에 의해 부정되었다. 인터넷 시대에 접어들면서 우리 사회 구성원 중 일부는 특이하게도 전혀 엉뚱한 곳으로 서로 연결되기도 한다. 이러한 소수의 불규칙적인 연결로 인해 6단계(Six degrees of separation)만 지나면 누구라도 서로 연결이 가능해지는 것이다. 스몰월드 효과에 의해 세상은 더욱 좁아지고 있으며 그 감염 속도도 매우 빠르다.

바이럴 마케팅(Viral Marketing)도 구전 효과(Word of Mouth)에 의한 스몰월드 효과를 기반으로 하고 있다. 핵심 고객을 잘 공략하면 자기 회사의 영업사원으로 만들 수 있다. 이들은 영상과 이메일, 블로그, 카페, SNS 등을 통해 소비자들에게 호기심과 재미를 충족시켜 주어 회사의 마케팅을 대신해준다. 굳이 모든 사람들이 서로 서로 긴밀하게 연결되어 있지 않더라도 네트워크 내의 어떤 한두 멤버에 의해서도 쉽게 확산된다. 조사에 따르면 조직에서 1%의 핵심 멤버만 있어도 스몰월드 효과가 나타난다고 한다.

검색 엔진도 스몰월드 효과와 관계가 있다. 월드와이드웹은 사실상 스몰월드 네트워크에 속하기 때문이다. 각 문서들이 서로서로 잘 연결되어 있는 것은 아니지만 매개하는 소수에 의해 몇 다리 안 건너 찾아낼 수가 있다. 그러므로 아주 정교한 검색 엔진을 쓰지 않더라도 조금만 시간을 들이면 원하는 문서를 찾아낼 수가 있다.

3. 디지털 인맥, 약한 유대가 강한 유대보다 강하다

세계의 철도 산업이 다시 주목을 받고 있다. 비행기와 자동차에 밀려 애물단지로 퇴조를 거듭하던 철도 산업이 재평가 되는 이유는 의외로 효율성이 높다는 점 때문이다. 미국과 같은 넓은 국가의 경우 고유가 시대가 지속되면서 도로운송보다 4배 정도 연료 효율성이 높은 철도 운송이 다시 부각되고 있다. 일부 철도 회사는 가격이 더 저렴한 천연가스로 철도 연료를 전환하겠다며 고객을 유치하고 있다.

철도를 부설하기 위해서는 막대한 초기 자본이 소요된다. 이를 회수하는 방법은 깔아놓은 인프라 위에 보다 많은 사람들과 화물을 실어 나르는 것이다. 이는 마치 한국의 인터넷 산업이 발전한 이유와 유사하다. 광케이블을 포설하는 데 막대한 비용이 소요되지만 여기에 수많은 이용자들이 연결되면 규모의 경제를 쉽게 확보할 수 있게 된다.

한국은 인구의 약 49%가 아파트에 살고 있는 아파트 공화국이다. 아파트 단지에 광케이블 하나를 통신실로 연결하면 600가구 이상이 고속 인터넷에 연결되는 것이 가능했기 때문에 세계 최고의 초고속 인터넷 국가로 성장할 수 있었다. 인프라가 고정되어 있는 철도 산업이나 인터넷 산업에 있어 수요 증가에 따른 규모의 경제를 우리는 '밀도의 경제'라고 말한다. 수요의 '밀도(Density)'가 클 경우 보다 적은 비용으로 보다 큰 규모의 경제가 실현되는 것이다.

세상을 촘촘히 엮어놓은 초연결 사회에서 밀도는 날로 높아지고 있다. 밀도는 우리 사회의 전체 연결망에서 상호간의 관계를 맺는 연결 정도를 말한다. 연결 정도가 더욱 밀집되어가고 있는 우리 사회는 이제 정보의 공급이 수요를 훨씬 초과하는 초과잉 상태에 빠져 들고 있다. 2013년 기준,

페이스북에는 하루 5억 3000명 정도가 접속하고, 32억 명이 '좋아요'를 남긴다. 그리고 3억 건의 사진이 업로드 되고 있다. 구글에는 하루 6억 2000만 명이 있으며 10억 건의 검색이 이루어지고 있다. 카카오톡의 일일 메시지 전송 건수는 하루 40억 건을 넘어섰다. 산술적으로 계산해보면 국민 5명 중에 3명이 카카오톡에 접속하고 있으며 한 명 당 100건이 넘은 메시지를 보내고 있는 셈이다.

SNS에 남기는 내용들은 살아 꿈틀거리는 정보이며, 사람들의 사고(思考)이기도 하다. 이제 빅데이터 기술의 발전으로 저렴한 비용으로 전수(全數)의 샘플을 저장하고 목적에 맞게 정보를 가공할 수 있게 되었다. 이를 통해 무엇이든 알 수 있는 '살아 있는 데이터'의 추출이 실현되고 있다.

운동화를 사려고 온라인 사이트를 방문했다면 사지 않았더라도 기록이 남는다. 이는 '리타깃팅'이란 기술을 사용해 특정 인물이 로그인 한 게임 사이트와 블로그에 운동화 광고를 올릴 수 있게 한다. 결국 운동화를 사게 되면 나중엔 '땀을 기막히게 흡수'하는 기능성 양말 광고가 방문하는 인터넷 사이트마다 따라붙게 된다. 이러한 지능형 검색 엔진은 맞춤형 뉴스도 제공할 수 있다. 컴퓨터를 켜면 다양한 매체에서 본인이 선호하는 뉴스를 골라 우선적으로 보여주는 것이다.

어쩌면 앞으로 인터넷은 우리가 듣고 싶어 하는 것만 골라 전달해주는 아첨꾼 매체가 될지도 모른다. 우리의 눈과 귀를 가리는 인터넷 세상에서 민주주의는 후퇴할 수도 있다.

인터넷은 밀도의 경제를 기반으로 성장했으며, 초연결 사회를 만들어 주고 있다. 이러한 초연결 사회는 우리의 인간관계를 어떻게 발전시켜 주고 있는 것일까.

영국의 인류학자이자 옥스퍼드 대학 교수인 로빈 던바는 실제 인간에게 적정한 친구의 수는 150명이라는 '던바의 법칙'을 주장했다. 그는 인류학 문헌에 나타난 사냥 채집 사회의 집단을 자세히 조사한 결과, 인간이 집단을 가장 효율적으로 이룰 수 있는 최대치는 대략 150명이라는 것을 밝혀냈다. 21개의 사냥 공동체 마을을 분석해보니 평균 148.4명이었다고 한다. 그 숫자를 넘으면 관리하는 데 많은 에너지가 소모된다는 것이다.

군대 역시 마찬가지이다. 오랫동안 시행착오를 겪은 결과 가장 효과적인 전투 단위가 200명 미만이라는 것이 그의 결론이다. 던바가 적정한 친구의 수를 150명으로 주장한 이유는 우리의 뇌 구조상 '사귐'을 담당하는 부분인 신피질이 150을 집단 적정 인원의 최대치로 정해놨기 때문이라고 한다.

하지만 던바의 수는 환경이나 소통하는 수단에 따라 늘거나 줄 수 있다. 더구나 SNS와 이메일 등으로 과거에는 상상할 수 없이 많은 사람들과 인맥을 유지할 수 있다. 문제는 얼마나 긴밀하고 강한 유대감을 갖고 있는가이다.

사회자본의 주요 개념으로 구성원 간 강한 유대감을 상징하는 '강한 유대(Strong Ties)'와 약한 유대감의 '약한 유대(Weak Ties)'가 있다. 초등학교 동창들은 자주 모임을 갖고 강한 유대 관계를 지속해나간다. 그러나 여기에서 교환되는 정보는 한계가 있다. 대부분이 알 수 있는 범위 내에서 정보가 교환되기 때문이다. 새로운 직장을 구하거나, 새로운 정보, 새로운 아이디어를 얻을 때는 오히려 약한 유대 관계가 강한 유대 관계보다 더 중요하다.

많은 학자들은 SNS가 잠재적 유대를 약한 유대로 전환시켜 사회자본 축적에 긍정적인 영향을 끼친다고 주장한다. 잠재적 유대 관계는 사회구조상 서로 인연을 맺을 확률은 있지만 아직 특정한 사회관계가 형성되지

316

않은 관계를 말한다.

『낯선 사람 효과』의 저자인 리처드 코치 그렉 록우드는 '네트워크'와 '링크'가 지배하는 세상에서 별로 가깝지 않은 낯선 사람들과의 약한 유대를 가진 인맥이야말로 실은 우리 삶을 흥미진진하고 풍요롭게 만들어줄 기회와 정보, 혁신의 가능성을 훨씬 더 많이 제공한다고 말한다. 성공하고 윤택한 사람과 기업들은 이런 '약한 연결'을 풍부하게 갖고 있고, 실패의 굴레를 벗어나지 못하는 사람들은 몇몇 '강한 연결'만 믿고 의존한다고 저자는 주장하고 있다.[77]

$$03$$

CHAPTER

디지털 시대의 신경제 패러다임

1. 인터넷 시대, 프리코노믹스가 대세

구글 최고 경영자 에릭 슈미트는 2009년 미국의 솔트레이크에서 열린 가트너 심포지엄에서 미래의 인터넷 세상을 다음과 같이 내다보았다. "5년 후에는 주머니에 10억 명이 슈퍼컴퓨터를 넣고 다닐 것이다. 인터넷은 중국어 콘텐츠로 도배가 될 것이다. 어떤 정보보다 실시간 정보가 중요해질 것이고, 트위터, 페이스북 이외에도 많은 기업들이 실시간 정보를 제공할 것이다. 그 많은 실시간 정보를 분류하고 순위를 매기는 게 과제이다." 그의 예언은 이제 스마트폰을 통해 실현되고 있다. 검색 엔진과 검색 광고로 오늘날의 구글 왕국을 건설한 CEO다운 비전과 통찰력이다.

그러나 정작 문제는 폭발적으로 증가하고 있는 정보의 생산량만큼 정보의 소비량이 늘지 않는다는 점이다. 연구결과에 따르면 정보의 생산은 매년 평균 10~20% 성장하고 있지만 한정된 소비 시간을 가지고 있는 사

318

람들의 정보 소비 능력은 기껏해야 매년 1~2% 정도씩 밖에 증가하지 못한다. 다매체, 다채널 시대에 콘텐츠 생산량은 엄청나게 증가했지만 소비 시간은 체감적으로는 오히려 줄어들고 있는 느낌이다.

방송 콘텐츠뿐만 아니라 서적과 음악의 출판도 크게 늘고 있지만 히트 작품 수는 과거와 비교할 수 없을 정도로 적어졌다. 그만큼 소비자의 선택 폭이 증가하면서 소비자 그룹이 작은 단위로 분화되고 파편화되고 있는 현상 때문이다.

디지털 기술의 발전으로 생산과 배포의 비용이 대폭 하락하고 생산과 수요의 불규칙이 발생하면서 '공짜 경제'가 범람하고 있다. 공짜 경제, 즉 프리코노믹스(Freeconomics : Free와 Economics의 합성어)란 『롱테일 경제학』의 저자 크리스 앤더슨이 2007년, 영국의 경제 전문지 《이코노미스트》에 처음으로 소개한 용어이다. 소비자들이 특정 통신회사 서비스를 일정 기간 이용하는 대신 휴대폰을 제값 내고 구매하지 않는 것도, 제록스가 복사기를 무료로 주고 복사지를 독점 공급하는 것도, 음악가들이 자신들의 음악을 온라인에 맛보기로 올려놓는 것도 모두 프리코노믹스의 산물이다.

프리코노믹스는 소비자들에게 유리한 것일까? 중요한 것은 누군가는 비용을 부담하게 되어 있다는 점이다. 어느 중동의 관광지에 낙타를 가진 젊은이가 소문을 내기 시작했다. 일주일간 낙타를 무료로 태워 관광을 시켜 주겠다고. 그 말을 듣고 사람들이 몰려들어 낙타를 타고 여러 행선지를 돌았다. 사람들은 공짜로 낙타를 타고 여기저기 다니면서 즐겼지만 다리를 지날 때 통행세를 지불했고, 시장에 가서 많은 물건을 소비했다. 청년은 손님이 방문하여 소비하는 곳들과 미리 제휴를 맺어놓았다. 정작 낙타를 탄 손님들은 여기저기에서 돈을 쓰고 다녔지만, 가랑비에 옷 젖듯이 낙타를 모는 청년에게 돈을 가져다주고 있었던 셈이다.

카지노에선 음식도 마케팅이다. 카지노에서는 식음료가 무료로 제공된다. 특급 호텔 출신의 요리사들이 맛깔 나는 음식을 만들어낸다. 카지노를 찾는 여러 나라 고객들의 입맛을 충족시키기 위해 한식, 일식, 중식, 양식 등 온갖 음식들이 모두 제공된다. 혹자는 "무료라서 질이나 맛이 떨어지는 거 아니냐?"는 질문을 하는데 천만에 말씀이다. 국내 외국인 전용 카지노에서는 식음료를 무료로 제공하는 것이 관례화되어 있어 음식의 맛도 경쟁력이 있어야 한다. 음식의 맛 역시 하나의 마케팅 전략인 것이다.[78] 그러나 음식값이 공짜인 것은 아니다. 결국은 손님들이 카지노에서 잃은 돈으로 제공된다.

질레트 면도기는 본체를 거의 무료에 가까운 가격으로 제공한다. 그러나 교체되는 면도날은 구매하도록 유도한다. 이처럼 프리코노믹스는 처음에는 저렴하거나 공짜에 가까운 선택권을 보장해준다. 그러나 세상에 완전한 공짜는 없다.

인터넷이 널리 확산되면서 IT 기업들은 프리코노믹스를 기반으로 플랫폼을 구축하여 큰돈을 벌고 있다. 구글, 네이버, 다음 등 포털 사이트가 이메일, 카페, 블로그, 대용량의 저장 공간 등을 무료로 제공한다. 유튜브, 페이스북, 트위터, 카카오톡 등도 프리코노믹스를 통해 이용자를 늘렸고 그 후에는 기업의 광고 수입이나 부가 사업을 통해 엄청난 수익을 거두고 있다. 포털이 엄청난 수입을 올리고 있는 동안 이들에게 콘텐츠를 제공하고 있는 신문사들은 날로 위축되어가고 있다.

과연 콘텐츠가 킹(King)일까, 플랫폼이 킹일까? 〈슈렉〉, 〈라이언 일병 구하기〉, 〈아이언맨〉, 〈쿵푸 팬더〉, 〈인디아나 존스〉 등의 블록버스터를 만들어 히트한 파라마운트 영화사와 CBS, MTV 등을 보유한 비아컴그룹의 섬너 레드스톤 회장은 '언제나 콘텐츠가 킹'이라고 말한다. 그는 미디어

산업은 갑작스러운 혁명보다는 꾸준한 진화를 통해 변화하는데 콘텐츠는 언제나 변하지 않는 핵심이라고 주장한다. 그 근거로서 콘텐츠 자체의 힘, 미디어기업의 글로벌화를 통한 콘텐츠 이용의 효율화 및 이익 최대화, 저작권의 강화를 변치 않을 세 가지 상수로 들고 있다.

그런데 왜 방송사와 신문사의 콘텐츠 파워는 날로 떨어지는 것일까. 여러 가지 원인 중 하나로 업종 간 경계가 붕괴되어 용해되는 액체 사회(Liquid Society)의 현상에서 원인을 찾아 볼 수 있다. 1994~1998년까지 매년 3배 이상 매출 성장을 기록했던 나이키는 2000년대 들어 성장률이 둔화되었다. 분석 결과 그 원인은 리복이나 퓨마, 아디다스 등 경쟁 업체가 아니었다. 의외로 닌텐도와 소니, 그리고 애플이 경쟁자였다. 1020세대들은 운동보다는 게임에 더 많은 시간을 할애했기 때문이다. '싸이질' 한다는 신조어까지 탄생시키며 전 국민을 열광시킨 싸이월드는 2005년을 기점으로 쇠퇴하기 시작했다. 그 원인은 여러 가지이다. 〈스타크래프트〉나 〈카트라이더〉, 〈서든 어택〉과 같은 게임 때문이기도 했고, 페이스북이나 트위터와는 달리 스마트폰의 대중화에 빠르게 대처하지 못한 것도 주요 원인이되었다.

방송이나 신문사의 가장 큰 경쟁자는 아이러니하게도 그들이 핵심적인 콘텐츠를 공급해주고 있는 포털이나 스마트폰이다. 스마트폰에 접속하는 시간이 길면 길수록 TV 시청 시간은 줄어든다. 특히 스마트폰은 MP3나 PC 게임 업체, 영화관 고객들의 시간을 빼앗는 최대 경쟁자로 등장했다. 이제 뉴스 접촉이나 스포츠 실시간 중계는 포털이나 스마트폰으로 해결한다. 뒤늦게 뉴스가 막 생산되어 뜨거운 이슈 상태일 때에는 콘텐츠 독점권을 보장해 달라는 '핫뉴스 독트린(Hot News Doctrine)'의 도입이 가시화되었지만 그 실효성은 여전히 의문형이다.

어디까지가 베낀 것이고, 어디까지가 참고한 것이고, 어디까지가 취재한 것인가. 팩트와 팩트가 얽혀 있는 기사의 특성상 어디까지 콘텐츠의 독창성을 인정할 것인가. 누가 콘텐츠의 독창성을 판단하는가.[79]

보이지 않는 경쟁자들의 출현으로 업종 간 경계가 무너지면서 시장 점유율의 경쟁 시대가 막을 내리고, 시간 점유율의 경쟁 시대로 전환되었다. 오늘날 미디어 기업들은 분산된 소비자의 관심과 주목을 어떻게 붙잡을 것인가?

사실 공짜 경제의 원조는 지상파 TV이다. 방송국들은 프로그램을 제공해 시청자를 모으고, 이 시청자를 광고주에 팔기 때문이다. 이와 같은 텔레비전 경제의 이중 상품 시장 구조에 의해 소비자들은 광고를 보는 대신 프로그램을 공짜로 즐긴다. 그러나 광고 의존 수익 모델이 한계에 부딪히면서 공짜를 보상할 수 있는 또 다른 수익 모델을 찾기에 부심하고 있다.

웹사이트에서 공짜로 소설을 연재하면 당연히 수입이 없을 텐데 의외로 일부 소설가들은 인터넷을 통해 글쓰기를 시작한다. 그들은 나중에 이를 단행본으로 묶어 출간한다. 온라인에서 연재되었던 소설이 오프라인에서 잘 팔릴까? 잘 팔리지 않아야 정상일 텐데 결과는 뜻밖이다. 인터넷에 먼저 연재된 공지영의 『도가니』, 김훈의 『공무도하』 등 상당수가 오프라인에서 베스트셀러에 올랐다.

과거에 영화가 나오면 극장 상영에 이어 홈 비디오 그리고 케이블 TV, 이어서 지상파 TV 순으로 공급하면서 이익 실현을 극대화했다. 이 같은 유통 방식을 '윈도우 구조(Window Structure)'라고 했다. 그러나 인터넷과 VOD가 확산되면서 홈 비디오가 사라졌다. 매체별 공급에 일정 시간 차를 두는 홀드 백(Hold Back)도 큰 의미가 없어졌다. 자칫 잘못하면 인터넷에 불법 복사물이 확산되어 큰 손실을 본다. 디지털 기술은 복제나 유통에 비용이 거의 들지 않고, 화질의 감소도 없다. 이제는 영화 상영 후 빠른 기간 내에 많은 매체에 유통시켜 수익을 올리는 방식이 최선이다.

기술이 콘텐츠의 유통 구조를 근본적으로 혁신시키고 있다. 미디어의 황제 루퍼드 머독은 말한다. "콘텐츠와 인터넷 영역, 그리고 배포(Distribution)라는 3개의 원이 겹치는 교집합에 SNS가 존재하며, 이 교집합이야말로 가장 강력하고 유연한 미디어 플랫폼이 될 것"이라고. 오늘날 세계인의 개인 미디어가 된 구글의 유튜브가 그 가능성을 열고 있다.

2. 공짜를 끼워 알짜를 파는 프리미엄 플랫폼이 대안

기술과 산업의 융복합화는 업종 간 경계를 허물고 있다. 시장은 과거의 수직적 구조에서 수평적 구조로 전환하고 있다. 기업과 소비자 관계 및 기업 간 관계에서 소위 갑과 을의 관계가 바뀐 지위 역전 현상도 자주 발견할 수 있다. 스타벅스는 왜 과거의 매력을 잃고 있는가? 『마켓3.0』의 저자 필립 코틀러 교수는 스타벅스가 이전의 성공에 도취되어 혁신을 소홀히 했기 때문이라고 진단한다. 환경의 변화를 감지하지 못하고, 변신하는 기업은 금방 경쟁에서 뒤처진다.

기술 중심의 격동의 시기는 영원한 위기가 도사리고 있는 시대이다. 공장 하나도 없이 20억 벌의 의류를 만들어내는 홍콩 기업의 성공 스토리는 얼마든지 가능하다. 생산 공정과 부품이 표준화되면서 다양한 공급 업체를 활용할 수 있기 때문이다. 그러나 각 하청공장에서 발생하는 공정상의 문제점을 실시간으로 잡아내기 어려운 상황이 발생한다면 그 성공 신화는 금방 거품이 되고 만다.

필립 코틀러 교수는 마케팅 1.0은 소비자 생각(Mind)에 호소하는 시대였고, 마케팅 2.0은 소비자 감성(Heart)에, 그리고 현재의 마케팅 3.0은 사람들의 영혼(Spirit)에 호소한다고 설명한다. "머리가 아닌 영혼에 호소하라. 영혼에 호소하려면 품성(Character), 진정성(Authenticity), 배려하는 마음(Caring)을 조직의 DNA에 착상시켜야 한다."[80]

SNS와 같은 뉴미디어의 발전으로 우리는 전혀 예상하지 못했던 '창조적 혼란'의 시대를 겪고 있다. 넘쳐나는 광고와 마케팅의 홍수 속에 있는 고객들은 웬만해선 귀를 기울이지 않는다. SNS를 통해 정보를 창조하고 교환하며 확산하는 고객들은 기업보다 더 똑똑해졌으며, 기업에 대한 소비자 감시가 삼엄해졌다.

더욱이 소비자의 욕망과 기호가 100인 100색이므로 여기에 적합한 비즈니스 모델을 찾아 '창조적 혼란'을 뛰어넘어야 한다. 그 해결책 중 하나가 플랫폼 사업 모델이다. 플랫폼은 철도역에서 화물이나 승객이 열차에 타고 내리기 위해 만든 시설물이다. 여기에서 수많은 사람이 열차에 타고 내린다. 플랫폼이 있기에 철도 산업은 유지될 수 있다. 인터넷 기반의 비즈니스 플랫폼 역시 과거의 아날로그적 플랫폼의 사고에서 출발한다. 한 기업이 보유한 모든 것 즉 제품, 브랜드, 시장, 고객 등 모든 공통분모를 찾아내 이를 기반으로 하여 전략적 비즈니스 모델을 만들어내는 것이다.

멀티플렉스 극장도 플랫폼이다. 극장의 영화 티켓값은 1만 원 내외이다. 그런데 팝콘과 콜라 등 주전부리를 사게 되면 티켓값과 비슷한 비용이 또 든다. 여기에 영화를 시작하기 전 광고를 상영한다. 과거에 많은 비용과 작업시간이 소요되었던 영화 필름과 극장 광고 필름의 복제를 디지털 시스템으로 바꾸어 운용함으로써 비용을 줄이고 효율성과 품질을 크게 개선했다. 동일한 광고를 전국에 있는 자사 소유의 극장에 동시 전송할 수 있게 되어 규모의 경제를 실현한다. 결국 극장은 영화를 통해 돈을 버는 것보다 다른 서비스를 통해 더 많은 수익을 올리는 구조로 바뀌고 있다. 디지털과 모바일 시대가 본격화되면서 플랫폼이 미래를 좌우한다고 해도 과언이 아닐 정도이다.

글로벌 플랫폼 전쟁을 이끌어가고 있는 기업들의 특징은 '프리미엄(Freemium)' 모델을 적극 활용하고 있다는 점이다. 당초 제리드 루킨이 사용한 프리미엄이란 '공짜(Free)'와 '프리미엄(Premium)'의 합성어로서 기본 서비스는 무료로 제공하고, 부가 서비스는 유료화하는 비즈니스 모델이다.

크리스 앤더슨은 공짜 경제인 프리코노믹스에 대해 "디지털화할 수 있는 모든 것은 마치 중력처럼 값이 공짜에 가까워지는 현상을 벗어날 수 없다"고 주장했다. 그는 디지털 시대에 이러한 공짜 경제는 결코 피할 수 없는 현실로 간주하고 대안으로 프리미엄 모델을 제시했다. 95%의 범용 서비스는 공짜로 제공하되 나머지 5%의 차별화되고 개인화된 서비스를 소수에게 비싸게 팔아서 수지를 맞추는 것이다.

《뉴욕타임스》가 대표적인 사례 중 하나이다. 종이 신문의 한계에 직면한 《뉴욕타임스》는 과거에 몇 차례 온라인 유료화를 시도했지만 매번 실패했다. 그런데 전면 유료화가 아닌 부분 유료화를 시행하면서 유료 회원 수가 3개월 만에 20만 명을 넘어섰고 경영 실적도 개선되었다.

넥슨의 〈메이플스토리〉는 누구나 공짜로 즐길 수 있는 게임이다. 그러나 캐릭터에 옷을 입히고 머리를 꾸미려면 돈을 써야 한다. 에버노트는 클라우드 서비스를 기반으로 텍스트, 이미지, 동영상 등을 활용하여 문서를 작성하고 분류할 수 있는 디지털 노트로 사용자들의 좋은 반응을 얻고 있다. 에버노트는 사용자들에게 월 60MB를 무료로 할당해주며, 그 이상의 용량을 사용할 경우 유료로 전환해야 한다. 에버노트의 편리함에 친숙해진 사용자들은 필요시 기꺼이 추가 비용을 내고 프리미엄 서비스를 이용한다.

싸이의 「강남 스타일」도 프리미엄 모델을 잘 활용한 케이스이다. 뮤직비디오 제작비에 무려 수억 원을 투자했지만 유튜브를 통해 무료로 공개했다. 음반 시장이 무너진 상황에서 CD를 팔아 매출을 올리는 것은 한계가 있다. 먼저 뮤직비디오를 전파시켜 놓고, 성공하면 나중에 음원 수익과 공연 수익을 창출하는 것이 목표였는데 대성공을 거두었다.

크리스 앤더슨은 프리미엄 모델의 근거를 '보다 빠르고 저렴한 정보 처리 기술', '저장 기술', '전송 기술'의 트리플 플레이에서 찾는다. 콘텐츠의 디지털화에 소요되는 한계 생산 비용은 제로에 가깝기 때문에 유튜브 같은 무료 서비스가 가능하다고 설명한다. 예컨대 1000명에게 서비스를 제공하던 온라인 신문이 구독자 수를 1만 명으로 대폭 늘리더라도 여기에 소요되는 비용은 거의 차이가 없다. 그러므로 많은 가입자를 확보하고 그 속에서 일부의 유료 구독자를 발굴하여 일정 수입만 확보할 수 있다면 그것이 경영상 훨씬 유리하다. 프리미엄 모델은 한마디로 '공짜를 미끼로 알짜를 파는 전략'이라고 할 수 있다.

사실 우리는 공짜 모델에 매우 익숙한 편이다. 그러나 프리미엄 모델이 쉽게 성공하는 것은 아니다. 특정한 서비스가 아무리 자신에게 효용성이 높다 하더라도 '절대로 돈을 내지 않을' 사용자들, 즉 무임승차자(Free Rider)들이 존재하기 때문이다. 이 사용자들은 해당 서비스나 제품의 네트워크 효과에만 일정 부분 기여한다. 경제학에서는 제품의 효용이 100이고, 가격이 80이면 20의 차이를 취하기 위해서 제품을 구매한다고 판단한다. 그러나 무임승차자들은 아무리 효용이 100이고 가격이 0이라도 제품을 사지 않는다.

326

화장품 회사들이 무료로 뿌리는 샘플을 소비자들은 아무런 거부감 없이 받는다. 아니 더 적극적으로 받으려고 노력하는 계층도 있다. 화장품 회사들은 자기 회사 제품을 알리기 위해 샘플 제품을 무료로 뿌리면서 자신들의 제품에 맛 든 고객들이 언젠가는 유료 고객으로 전환할 것이라고 믿고 있다. 그러나 제품을 사지 않을 사람과 살 사람은 이미 구분되어 있을지도 모른다. 특히 온라인에서 무임승차자는 95% 이상이란 통계가 있다. 그러나 이러한 통계는 역설적으로 온라인에서 부분 유료화를 선택하는 배경이 되고 있다.

3. 호모 커넥티쿠스(Homo Connecticus)와 지식의 실종

진시황의 분서갱유, 이탈리아 무솔리니의 파시즘, 히틀러의 나치즘, 크메르 정권의 문맹 정치, 그리고 공산주의 체제의 공통점은 무엇일까? 그것은 정보의 자유로운 이동과 확산을 막고자 했던 위정자들의 통치술이었다. 정보의 자유로운 이동은 권력 집단의 힘을 약화시키고 그들의 통제력과 체제 기반을 무너뜨릴 위험성이 크기 때문에 폐쇄적 사회일수록 이를 억제하고 정보의 네트워크를 차단하려는 속성이 강했다.

조선 시대도 마찬가지이다. 조선 시대의 보부상들은 꽉 막힌 조선 사회의 커뮤니케이션 통로를 열어주던 메신저 역할을 수행했다. 보부상은 전국적인 규모의 거대한 조직이었다. 이들은 입소문의 통로로서 세상 흐름을 전파하여 국민들의 눈과 귀가 되어주었다. 조선 후기에 조정에서는 보부상들의 조직력과 정보력을 이용하여 비상시에 통신과 물자 운송에 도움을 받고, 한편으로 백성들을 통제하기 위한 수단으로 감시의 네트워크로 활용하고자 했다. 조정의 비호를 받으며 보부상은 크게 발전할 수 있었다.

　보부상들은 사발통문(沙鉢通文)이라는 고유의 통신수단이 있어서 정보를 빠르게 유포시킬 수 있었다. 통문은 여러 사람들에게 알리기 위한 글로서 관계자의 이름을 삥 둘러 적었으므로 주모자가 드러나지 않는 독특한 방식이다. 19세기 후반 동학농민군들이 썼던 통문은 농민 항쟁에서 매우 효과적으로 활용되었다. 사발통문은 누가 최고의 지도자인지를 나타내지 않는다는 점에서 평등사상이 내재되어 있다고 볼 수 있다.

　인터넷을 통한 사발통문은 TGIF(Twitter, Google, iPhone, Facebook)가 막을 열었다. TGIF에 연결된 사람들은 10억 명이 넘는다. 그러나 이 숫자의 위력보다 더 막강한 것은 가입자들끼리 공유하는 '약한 연결성의 파워'이다. 이런 '관계의 연결성'은 '강한 전염성'과 바로 연결된다. 세인들의 관심을 끌만한 뉴스나 이슈는 거의 동시에 전체 가입자들에게 퍼져 나간다.

　흔히 파워 블로거를 가리켜 '발 없는 천리마'라고 표현하기도 하고, '타잔의 포효'라고 비유하기도 한다. 이들의 메시지가 인터넷상에 뜨면 순식간에 지구를 한 바퀴 돌고, 사이버 세상에 왁자지껄 요란한 반응들이 나타나기 때문이다. 사발통문처럼 누가 뉴스의 진원지인지 모른 채 그 영향력은 눈덩이 효과(The Snowball Effect)를 발휘하면서 순식간에 커진다. 이들의 위력은 방송이나 신문의 뉴스를 압도하고도 남는다.

　우리 인류는 대체로 4~5만 년 전부터 지구 상에 널리 분포되어 농경이나 목축이라는 생산 수단을 발명하여 마침내 문명의 꽃을 피웠다. 인간은 다른 동물과 달리 불을 만들었고 도구를 이용할 수 있었으며 문자를 창조했기 때문에 가능한 일이었다. 이제 인류는 TGIF에 의해 모든 인류가 아주 빠른 속도로 서로 연결되었다. 마치 우리 뇌 안의 뉴런들처럼 말이다. 한 사람 한 사람이 독립된 객체가 아니라 시공을 초월하여 서로가 연결된 신인류를 우리는 호모 커넥티쿠스로 불러도 좋을 것 같다. 호모 커넥티쿠스에 의해 물리적인 환경의 이웃, 도시, 국가를 뛰어넘어 새로운 커뮤니티가 만들어졌다.

따스한 거실에서 가족끼리 다정하게 이야기를 나누며 행복을 만들었고 같은 지역에 거주하는 친구들끼리 학교생활을 시작하여 새로운 지식을 배웠으며 이를 기반으로 사회에 진출했다. 이러한 전통적인 인류의 삶은 어떻게 변화하고 있는가. 호모 커넥티쿠스라는 신인류는 더 이상 인쇄된 책만으로 공부하지는 않을 것이다. 그들은 디지털 교과서를 통해 자신들이 원하는 정보와 지식을 찾고, 지식을 제공한 사람과 바로 연결하여 궁금증을 쉽게 풀 수 있는 교육 시스템 속에서 공부할 것이다. 수많은 전문서적이 꽂혀 있는 도서관은 이제 의미를 상실해갈지도 모른다. 도서관에서 책을 읽는 것이 아니라 디지털 도서관을 통해 다양한 디바이스로 필요한 정보를 검색하거나 디지털 도서를 대출할 것이기 때문이다.

광고대행사 제일기획은 '행동'과 '밀착' 면에서 모두 평균 이상으로 디지털화가 되어 있는 사람들을 '디지털 생활인'이라고 명명했다. 디지털 생활인의 디지털 기기 평균 보유 대수는 5.6개였고, 일일 디지털 서비스 평균 이용 개수는 11.9개 그리고 이용 횟수는 31.1회에 달했다. 그리고 디지털 생활인들의 디지털 기기 이용 시간은 8시간 37분으로 하루의 35.9%를 소비하고 있는 것으로 나타났다. 이전에는 기업들이 주로 스마트한 기기를 만드는 데 집중했지만, 앞으로는 디지털 문화에 열려 있는 소비자들에게 적합한 콘텐츠를 제공해야 한다고 설명하고 있다.[81]

세상을 인터넷으로 촘촘히 엮어놓고 그 안에 살고 있는 호모 커넥티쿠스의 특성에 가장 잘 부합하는 가치가 공유 경제이다. 우리는 재화를 소유하지 않고 공유, 교환, 임대하는 협력적 소비(Collaborative Consumption)의 기반으로 돌아가고 있다.

사람들은 더 좋은 집, 더 좋은 차를 소유하기 위해 열심히 일을 하고 돈을 번다. 일정한 대가를 지불하고 '내 것'이라는 이름을 붙여 지배하는 '소유'라는 개념은 자본주의의 대표적인 가치 중 하나이다. 그러나 태초의 인간에게는 소유라는 개념이 없었다. 공동의 이름으로 필요한 것을 보유했고, 내가 필요로 하는 것이 있으면 누군가와 같이 쓰거나 빌려 쓰면 되었다.

호모 커넥티쿠스는 굳이 내 안의 창고에 물건을 쌓아놓을 필요가 없다. 필요할 때 연결해서 빌려 쓰면 된다. 지식도 마찬가지이다. 디지털과 인터넷은 지식을 폭발적으로 증가시켰다. 새로운 지식을 모두 이해한다는 것은 불가능하다. 설사 이해했다 하더라도 불과 3년이 지나면 지식은 완전히 바뀌어버린다. 필요한 지식을 어딘가에 접속해서 얻어 쓰는 접속의 시대로 넘어가고 있다. 그러므로 이제 지식 자체보다는 사고의 기술이 더 중요하고, 지식의 보유량보다는 지식 생산 능력이 더 중요하다. 지식이란 '배운 것'이란 등식이 무너진다. 대신 '배우는 법을 배우는' 교육으로 바뀌고 있다.

그러나 우리가 한 가지 잊고 있는 것이 있다. 그것은 인터넷 시대에 점차 실종되고 있는 지식의 깊이이다. 이 시대에는 디지털 기기에 능숙하게 접속하여 풍부한 지식을 갖추고 있는 똑똑한 사람들이 넘치게 많다. 대체로 현대인들이 가지고 있는 공통점은 과거와 달리 깊이 지식을 갖추고 있는 것이 아니라 잠시 빌려 온 다양하고 풍부한 정보를 소유하고 있다는 점이다. 엄청나게 정보가 넘쳐나고 있는 세상에서 그 많은 정보를 다 머릿속에 집어넣어 지식으로 소화하기란 어려운 세상이다. 그러므로 언제 어디서든 필요한 정보들을 꺼내서 응용하는 것도 분명 중요한 일이며, 경쟁력의 하나이다.

그러나 학문적으로 엄밀히 구분하면 '정보'와 '지식'은 다른 개념이다. 지식은 객관성을 요구하며 정보는 주관적인 성격을 지닌다. 유용한 상품 지식, 맛집 소개, 자동차 정보, 예쁜 카페와 펜션, 국내외 여행 후기, 다양한 분야의 경험 공유 등의 정보는 키보드와 마우스로 간단히 확보할 수 있는 주관적인 정보들이다. 또한 나만의 의견을 정보로 포장하여 세상에 얼마든지 전파시킬 수가 있다.

우리는 자신이 알고 있는 정보가 지식이라고 착각하고 살아가고 있을지 모른다. 그러나 이 정보들은 인터넷과 스마트폰의 전기선이나 건전지만 나가면 허공으로 날아가버린다.

대학생들은 인터넷을 이용해 훌륭한 보고서를 만들어 제출한다. 남들이 만들어놓은 논문이나 자료를 빠른 속도로 검색하고 편집하여 완성도 높은 보고서를 작성하지만, 정작 깊이 있는 자신의 지식은 담겨 있지 않은 경우가 많다.

오늘날 호모 커넥티쿠스들은 세상의 모든 정보에 해박한 만물박사가 되어가지만, 정작 우리가 갖추어야 할 깊이 있는 지식과 다양한 응용력은 점점 퇴화해가고 있는 것이 아닐까.

PART 9

디지털 빅뱅과 콘텐츠 마케팅의 힘

01
CHAPTER

디지털 빅뱅과 콘텐츠 기업의 변화

1. 세계를 지배하고 있는 미국 대중문화 산업의 성공 방정식

유럽에서 건너와 신대륙을 개척한 미국의 역사는 약 250년에 불과하다. 그러나 세계에서 가장 강한 나라가 되었다. 경제 분야는 물론 대중문화 분야에서도 세계의 문화를 이끌어가고 있다고 해도 과언이 아니다.

미국의 대중문화를 상징하는 세 가지가 있다. 그것은 바로 코카콜라, 미키 마우스, 그리고 햄버거이다. 특히 코카콜라의 위상은 대단하다. 햄버거와 피자, 핫도그, 치킨 등의 옆자리에는 항상 코카콜라가 놓여 있다. 다른 어떤 음료도 코카콜라를 따라오지 못한다.

코카콜라 명성 이면을 살펴보면 브랜드에 생명을 불어넣는 끊임없는 스토리텔링을 활용해왔다는 사실을 간과할 수 없다. 1931년부터 지금까지 산타클로스는 코카콜라의 광고 모델이었다. 콜라가 주로 여름에만 팔리자 코카콜라 측은 겨울의 판매량을 늘리기 위해 산타클로스를 캐릭터로 삼은 것이다. 그리고 독특한 병 모양에 이야기를 담았다.

많은 사람은 주름 잡힌 코카콜라의 병 모양을 보고 여성의 주름치마 혹은 여성들의 허리 라인을 본떴다고 생각한다. 그러나 둘 다 사실이 아니다. 이런 이야기들은 코카콜라에서 경쟁사를 물리치기 위해 병 모양에 스토리텔링을 입혀 포장한 것뿐이다. 사실은 초기 콜라 시장에 가짜 콜라가 쏟아져 나오자 모방이 힘든 코코넛 열매 모양의 병을 만든 것이다.

마지막으로 코카콜라는 원료에 비밀이 있다는 신비주의 마케팅을 창출했다. 사람들은 코카콜라 원료의 마지막 비밀은 코카콜라 창업자 일가 등 단지 몇 명만 알고 있다는 소문도 종종 듣는다. 사실일까?

이 역시 와전된 이야기가 대중들에게 퍼지면서 강력한 스토리텔링이 되었다. 1886년 존 펨버튼이 콜라 제조법을 고안해냈다. 그리고 사업 초기에 자금난을 겪자 은행에 대출을 받기 위해 그 제조법을 담보로 은행 금고에 넣어 두었다. 그리고 코카콜라는 이사회를 통해 단 두 사람 만이 제조법을 볼 수 있도록 열람 규칙을 만들었다. 그리고 7가지 핵심 성분에 '7X'라는 이름을 붙여 베일에 가려놓은 채 100년 가까이 신비주의의 스토리텔링을 성공적으로 이끌었다.

다음은 월트 디즈니의 상징이 된 '미키 마우스'이다. 1928년 11월, 월트 디즈니의 애니메이션 〈증기선 윌리〉를 통해 태어난 미키 마우스, 그의 나이는 벌써 85세가 넘었다. 생각만 해도 징그러운 생쥐가 전 세계인의 사랑을 가장 많이 받고 있는 최고의 캐릭터가 되었다. 그리고 테마파크, 애니메이션 영화, 캐릭터 판매 등 미키 마우스와 관련된 다양한 대중문화들을 통해 지금도 연간 6조 원이 넘는 부가 수익을 창출하고 있다. 우리나라에도 일본 고양이 캐릭터 '키티' 다음으로 많은 상표권이 등록돼 있다.

미국의 대중문화의 아이콘 중 하나인 미키 마우스는 어떻게 그 오랜 시간 대중들로부터 사랑을 받고 있는 것일까? 그것은 우연이 아니다. 아톰처럼 시대에 따라 적절히 변신을 거듭한 결과이다. 실제로 미키 마우스는 언제나 똑같은 모습으로 보이지만 그것은 소비자들의 착각이다. 미키 마우스는 세월이 흐르면서 조금씩 변화했다. 하버드 대학의 진화생물학자 스티븐 제이 굴드는 우연히 미키 마우스의 영화를 보다가 이 분야에도 '진화의 법칙'이 존재한다는 재미있는 사실을 발견했다.

원래 미키 마우스의 얼굴은 어른처럼 코가 가늘고 귀는 앞쪽으로 쏠려 있었으며 심술 내고 성격이 제멋대로인 캐릭터였다. 시간이 흐르면서 미키 마우스의 성격은 부드럽고 착해졌으며 외모도 귀여운 어린이로 진화했다. 그 결과 신장의 42.7%였던 머리는 48.1%, 그리고 머리 크기의 27%였던 눈은 47%로 커졌다. 그리고 턱은 들어가고, 이마는 동그랗게 변화가 되었다. 점점 유아적 특성을 강조하는 쪽으로 미키 마우스의 체형과 얼굴이 진화되어온 것이다.

디즈니사에선 2001년, 입을 더 작게 만든 일본형 미키 마우스를 내놨다. 아시아 어린이들의 기호에 맞게 현지화하여 미키 마우스를 성형수술한 후 출시한 것이다. 마치 바비 인형을 금발에 푸른 눈인 백인 모델 외에도 흑인, 아시아인, 히스패닉의 네 가지 인종으로 출시한 것처럼 말이다. 1990년대 일본의 애니메이션 〈닌자 거북이〉가 한창 인기를 얻었다. 그 무렵 어린이들의 가방과 연필 등의 문구류와 옷, 신발, 게임기 등에 닌자 거북이가 그려져 있었다. 그러나 소비자들은 어디서나 눈에 금방 띄는 닌자 거북이에 이내 싫증을 냈다. 그리고 닌자 거북이의 캐릭터 판매 매출은 급격히 감소했다. 금방 싫증을 내는 어린이들의 마음을 얻는 데 실패한 것이다.

가수 '엘비스 프레슬리' 역시 미국을 상징하는 대중문화의 대표적인 코드이다. 1953년 혜성처럼 등장한 엘비스는 로큰롤의 황제이자, 최초의 슈퍼스타였다. 그의 음반은 무려 빌보드 차트 10위 안에 36곡, 1위에 17곡을 올렸다. 그리고 미국 내 1억 장 이상, 전 세계 10억 장 이상의 음반을 판매했는데 이러한 그의 기록은 아직도 전설로 남아 있다. 남부 미시시피 출신의 가난한 노동자였던 엘비스 프레슬리는 아무리 가난한 사람도 노력과 재능만 있다면 성공할 수 있다는 미국식 자유주의의 성공 사례가 되면서 더욱 대중들의 사랑을 받게 되었다.[82]

세계 젊은이들의 취향이나 패션 스타일, 문화콘텐츠 소비 형태가 유사해지고, 문화적 동질감이 일반화되면서 글로벌 D(디지털) 세대로 급성장하고 있다. 이들에게 콘텐츠의 국경은 없으므로 미국의 대중문화 성공 방정식은 더욱 힘을 발휘할 것이다.

아날로그를 넘어 디지털 시대에도 변함없는 사랑을 받는 미키 마우스로부터 우리가 얻을 수 있는 시사점은 무엇인가? 미키 마우스가 기존의 인기에 안주하지 않고 귀엽고 따뜻하게 변하기 위한 노력을 지속하고 있다는 사실이다. 사람들이 찾는 미키 마우스의 이미지는 차가운 로봇이 아니기 때문이다.

2. 머리가 아닌 감성으로 캐즘을 넘어라. 칭기즈칸으로부터 배우는 교훈

브랜드가 마케팅의 출발점이라면 브랜드 스토리는 마케팅의 결승점이다. 커뮤니케이션의 방향도 과거 제품의 포지셔닝에서 스토리텔링으로 바뀌고 있다. 이제 브랜드 스토리텔링 커뮤니케이션을 통해 고객들에게 다가가는 시대가 되었다. 무엇보다도 미디어가 변했다. 소셜미디어라는 뉴미디어의 등장으로 소비자들은 딱딱한 상업적 메시지보다는 말랑말랑한 스토리를 원하고 있으며, 쌍방향적 커뮤니케이션에 익숙해졌다.

마케팅의 중심이 세일즈에서 브랜드로 이동했다. 브랜드 경영의 권위자인 데이비드 아커는 "브랜드는 혼(Spirit)이다"라고 말한다. 브랜드의 일관성과 정체성을 유지하는 것이 소비자와의 커뮤니케이션에 가장 중요하다는 메시지이다. 세계적인 명차 볼보를 떠올리면 '안정성'이란 이미지가 연상된다. 브랜드라는 세포 속에 스토리를 각인시켜 놓은 것이다. 포르쉐의 브랜드 디자인 철학은 어떠한가. '바꿔라, 그러나 바꾸지 마라(Change it, but do not change it)'이다. 바꾸라면서 바꾸지 말라니 도대체 무슨 의미인가. 그것은 세대의 변화에 따라 변신은 하되 근본적인 원형은 바꾸지 않겠다는 것이다. 디자인은 변화를 추구하면서 포르쉐의 원형, 즉 프로토타입인 '포르쉐다움'은 유지하겠다는 것이다.

세계적인 명품 브랜드 에르메스 역시 마찬가지이다. '모든 것은 변합니다. 그러나 근본은 변하지 않습니다(Everthing changes, but nothing changes)'라고 말한다. 앱솔루트 보드카 역시 마찬가지이다. '결코 달라지지는 않겠지만, 늘 변화합니다(Never different, but always changing)'라는 슬로건으로 여전히 일등 브랜드의 가치를 유지하고 있다.[83]

1997년 스티브 잡스가 다시 애플에 돌아왔다. 그가 내건 슬로건은 "다르게 생각하자(Think Different)"였다. 이 모토하에 애플은 아이맥, 아이팟, 아이폰 등 혁신적인 제품을 출시했다. 애플은 혁신이라는 브랜드 가치를 일관되게 추구하여 성공을 거두었다. 어떤 기업은 성공적인 브랜드 아이덴티티를 구축해놓고서도 확장의 단계에서 본질이 흩어지는 경우가 비일비재하다. 브랜드의 일관성과 확장성이야말로 브랜드 스토리텔링의 핵심이다.

머리가 아닌 마음으로 상대를 감동시키기 위해 감성과 소통의 방법이 가장 중요하다. 역사적 인물 가운데 칭기즈칸은 감성 소통의 달인이었다. 그에 대한 평가는 다양하다. 칭기즈칸은 세계에서 가장 넓은 지역을 점령한 위대한 지배자인가? 아니면 전쟁광이자 잔인한 학살자인가? 분명한 것은 지난 1000년 동안 이 세상에서 그만큼 넓은 지역을 점령한 영웅은 없었다. 알렉산더나 나폴레옹도 그에 비하면 보잘것없는 영토를 지배했다. 더 중요한 사실은 부하들의 마음을 가장 잘 움직인 훌륭한 소통가였다는 사실이다. 칭기즈칸은 비록 자신의 이름도 쓸 줄 모르는 문맹이었지만, 그가 가진 꿈은 누구 못지않게 원대했고 치밀했으며 날카로운 통찰력을 갖고 있었다. 그리고 그의 어록(격언)을 의미하는 수많은 '빌리크'를 남겨 그를 따르는 추종자들을 감동시켰다. 칭기즈칸이 남긴 빌리크 22조를 보자.

"내 병사들은 밀림처럼 떠오르고,
병사들의 처와 딸들은 붉은 꽃잎처럼 빛나야 한다.
내가 해야 할 일은, 내가 무엇을 하든 그 모든 목적은
바로 그들의 입에 달콤한 설탕과 맛있는 음식을 물게 하고
가슴과 어깨에 비단옷을 늘어뜨리며, 좋은 말을 타게 하고
그 말들을 달콤한 강가에서 맑은 물과
싱싱한 풀을 마음껏 뜯도록 하며,
그들이 지나간 길에 그루터기 하나 없이 깨끗이 청소하고,
그들의 겔(천막)에 근심과 고뇌의 씨앗이
들어가지 못하도록 막는 것이다."

칭기즈칸의 어록을 접한 수많은 부하들은 칭기즈칸이 왜 전쟁을 일으키는지를 마음속 깊이 공유했다. 그리고 그들은 하늘을 찌를 듯한 사기와 충성심, 그리고 용맹함으로 말을 타고 번개같이 달려나가 화살을 쏘아대며 유럽의 군사들을 추풍낙엽처럼 휩쓸었다.

극한의 자본주의로 치닫고 있는 현재는 공감과 진정성이 없으면 아무것도 이룰 수 없는 세상이 되고 있다. 빛의 속도로 내달리고 있는 IT 기술 역시 공감이 없다면 사람들이 수용하지 못한다. 인간의 인지 능력보다 기술 혁신이 훨씬 빠르기 때문에 대부분의 기술은 사라질 수밖에 없다. 공감이 없는 IT는 효율성만 따지는 차가운 기술일 뿐이다. 정작 그 기술의 수혜자인 사람은 뒷전이다.

혁신적인 새로운 제품들이나 서비스들이 유행과 트렌드를 지나 생활문화로 정착하기에는 험난한 길이 존재한다. 인접한 기술들 간에 상호경쟁이 치열하기 때문이다. 그러므로 세상에 등장했다가 '이용자 정체'라는 뜻의 캐즘(Chasm)에 너무나 쉽게 빠지곤 한다.

1985년 모토로라는 위성 휴대전화로 전 세계를 하나로 묶기 위한 이리듐 프로젝트를 시작했고, 10년간 13억 달러에 달하는 엄청난 자금을 쏟아부었다. 그런데 세월이 흐르면서 이리듐 프로젝트의 성공 가능성이 점차 희박해지는 상황이 발생했다. 개인 휴대전화가 발전하여 글로벌 로밍이 가능해지면서 비싼 위성 휴대전화를 사용할 이유가 없어진 것이다. 모토로라가 캐즘의 함정에 빠진 것은 휴대폰의 진화와 새로운 트렌드를 등한시한 결과였다.

오늘날 역사의 뒤안길로 사라진 콩코드 여객기도 결국 캐즘을 넘지 못한 케이스이다. 미국과 구소련이 우주 기술을 주도하던 시절, 콩코드는 영국과 프랑스가 자존심을 걸고 개발한 세계에서 가장 빠른 여객기다. 두

나라는 연합하여 1962년부터 개발에 착수해 마침내 1969년 시험 비행에서 마하2(시속 2450㎞)를 돌파한 콩코드를 선보였다. 콩코드는 세계 최고 수준의 기술로 태어났지만, 문제는 기술이 아니라 수익성이었다. 너무 비싼 연료, 부족한 좌석, 비싼 항공 요금 등이 수익성을 떨어트리는 요인이었다. 설상가상으로 1970년대에 세계경제를 뒤흔든 석유파동은 콩코드의 경제성에 치명상을 입혔다. 영국과 프랑스의 자존심이었던 콩코드는 1976년부터 27년 동안 유럽과 미국을 잇는 가장 빠른 비행기라는 명성은 유지했지만 만성 적자를 극복하지 못하고 2003년도에 운항을 중지했다.

제프리 무어는 캐즘을 극복하기 위한 한 방안으로 볼링 앨리(Bowling Alley) 전략을 제시했다. 볼링 경기를 보면 선수들이 스트라이크를 치기 위해 헤드핀 공략에 집중하는 것을 볼 수 있다. 헤드핀을 제대로 공략해야 연쇄적인 반응을 통해 뒤로 줄지어 있는 핀들을 모두 쓰러뜨릴 수 있기 때문이다. 볼링 앨리 전략의 핵심은 표적 시장을 공략하는 것이다. 모두가 집중하고 있는 다수 시장보다는 하나의 틈새시장을 집중해 공략한 이후에 인접한 시장의 새로운 고객층을 차례로 확보해나가는 방법이 효과적일 수 있다. 목표한 세분 시장의 고객 니즈를 맞춰줌으로써 최소 고객을 확보한 뒤 차례로 인접한 고객을 확보해나간다는 전략이다.

디지털 시대에 신기술이 성공하기 위해서는 진정성과 공감으로 소수 고객의 마음을 잡은 뒤 그들을 확산시켜야 한다. 기술은 소수의 사람을 변화시킬 뿐이다. 블루오션으로 가려면 기술을 사용한 사람이 다른 사람을 변화시켜야 한다. 그리고 그 중심에는 공감과 진정성이 있으며, 이는 결국 세상을 바꾸는 힘이 될 것이다.

3. 디지털 시대, 대마불사[大馬不死]는 없다

불교에 "우리의 미래가 궁금하다면 현재에서 찾아보라"는 말이 있다. 미래는 현재의 움직임 속에 존재하고 있다는 말이다. 앞으로의 50년은 어떻게 변화할 것인가? 에너지 기술, 환경 기술, 로봇 기술, 나노기술, 뉴로 기술 등이 엄청난 속도로 발전하겠지만 중요한 것은 과학자들 스스로도 어떤 일이 벌어질지 모른다는 점이다. 마치 디지털과 인터넷, 그리고 소셜미디어가 융합되면서 인간이 살아가는 방식을 완전히 바꾸어놓았듯이.

앨빈 토플러, 다니엘 핑크와 함께 세계 3대 미래학자로 손꼽히는 리처드 왓슨은 그의 저서 『퓨처 파일』에서 앞으로 사라질 인류의 유산에 대한 '종말의 시간표(Extinction Timeline)'를 제시하고 있다. 2018년도에는 도서관이, 2020년에는 저작권이 사라질 것으로 그는 전망하고 있다. 아이러니한 것은 전 세계 도서관의 책을 모두 디지털로 옮겨 언제 어디서나 독자들이 검색할 수 있게 해주는 '라이브러리 프로젝트(구글 북스)'를 출범시켜 숱한 저작권 논쟁을 불러 일으키고 있는 구글 역시 2049년도에 사라질 것으로 왓슨은 예측하고 있다. 또한 오늘날 세계 최고의 갑부이자, 역대 최고의 창업 신화를 만들어낸 마이크로소프트가 2035년에는 없어질 것으로 전망하고 있다.

오늘날 경영 환경은 좁은 분야에서 수많은 경쟁자들이 서로 비슷한 생각으로 경쟁하는 시대이다. 한마디로 예측할 수 없는 불확실성의 시대가 된 것이다. 현실 안주, 환경 변화에 둔감한 기업은 금세 조직의 관료화, 경직화가 나타나 쉽게 도태될 수 있다. 이제 더 이상 100년 기업, 대마불사라는 공식은 없어졌다. 1975년 무렵, 세계 기업의 평균 수명은 30년이었다. 그런데 현재의 세계 기업의 평균 수명은 13년이며 30년이 지나면 80%

의 기업이 사라진다고 한다.

치열한 경쟁 환경에서 이기기 위해서는 극한의 체력이 요구된다. 크고 오래된 것들은 대개 좋은 환경보다는 열악한 환경에서 적응한 것들에서 나온다. 미국의 세콰이어 국립공원에 있는 제너럴셔먼 나무는 세상에서 가장 큰 생명체이다. 그러나 이 나무가 사는 곳은 생존 환경이 좋은 지역이 아니다. 고산과 낮은 기온, 적은 강수량 등 악조건을 갖춘 곳이다. 기업도 마찬가지이다. 좋은 조건보다 최악의 조건에 잘 적응하는 기업이 오래가고 성장한다.

2012년 1월, 130여 년 전통의 코닥이 파산신청을 했다. 코닥은 코카콜라처럼 세계를 휘어잡은 미국의 자존심이었다. 필름 카메라만 있던 시절, 이 회사는 엄청난 매출과 독자적인 기술력, 세계적인 위상으로 경쟁자가 없었다. 1880년 조지 이스트만이 설립한 코닥은 아날로그 카메라 필름 시장의 성공에 빠져 디지털 시대에 맞는 사업을 준비하지 못했다. 코닥은 비전문가도 사용하기 쉬운 필름과 이를 활용한 카메라(브라우니)를 내놓으며 1900년대 카메라 시장을 완전히 장악했다. 코닥은 카메라를 싸게 팔고 소모품인 필름에서 이익을 얻는 방식으로 미국의 카메라 필름 시장의 90%까지 점유했다.

이 회사는 1975년 세계 최초로 디지털카메라를 개발하고도 기존 아날로그 필름 시장을 지키기 위해 상용화하지 않았다. 이것이 코닥의 최대 패착이었다. 2000년대 초반 소니 등이 디지털카메라 시장을 적극 확장하면서 아날로그 필름 시장은 급격히 판매가 줄어들게 되었다. 이를 만회하고자 뒤늦게 디지털카메라 시장에 다시 뛰어든 코닥은 2005년도에 미국 시장에서 40%의 점유율을 확보하여 약 57억 달러(약 6조 4000억 원)의 매출을 올리게 된다.

그러나 문제는 코닥이 디지털카메라를 팔아도 손해를 보았다는 사실이다. 아날로그 카메라의 경우 싸게 팔아도 필름에서 이익을 남겼는데 디지털카메라에서는 안에 내장되는 메모리카드에서 수익을 제대로 창출할 수 없었기 때문이다. 그리고 디지털카메라의 소비자 신뢰도에서도 소니, 니콘, 캐논 등에 밀려 2005년 이후 이들 기업들에 미국 시장을 내주고 말았다. 더욱이 휴대폰에 카메라가 장착되면서 코닥은 디지털 시대의 낙오자가 되었다. 코닥 이외에도 디지털 시대를 잘 준비하지 못하여 밀려난 기업들은 많다. 미국의 2위 대형 서점인 보더스가 아마존에 밀려 파산했고, 비디오와 DVD 대여점인 블록버스터가 온라인 기반의 넷플릭스에 밀려 쇠락의 길을 걸었다. 소니 역시 워크맨과 디스크맨에 치중하다가 애플의 아이팟에 MP3 시장을 내주고 말았다.

반대로 전형적인 아날로그 시장인 레드오션에 있었으나 디지털 시대에 적절히 변신하여 성공한 기업들도 많다. 대표적인 기업이 캐나다의 멋진 아이콘, 〈태양의 서커스〉이다. 1984년 퀘벡에서 시작된 이 서커스는 현대 예술이 보여줄 수 있는 최고의 공연으로 찬사를 받고 있다. 지금까지 1억 명이 넘는 사람들이 공연을 보았고, 세계 각국의 순회공연으로 매년 1조 원이 넘는 수익을 올리고 있다.

어렸을 적 우리 모두에게 큰 인기를 모았던 서커스는 디지털 시대의 다양한 문화 공연에 의해 세월의 뒷자리로 물러간 사양 업종이다. 그런데 사람들의 관심에서 멀어진 서커스가 놀랍게도 〈태양의 서커스〉에 의해 고부가가치를 창출하는 사업으로 변신했다. 〈태양의 서커스〉는 주 고객을 아이들에서 성인과 기업 고객으로 바꾸었다. 그리고 비용이 많이 소요되는 전통적인 서커스의 중심이었던 동물쇼, 유명 곡예사, 복합 공연장 등을 없앴다. 대신 서커스 공연에 스토리와 예술성 있는 음악과 춤 등 브로드웨이 쇼를 접목시켰다.

최첨단 IT 장비와 영상으로 꾸며진 화려한 무대, 그리고 상상을 초월하는 라이브 엔터테인먼트로 서커스를 새롭게 창조한 것이다. 그래서 그들은 '서커스를 재발명한다(We Reinvent the Circus)'라는 표현을 자신 있게 사용하고 있다. 라스베이거스를 대표하는 〈오쇼〉와 〈카쇼〉, 그리고 국내 공연으로 우리에게도 친숙한 〈퀴담〉, 〈바레카이〉 등이 이들의 작품이다. 그리고 최종 리허설 중 마이클 잭슨의 급작스러운 사망으로 무산된 〈디스 이즈 잇〉을 되살리기 위해 〈태양의 서커스〉에서 만든 최고의 콜라보레이션 〈마이클 잭슨 임모털 월드투어〉로 흥행 기록을 이어가고 있다.

세상에 영원히 번성하는 업종은 없을 것이다. 수십 년 동안 전성기를 구가한 업종이 사라지기도 하고 신규 업종들이 숱하게 탄생하고 있다. 서커스라는 업종은 분명 레드오션의 대명사이다. 그러나 〈태양의 서커스〉는 새로운 엔터테인먼트 체험을 선사해주며, 디지털 세상을 더욱 풍요롭게 만들어주고 있다.

02
CHAPTER

감성의 옷, 스토리텔링을 입혀
새로운 가치를 창출하라

1. 서울에는 없고 파리와 시안(西安)에 있는 것은 무엇인가?

2010년 한국을 방문한 미래학자 롤프 옌센은 서울이 관광명소가 되기 위해서는 무엇보다도 골목골목에 이야깃거리가 있어야 한다며 "숨어 있는 서울의 얘깃거리를 찾아내 세계에 팔아라"라고 조언했다. 고대와 현대가 혼합된 서울에 수천만 가지의 얘깃거리가 있을 테니 그 이야기를 캐낼 단계라고 했다. 그리고 서울이 스토리가 녹아 있는 드림 시티로 발전하기 위해 프랑스의 파리를 참고하라고 했다.

"파리라고 하면 낭만적인 분위기, 아름다운 여인과의 와인 한잔, 아침에 일어나 시를 쓰고 그림이나 공연을 감상하는 이미지가 떠오르지 않습니까? 파리에 있는 수천여 개의 카페에는 각각의 스토리가 있지요. 거기서 세계적으로 유명해진 〈물랭루즈〉가 나오는 것입니다. 그리고 에펠탑에도 여러 스토리가 있습니다."

그는 드림 시티란 '마음, 창조력, 상상력 등 인간의 감성이 더해진 도시'라고 정의하고 있는데 이 단계에서는 "스토리텔링이 가장 중요하다"라고 강조한다. 롤프 옌센이 스토리텔링에 주목하게 된 건 언젠가 덴마크의 한 사업자가 소금을 만드는 법을 스토리텔링하자 소금값이 오르는 것을 본 순간부터였다고 했다. "소금은 그대로인데 이야기가 입혀지자 값이 오르는 겁니다. 여기서 미래를 봤습니다."

센 강을 가로지르는 다리는 총 37개이다. 한강을 가로지르는 다리는 모두 28개이다. 센 강의 다리는 모두 사람들이 편하게 건널 수 있게 설계되어 있다. 루브르 근처에 있는 예술의 다리는 아예 차량 통행을 금지시켜 놓았다. 한강의 다리는 센 강의 다리보다 강폭이 넓어서인지 차도 위주로 설계되어 있어 도보 통행이 불편하다. 한강의 야경 명물로 재단장한 잠수교가 795m이며, 대부분의 한강 다리에는 대교라는 이름이 붙어 있다. 이 대교들이 서울을 남과 북으로 갈라놓고 있다. 파리의 수많은 다리에 관광객들이 끊이지 않는다. 미라보 다리, 퐁네프 다리, 알렉상드로 3세 다리 등등……. 미라보 다리 위에 올라 사람들은 아폴리네르의 시를 읊는다.

미라보 다리 아래 센 강은 흐르고
우리들 사랑도 흘러내린다.
내 마음 깊이 아로새기리.
기쁨은 언제나 고통 뒤에 오는 것을
밤이여 오라, 종아 울려라.
세월은 흐르고 나는 남는다.

그리고 퐁네프 다리를 거닐며 퐁네프에서 그녀를 보는 꿈을 꾼다. 영화

〈퐁네프의 연인들〉을 떠올리면서……. 영화의 무대가 된 명소는 세계 곳곳에 헤아릴 수 없을 만큼 많다. 뉴욕과 LA, 런던과 홍콩 등 지명만으로도 많은 영화를 떠올릴 수 있다. 도시를 배경으로 한 무수한 영상 가운데 〈퐁네프의 연인들〉이나 〈악마는 프라다를 입는다〉처럼 세상 사람들의 뇌리에 파리를 아름답게 각인시킨 영화가 또 있을까?

아테네, 로마, 카이로와 함께 세계 4대 고대 도시 중 하나인 서안은 중국에서도 가장 오래된 고도(古都)로서 3000년의 도시 역사 중 절반 이상을 제국의 수도 역할을 담당해왔다. 서안은 한 무제, 진시황, 양귀비 등의 영웅 호걸들의 무대이자 고대 실크로드로 떠나는 출발점이기도 하다.

당나라의 시인 백거이는 「장한가」라는 시를 통해 양귀비와 당 현종의 사랑 이야기를 미화하여 풀어냈다. '높고, 깊고, 크고, 긴긴 사랑의 한을 노래함'을 의미하는 「장한가」는 사랑 노래의 백미로 옛부터 시인 묵객에게 회자되어 오던 시이다.

天長地久有時盡(천장지구유시진)
此恨綿綿無絶期(차한면면무절기)

하늘과 땅이 비록 장구하다 하나 언젠가는 다함이 있으리.
우리들의 이 사랑의 한만은 영원히 면면히 이어져 끝이 없으리라.

시안은 온통 두 사람의 로맨스로 가득 찬 도시이다. 길거리에서 바구니에 석류를 펼쳐놓고 파는 할머니도 양귀비가 즐겨 먹었다는 미용식으로 석류를 소개하며 호객 행위를 한다. 화청궁은 양귀비가 온천욕을 즐겨하던 별궁이다. 이곳에서는 매일 밤 영화 〈붉은 수수밭〉의 감독이자 베이징 올림픽의 총연출을 맡았던 장예모 감독이 만든 〈장한가〉라는 대공연이 펼쳐진다. 4월부터 10월까지 펼쳐지는 약 300회 공연을 통해 무려 40여만 의 관중이 비싼 입장료를 지불하고 공연을 즐긴다. 공연의 압권은 그 스케일이다. 화청궁의 뒷산인 여산에 인공 초생달이 떠오르고 화청궁 연못인 구룡호가 공연을 위한 이동 무대로 변한다. 다양한 특수효과를 활용한 최상의 무대 효과에 관객들은 매료된다.

인간은 논리만으로 설득되지 않는다. 정서를 공유하는 노력이 필요하다. 논리적 토론이 아니라 정서 공유가 스토리텔링의 핵심이다. 정서를 공유하지 못하면 사람들의 마음을 움직이지 못한다. 기업도 마찬가지이다. 기업이 고객과의 공감을 얻으려는 이유는 무엇일까? 그만큼 고객과의 거리를 좁히고 싶어서이다. 진심으로 고객에게 감정이입을 할 수 있는 것이 최상의 방법이다.

2. 감성의 옷을 입힌 이야기 산업, 컬처노믹스가 돈이 된다

이제 문화가 돈인 컬처노믹스(Culturenomics) 시대이다. 스타벅스나 커피빈에서 판매하는 아메리카노 한 잔 가격은 4000원대이다. 유독 브랜드 커피 값이 비싼 우리나라에서는 동료에게 점심 한 번 사는 것보다 커피 한 잔 사는 것이 더 부담된다. 스타벅스 한 잔의 원가는 얼마나 될까. 판매가의 10%가 원가라는 것이 정설이다. 사람들이 비싼 스타벅스 커피를 마셔도 아깝게 느끼지 않는 것은 그 속에 담긴 문화를 마시기 때문이다. 그리고 스타벅스의 공간은 다방이 아니라 문화를 파는 공간이다.

'프로도 경제'란 영화 〈반지의 제왕〉이 크게 성공하자 이 영화의 촬영장인 뉴질랜드에 2만 개의 일자리가 창출되어 경제 전반의 모습이 바뀐 것을 일컫는 말이다. 프로도는 〈반지의 제왕〉에 호빗족으로 나오는 주인공이다. 양을 키우는 농업 국가였던 뉴질랜드는 〈반지의 제왕〉, 〈아바타〉, 〈쥬라기 공원〉 등 세계적 블록버스터 영화의 촬영지로서 국가 이미지가 크게 상승했고, 2011년에만 이 나라에서 15편의 대형 블록버스터 영화가 촬영됐다. 뉴질랜드가 영화 산업에서 올린 수익만 30억 뉴질랜드 달러(한화 2조 6000억 원)를 웃돌았다. 영화 촬영지 덕분에 시너지를 내고 있는 관광산업의 직간접적인 수익 규모는 230억 뉴질랜드 달러(한화 19조 9000억 원)를 넘으며, 관광업에 종사하는 사람도 9만 명을 넘고 있다.

뉴질랜드에 프로도 경제가 있다면 영국에는 '포터 경제'가 있다. 이는 작가 조앤 롤링이 쓴 『해리포터』 시리즈가 창출하고 있는 경제 효과를 가리키는 말이다. '세계에서 가장 빨리 팔린 책', '성경 다음으로 가장 많이 팔린 책' 등 화려한 수식과 기록을 갖고 있는 『해리포터』의 브랜드 가치는 150억 달러(한화 약 17조 6850억 원)로 나이키의 브랜드를 넘어서고 있다. 영화 〈해리포터〉로 영국 영화 산업의 일자리가 늘고 런던은 뮤지컬의 중심지에 이어 영화 제작의 중심지가 되고 있다.

2012 런던올림픽 개막식의 주제는 '경이로운 영국(Isles of Wonder)'이었다. 영국이 낳은 대문호인 윌리엄 셰익스피어의 희곡 『더 템피스트』에 등장하는 칼리반의 대사에서 따온 것이다. 영국을 대표하는 영화, 문학, 노래부터 영국의 산업혁명, 의료 시스템 등이 화려한 뮤지컬로 재현되었다. 영화 〈007〉 시리즈의 주인공인 배우 대니얼 크레이그와 엘리자베스 2세 여왕이 직접 영상에 출현했고, 『해리포터』의 작가 조앤 롤링이 등장했다. 개막식에서 영국을 대표하는 문화 아이콘이 총출동했는데 이는 오늘날 영국의 경제 아이콘이 되고 있다.

2008년도에 하버드 대학 졸업식 연설을 한 조앤 롤링은 다음과 같이 말했다.

저는 대학을 졸업하고 7년 동안 엄청난 실패를 겪었습니다.

결혼 생활을 오래 하지 못했으며 실업자 신세에다 가난까지 닥쳐왔습니다.

누가 봐도 전 실패한 사람이었습니다.

그 시기에 저는 정말 힘들었고, 그 긴 터널이 언제 끝날지도 알 수 없었습니다.

(중략)

제가 하고 싶은 일은 오로지 소설을 쓰는 것뿐이라고 굳게 믿었습니다. 그러나 가난한 집에서 태어나 대학 문턱에도 가보지 못하신 부모님께서는 제가 갖고 있는 지나친 상상력은 흥미롭고 독특하기는 하나, 주택 융자금을 갚고 노후 연금을 모으는 데 아무런 도움도 되지 않는다고 여기셨습니다.

(중략)

상상력은 인간만이 갖고 있는 독특한 능력으로 인간은 상상력을 통해 현실에 존재하지 않는 것을 생각할 수 있고 따라서 상상력은 모든 발명과 혁신의 원천입니다. 그러나 상상력의 가장 큰 위력은 우리가 직접 경험하지 않고도 다른 사람들의 경험에 공감할 수 있도록 해주는 힘입니다.

발상의 전환과 스토리텔링 요소를 가미하여 사람들이 외면하던 남이섬을 재창조한 것이 그 대표적인 사례이다. 2000년까지만 해도 행락객들의 유원지와 대학생들의 MT촌이 고작이었던 남이섬은 이제 예술가가 대접받는 곳, 문화와 고요가 있는 곳, 〈겨울연가〉 촬영지로 일본 관광객들이 가장 가보고 싶어 하는 곳으로 탈바꿈했다. 그리고 모닥불과 겨울 고드름 등을 활용하여 추위와 겨울의 서정에 약한 동남아 관광객을 공략하는 등 남이섬을 개척하고 있는 강우현 대표는 아직도 상상 망치를 들고 이 섬을 꾸며나가고 있다.

오늘날 물질 중심의 사회는 탈물질 중심의 사회로 변화해간다. 경제적 수준이 높아지면서 물질이 아닌 그 이상의 가치를 추구하게 되기 때문이다. 그 결과 기존의 전통 산업이나 지식 기반 산업에도 감성이 덧입혀져 소비자에게 다가선다. 상품의 본질적 기능에 제품의 디자인, 상품의 배경에 숨겨진 이야기 등 감성이 더해지면 제품의 가치는 더욱 높아진다.

TV를 켜면 가장 흔하게 볼 수 있는 프로그램이 맛집 소개 프로그램이다. TV에 보이는 맛집이 일주일에 무려 170개가 넘는다고 한다. 블로그에 소개되는 맛집 탐방기는 그 수를 헤아리기도 어렵다. 우리나라 역시 유난히 음식 맛을 따지는 민족이다.

그런데 우리가 프랑스 사람들과 다른 것은 음식 이야기를 제대로 모른다는 점이다. 음식점에 가더라도 메뉴판의 음식 특성과 맛을 줄줄이 꿰뚫고 설명하는 프랑스의 종업원들과 달리 우리나라 사람들은 손님도 그렇고, 종업원 또한 메뉴 설명에 별반 신경을 쓰지 않는다. 우리 전통 음식의 대명사격인 비빔밥은 어떻게 우리 밥상에 오르게 되었을까? 닭고기로 할 수 있는 우리의 요리는 몇 가지나 될까? 전복으로 만들 수 있는 최고의 요리는 무엇일까? 우리의 음식 담론은 스토리텔링에 매우 약하다. 그러므로 세계화로 나가기 위해서는 한식의 맛과 유래에 대해 스토리텔링이란 감성을 입혀 잠재 고객들에게 다가가야 한다.

우리는 누구나 김치를 사랑한다. 요즘 한국의 김치 맛에 익숙한 외국인도 많다. 한국 김치의 맛은 손맛에서 나온다. 김치를 홍보할 때는 주로 김치 담그는 법과 지역별 김치 맛을 중심으로 잡는다. 그런데 더 중요한 것은 김치 맛을 내는 명인들의 손맛을 이야깃거리로 만들어내는 것이다. 이야기의 힘은 세상을 바꾼다. 우리 음식이 세계화에 성공하기 위해서는 전통의 맛이 이야기로 발효되어 맛깔스러운 명품으로 거듭나야 한다.

일본은 자국의 사케를 해외 시장에 홍보하기 위하여 많은 노력을 경주한다. 사케가 오직 일본의 쌀로만 빚어지고 있어 농촌 경제의 활성화에 기여하고, 해외 시장에서 사케를 일본의 고급 문화로 인식시키기 위해서이다. 우리나라 정부 역시 한국의 대표적인 전통주인 막걸리에 대한 지원을 하고 있다.

하지만 해외 시장에서 봤을 때 일본을 제외하고 프랑스의 와인이나 독일의 맥주, 멕시코의 데킬라, 러시아의 보드카처럼 한국 하면 떠오르는 전통주가 적은 것이 현실이다. 막걸리가 한국의 대표주가 되고 안 되고의 논란을 떠나 차별성 있는 전통주를 엄선하여 스토리텔링을 완성하는 등 선택과 집중이 필요한 시기이다. 해외의 소비자와 가장 많은 소통이 이루어지고 있는 곳은 바로 한식 레스토랑이다. 이곳에서 한국의 음식과 막걸리를 비롯한 한국의 전통주가 선보인다. 바로 해외 소비자와의 교감이 이루어지고 있는 창구인 셈이다. 이곳을 통해 해외의 소비자는 한식 및 막걸리를 비롯한 한국의 전통주에 관심을 가지게 되며, 이것이 발전되면 동경심까지 갖게 된다.[84]

3. 만화 기업에서 콘텐츠 기업으로 업(業)의 개념을 바꾼 마블

어릴 적 동네 골목에서 벌어진 최대의 논쟁 중 하나가 '마징가 Z와 태권 V가 싸우면 누가 이기느냐'였다. 그러나 대체로 근소한 차이로 마징가 Z가 이긴다는 주장이 더 많았다. 태권 V의 최고 시속이 950km인 반면, 마징가 Z는 3700km이어서 속도에서 뒤지고, 태권 V는 발로 차는 단조로운 공격으로 필살기가 없다는 것이 논쟁의 요약이었다. 이렇듯 마징가 Z는 '쇠돌이'라는 깜찍한 이름으로 우리 어린이들에게 인기를 끌었다. 그러나 철이 들면서 마징가 Z가 일본 것이었다는 사실에 많은 충격을 받기도 했다.

미국도 우리와 같은 골목 논쟁이 존재한다. "슈퍼맨과 헐크가 싸우면 누가 이길까?" 같은 질문을 놓고 아이들은 두 패로 갈린다. 우리에게도 친숙한 만화 속 영웅들인 스파이더맨, 헐크, 원더우먼, 아이언맨 등은 모두 마블의 작품이다.

1936년도에 설립된 마블은 약 5000개의 만화 주인공을 보유하면서 수많은 슈퍼 영웅들을 탄생시켰다. 이렇듯 잘나가던 마블이 1990년도 중반에 접어들면서 파업의 위기에 몰리게 되었다. 종이 만화책 시장이 사양길에 들어섰기 때문이다. 그로부터 수년 후 만화 속 영웅들이 영화 속 히어로로 등장하면서 마블은 기적같이 재기에 성공하며 제2의 전성기를 맞게 된다. 즉, 마블은 영화 제작사에 만화 캐릭터와 스토리를 판매하여 2006년 1.1억 달러, 2007년 2.7억 달러의 영업 이익을 올렸다. 〈스파이더맨〉, 〈아이언맨〉, 〈어벤져스〉 등이 위기에 처한 마블을 구해낸 대표적인 작품들이다. 50년 전에 마블의 만화 잡지의 주인공으로 처음 등장한 스파이더맨은 세 편의 영화에 등장하면서 약 3조 원을 벌어들였다. 여기서 벌어들이는 스파이더맨의 연간 캐릭터 수입은 약 1200억 원이나 된다.

2000년대 할리우드에서 본격적으로 영화에 등장한 슈퍼 히어로들은 전통적인 미국 문화의 원형이 아니다. 그러나 각국의 문화 원형을 발굴하고 키워서 세계인들에게 그리스 신화를 능가하는 글로벌 문화 원형으로 성장시켰다.

2012년에 개봉한 영화 〈어벤져스〉는 마블의 역대 최고의 슈퍼 히어로들이 총출동한 블록버스터이다. 아이언맨, 헐크, 토르, 캡틴 아메리카, 그리고 퍼스트 어벤져에 등장했던 슈퍼 히어로들이 〈어벤져스〉에서 처음으로 함께 뭉쳐 지금껏 본 적 없는 막강한 팀 어벤져스를 결성했다. 이러한 성공을 바탕으로 하나하나 이야기 원형을 발굴하여 스토리를 만들던 마블은 이제 스스로 스토리가 되고 있다. 이 과정에서 우리가 주목할 점은 마블이 자신들의 업(業)을 과거 만화업에서 콘텐츠업으로 재정립했다는 사실이다. 이 회사는 자신들이 보유한 막강한 만화 속 주인공을 애니메이션, 영화, 비디오 게임 등 다양한 종류의 엔터테인먼트 분야로 진출시켰다. 그 결과 만화책 속에서 시작된 작은 날갯짓이 거대한 블록버스터의 바람으로 확대되어 돌아온 것이다.

저명한 경영학자 피터 드러커는 말한다. "사업을 지속적으로 성공하기 위해서는 '우리 사업은 무엇인가'라는 질문에 명확히 답을 할 수 있어야 한다."

세상에 있는 것들은 '변하지 않는 것은 변하지 않는다'라는 말만 빼고 모두 변한다. 어제까지 최고의 경쟁력을 가진 상품이 어느 날 갑자기 쓰레기로 전락하는 사례가 허다하다. 이제 머리가 아닌 마음에 호소해야 한다. 고객의 마음을 읽어주면서 고객과 교감을 이루는 공감 마케팅의 시대가 되었다.

업의 개념도 소비자가 갖고 있는 심리적, 사회적 욕구에 초점을 맞추어

356

바꾸어야 한다. 호텔업은 무엇인가? 당연히 손님에 대한 서비스업이다. 그러나 손님에 대한 만족스러운 서비스를 위해서는 종업원의 마음을 움직여야 한다.

미국에서 호텔 사업으로 큰 성공을 거둔 어느 한국인 사업가가 있다. 그의 성공 비결은 '1달러 원칙'에서 비롯되었다고 한다. '1달러 원칙'이란 그가 매일 오전 호텔의 모든 방을 돌아다니면서 팁이 없는 침대에 자신이 직접 1달러 지폐를 몰래 올려놓는 것이라고 한다. 고객들과 현장에서 직접 대면하는 객실 담당 직원들이 즐거워야 호텔에 대한 고객 만족도가 올라간다는 그의 생각 때문이었다. 호텔은 서비스업이다. 그러나 직원들을 만족시키는 것이 사장으로서는 더 큰 일이다. 직원들은 사장이 1달러씩 각 방에 놓는다는 사실을 알게 되면서 크게 감동했고, 자신의 직장에 대한 자부심과 충성도가 더욱 높아지게 되었다. 이 이야기는 호텔을 찾는 고객들에게도 퍼져나가 고객들이 즐거운 마음으로 다시 찾는 호텔이 되었다고 한다.

지구 상에서 가장 비싼 다이아몬드의 예를 들어 보자. 다이아몬드는 당초 단단한 물건을 자를 때 이외는 별 효용 가치가 없는 물건이었다. 이 가치로만 따지자면 고작 1캐럿에 30달러밖에 되지 않는다. 다이아몬드는 처음부터 결혼 예물의 대명사가 아니었다. 1948년 '다이아몬드는 영원하다(A Diamond is forever)'라는 역사상 가장 성공적인 광고 문구가 등장하면서부터이다. 이후 다이아몬드는 혼인 예물의 대명사로 자리매김했다. 드비어스 사는 '사랑의 상징물'로 다이아몬드를 대중화시키면서 가장 가치 있는 보석으로 바꾸어놓았다.

03
CHAPTER

진화 심리학의 중심, 혼혈은 순종보다 강하다

1. 문화의 동질화, 세계문화가 평평해졌다

매년 봄마다 해발 5000m의 에베레스트 쿰부 빙하 지역은 수백 동의 텐트로 산부락이 생기는 진풍경이 벌어진다. 우기가 시작되는 5~6월부터 3월 중순까지는 황량하게 버려져 있지만 봄 시즌을 이용해 800m가 넘는 에베레스트와 로체를 오르려고 세계에서 몰려든 등산객들과 이들을 지원하는 셰르파, 취사를 담당하는 쿡, 키친보이 등 수많은 사람들이 등반 시즌이 끝날 때까지 50여 일 동안 북새통을 이룬다. 심지어 베이커리와 술을 파는 카페, 여러 종류의 파티가 열리고 손님과 스태프를 실어 나르는 헬리콥터가 쉴 새 없이 날아다닌다고 한다.

1950년대 6명이던 에베레스트 등정자 수는 60년대에 18명, 80년대에 180명으로 늘어났고, 2007년에 600명을 넘어섰으며, 이제 연간 1000여 명이 넘게 등반하고 있다. 영국 원정대 소속 에드먼드 힐러리가 세계 처음으로 에베레스트에 오른 것이 1953년 5월 29일이었다. 60여 년이 지난 지금 에베레스트의 마지막 기착지인 캠프 4에는 날씨가 좋은 날이면 하루 150명씩 몰려들어 등산조와 하산조가 심각한 정체 현상을 빚는다고 한다. 이러한 급증세는 1980년대부터 시작된 상업 등반대의 영향 때문이다. 4~7만 달러의 경비만 내면 셰르파가 업어서 에베레스트에 올려준다는 이야기가 나올 정도이다. 청소년 혹은 80대 노인도 에베레스트 정상을 정복했다는 뉴스가 심심찮게 보도되기도 한다. 산악 장비의 눈부신 발전과 위험 구간에 설치된 사다리, 안전한 루트 개척도 많은 사람을 산에 오르게 하고 있는 이유이다. 그러므로 이제 더 이상 에베레스트 등정은 전문 산악인들만의 영역이 아니다. 전문가의 영역이었던 에베레스트도 평평해진 것이다.

『렉서스와 올리브 나무』를 저술했던 유명한 칼럼리스트인 토머스 프리드먼은 "왜 인도인들이 미국인들의 일자리를 가져가는가."에 관한 해답을 얻기 위해 인도를 방문하고 충격을 받는다. 이때 그가 얻은 깨달음은 "이제 세계가 평평하다"라는 것이다. 방갈로에 있는 인도의 대표적인 소프트웨어 업체인 인포시스 테크놀로지를 방문했을 때 그가 발견한 것은 미국의 소프트웨어 디자이너와 인도의 소프트웨어 디자이너, 아시아의 제조업자가 화상회의를 통해 산출물을 협의하면서 프로그래밍 작업을 하고 있는 모습이었다. 전 세계를 평평하게 만들고 있는 초고속 인터넷, 모바일 기기, 구글의 검색 엔진 등의 눈부신 발달은 보스턴이든 북경이든 방갈로이든 지역에 관계없이 소프트웨어를 원격으로 개발할 수 있게 되었다. 2000년대 들어서면서 어디서든지 지식 작업과 지적 자본을 탄생시킬 수 있는 플랫폼이 만들어지고 있다. 토머스 프리드먼은 『세계는 평평하다』라는 그의 저서에서 이와 같은 세계화의 지평을 '세계화 3.0의 시대의 개막'이라고 표현했다.

세계화 1.0 시대는 1492~1800년까지로 이때 파워의 핵심은 제국 정복을 위해 식민지 건설에 나선 국가들이었다. 세계화 2.0시대에는 1800~2000년까지로 이 시대의 주역은 시장과 노동력을 찾아 나선 대기업들이었다. 2000년대 이후 시작된 세계화 3.0 시대는 이전과는 분명히 다른 세상이다. 초고속 인터넷과 IT 인프라 등으로 강대국 체제에서 전 세계 각국으로 힘이 분산되어 있다. 평평한 운동장과 같은 세계화 3.0 시대에서는 대기업을 넘어 소기업, 더 나아가 개인들까지도 동등한 기회를 가질 수 있게 되었다.[85]

평평한 세상을 더욱 평평하게 만들어주고 있는 것은 SNS이다. 소셜미디어가 발달한 덕분에 이 세상은 평평함을 넘어서 전 세계가 하나로 연결되고 있다. SNS를 통한 디지털 대화는 수평적이고, 계급없는 커뮤니케이션의 기회를 창출했다. 그러나 일부 사람들은 평평해진 글로벌 문화가 반드시 좋은 것은 아니라고 걱정한다. 동질화된 글로벌 문화에 문화적 정체성과 다양성이 훼손되기 때문이다.

문화제국주의적 관점에서 볼 때 전통적으로 문화 상품은 지배 국가로부터 피지배 국가로 흘러갔다. 지배 국가의 문화적 가치와 신념, 관례들이 종속 국가에 유포되었고, 이에 따른 수요와 소비가 창조되었다. 정보 흐름의 불균형이 초래하고 있는 현상이다. 그러나 21세기 디지털 사회에 독재국가가 아니라면 정보 흐름의 불균형을 걱정할 필요가 있을까? 정보 흐름은 더 이상 높은 곳에서 낮은 곳으로만 흐르지 않기 때문이다. 대중문화도 정서만 맞으면 순식간에 전 세계에 소셜미디어를 타고 퍼져 나간다. 정보의 흐름도 평평해졌기 때문이다. 2013년도 하순, 제1회 유튜브 뮤직 어워드(YouTube Music Awards)에서 한국의 소녀시대는 「I Got A Boy」로 '올해의 뮤직비디오'를 수상해 세계인들의 이목을 집중시켰다. 소녀시대의 수상에 대해 CNN, 《USA투데이》, 《월스트리트저널》, 《뉴욕타임스》, ABC TV 뉴스 등의 미국 매체들은 물론 BBC, 로이터, 《르 파리지앵》 등 해외 주요 언론들의 호평이 이어지고 있다.

더 이상 문화는 물리적 국경을 갖지 않는다. 공감할 수 있는 콘텐츠라면 세계인들은 고급 문화에서 대중문화, 그리고 자국 문화에서 외국 문화에 이르기까지 다양하게 즐기는 문화적 민주주의의 세상에서 살고 있다.

2. 순혈보다 강한 B급 문화의 확산

B급 문화는 소수에 의한, 소수가 즐기는 문화적 성격이 강하다. 하지만 IT와 결합되면서 전파 속도가 급속도로 빨라졌다. 이로 인해 대중적 파급력 측면에서도 B급 문화는 A급 못지않은 힘을 보유하게 되었다. 스마트폰, 유튜브, 포털 사이트 등은 B급 문화를 확대·재생산하는 데 일등공신의 역할을 담당하고 있다. 사람들은 이슈가 되는 콘텐츠면 SNS로 열심히 퍼 나른다. 그리고 이 내용은 포털의 실시간 검색어에 등장하며, 사람들은 이를 보고 이슈를 재확산시킨다.

공장에서 찍어낸 작품은 예술품이 아니다. 앤디 워홀은 그것을 비웃듯 그의 아틀리에를 아예 공장이라는 뜻의 팩토리(Factory)라고 이름 붙였다. 그리고 제자들이 찍어낸 마릴린 먼로와 마우저뚱의 사진 그림에 연신 싸인을 하면서 비싼 가격에 팔았다. 앤디 워홀은 이렇게 순수 예술과 상업 미술의 경계를 허물어갔다.

프랑스 출신으로 나중에 미국 국적을 취득한 마르셀 뒤샹은 다다이즘과 초현실주의 작가였다. 그의 가장 유명한 작품 〈샘〉은 다름 아닌 남성용 소변기이다. 여기에 자신의 작품이라며 사인을 했다. 이 변기를 만드는 회사에선 하루에도 수천 개의 변기를 만들어냈을 것이다. 마르셀 뒤샹은 그 중 하나를 구입하여 사인을 한 뒤 작품으로 전시했다. 물론 처음부터 순탄한 것은 아니었다. 1917년 당시 뒤샹은 이 작품을 전시할 수 없었다. 전시회에서 받아들여주지 않았기 때문이다. 작가가 스스로 창조한 작품이 아니라는 사실 때문에 당연히 예술 작품으로 인정받을 수 없었다. 거기다가 소변기라는 소재가 고급스러운 예술품을 전시하는 갤러리 관계자들의 심기를 건드렸을 것이다. 하지만 수십 년이 흐른 뒤 이 작품은 하나의 신화가 되었다. 미술 애호가들이 수집하는 유명 예술품 목록에 당당히 끼게 되었다.

예술 작품과 일상적인 생활용품 사이에는 어떤 차이가 존재할까. 그의 작품 변기가 갤러리에 있을 때는 '만지지 마시오'라는 안내문이 붙은 미술품이 분명하지만, 화장실에 있다면 결국 변기에 불과하다. 이에 대해 당사자인 마르셀 뒤샹은 어떤 생각을 가지고 있었을까? "창조적 행동이란 단지 예술가에 의해서만 수행되는 것이 아니다. 관객은 작품의 내적인 조건들을 해독함으로써 작품을 외적인 세계와 만나게 한다. 그렇게 함으로써 창조적 행동에 동참하는 것이다." 그의 말에 따르면 세상을 담아 예술 작품으로 만들어내는 것은 반드시 예술가들의 눈과 빛만 아니라는 것이다.

이제는 고급 예술로 격상되어 화랑의 중앙에 놓여 있지만 앤디 워홀이나 마르셀 뒤샹의 작품이 처음부터 A급 작품으로 인정을 받은 것은 아니었다.

비주류로 치부되었던 B급 문화들이 세월이 흘러 주류 문화에 대한 거부감 내지 새로운 도전으로 평가받으면서 창의적인 대중문화로 재해석되고 있고 있다. 내용과 본질은 그대로인데 시대에 따라 문화적 가치가 달라지고 있는 것이다. 비주류 문화가 주류 문화로 편입되는 현상이 늘어나면서 대중들의 포용력도 커지고 있다. 60년대 장발의 히피와 록, 70년대 분홍 머리의 펑크, 80년대 헐렁한 옷의 힙합은 미국 젊은이들의 문화 아이콘이었다. 지금은 당당하게 주류 대중음악의 일부가 되었지만 당시 기성세대들은 당연히 하위문화로 취급했다. 스티브 잡스도 맨발로 캠퍼스를 활보하고, 명상에 빠져 히피의 삶을 누리던 청년이었다.

과학 저술가 스티븐 존슨은 뉴스위크가 선정한 '인터넷상에서 가장 중요한 인물 50인' 중 한 명이다. 그는 기존의 형식에서 벗어난 '히피 문화'를 혁신의 근간으로 보았다. 존슨에 따르면 형식을 파괴한 건축물이나 음악, 유명 소설 등이 모두 영감의 대상이 된다고 했다. 그는 "위대한 기업가들은 히피 문화에서 인디락에 이르기까지 다양한 분야에서 영향을 받았다"면서 "고정된 틀에서 벗어나 다른 시각으로 사물을 바라보면서 새로운 아이디어를 얻었다"고 설명했다. 비주류에서 저항 문화에 이르기까지 문화적이고 사상적인 토양이 창조적인 아이디어의 필수조건이란 얘기다. 실제로 실리콘밸리의 탄생은 물론 빌 게이츠와 스티브 잡스의 출현 모두 기존 관념과 위계질서에 저항한 '히피 문화'와 연관성이 높다. 이들에게 컴퓨터는 단순한 사업의 대상이 아닌 '자유를 위한 도구'였던 셈이다. 그리고 스티븐 존슨은 아웃사이더 문화를 강조했다. 이는 스무 살 풋내기 대학생 마크 저크버그가 만든 '페이스북'을 전체 사회가 인정해준 것처럼 경험 없는 초짜도 너그럽게 받아줄 수 있는 사회적 환경을 말한다.[86] B급 문화는 고상한 주류 문화가 채워주지 못하는 가려운 구석을 긁어주면서 마니아들로부터 열광적인 지지를 받는다. 앤디워홀이나 마르셀 뒤샹의 작품들은 기존의 틀을 깨면서 문화와 예술의 빈틈을 채워줌으로써 다양성을 만들어나간다.

애니메이션이나 SF 영화 등 특정 대중문화에 깊숙이 빠져드는 사람을 의미하는 일본의 오타쿠 문화도 B급으로 분류되었다. 비디오 아트의 창시자인 백남준도 B급 문화를 만드는 대중예술가로 치부되었다. 그는 "대중이 이해하지 못하는 예술은 사기"라면서 피아노와 바이올린을 때려 부수거나 넥타이를 자르는 등 파격적인 퍼포먼스로 유명해졌다. 백남준은 '무언가 특별했지만 기행을 일삼는 예술인' 정도로 평가되면서 그의 예술은 제대로 인정을 받지 못했다. 그러나 실상은 누구도 생각지 못한 발상과 소재를 채택하여 상류 문화에 저항을 한 것이다. 지금은 어떠한가? '시대를 50년 앞서 살아간 위인', '예술의 칭기즈칸'이란 수식어가 따라붙으면서 비디오 아트의 아버지로 추앙받고 있다.

조선 시대의 판소리 역시 장터에서나 들을 수 있는 B급 문화였다. 판소리는 서민 의식을 반영하는 대중예술로 탄생했다. 「흥부가」에서 놀부의 심보를 묘사한 70여 가지 못된 짓을 들어보라. 감히 입에 담기에도 민망한 내용과 함께 감탄할 만한 비유와 해학이 담겨 있다.

「흥부가」뿐만 아니다. 「춘향가」, 「심청가」, 「수궁가」, 「적벽가」도 마찬가지다.[87] 시간이 흐르면서 판소리는 양반 계층에게까지 사랑받게 되었다. 특히 고종과 명성황후는 판소리의 열렬한 팬이었다고 한다. 고종은 유명 판소리꾼들에게 최고의 사례금을 지급하면서 공연을 관람했다. 그리고 일부 판소리꾼에게는 벼슬을 내리기도 했다. 이 같은 당시 분위기를 배경으로 조선 시대 최초의 여자 소리꾼 전채선과 고종의 사랑 이야기를 다룬 창작 판소리 뮤지컬 〈운현궁 로맨스〉가 만들어지기도 했다. 물론 이것은 가상의 사랑 이야기이다. 그러나 명성황후와 고종의 가례식 날 춘향전에 나오는 「사랑가」를 부르며 채선은 홀로 떠난다. 그녀의 구성진 가락의 잔상이 가슴을 촉촉히 적신다. 이야기에 몸짓을 섞어가며 음악으로 전달하는 극적인 예술이 판소리이다.

재미있는 가사와 노래, 그리고 말춤으로 비유와 해학을 담아낸 싸이의 「강남 스타일」과 「젠틀맨」 역시 21세기의 판소리인 셈이다.

B급 문화는 예술적이며, 장중하고 비장한 것과는 거리가 멀다. 그리고 순종보다는 혼혈의 잡종이다. 사람들은 참을 수 없는 즉흥성과 재미, 가벼움이 B급 문화와 잘 어울린다고 생각한다. B급 문화로부터 내 안에 억눌려 있던 감정을 배설하는 느낌을 추구한다.

PC와 유튜브와 같은 개인 미디어의 발전으로 손쉽게 대중에게 B급 문화가 전파되면서 A급과 B급 문화의 구분에 대한 의미가 퇴색되고 있다. 또한 컨버전스가 새로운 패러다임으로 떠오르고 있는 현대사회에서 B급에도 즐거움과 개성, 자부심이라는 새로운 코드가 첨가되면서 A급 문화를 능가하는 새로운 가치를 창출하고 있다.

좀비도 마찬가지이다. 좀비는 인간이 아니고 살아 있지만 실제로 살아 있지도 않다. 우르르 떼로 몰려다니면서 인간을 잡아먹지만 죽여도 죽지 않는다. 이러한 집단성과 비인간성은 좀비 트렌드로 비화되어 몰개성과 인간성 상실로 대변되는 현대사회의 부정적 특징을 조롱하는 콘텐츠로 인기를 끌고 있다. 좀비 캐릭터들은 익명성 속에 숨은 군중의 심리를 적절히 반영하고 있는 것이다.

3. 우리에게 더 빠른 시간이 필요한 것일까

지글지글 프라이팬에 갓 구어낸 노릇노릇한 파전과 막걸리가 비가 오는 날 더욱 당기는 이유가 무엇일까? 한 유통업체가 장마 기간 매출을 조사했더니 평소보다 부침가루 판매액이 60% 증가했고 막걸리의 판매액도 17%가 늘어났다고 한다. 한의학에서는 비가 오면 체온이 내려가는데 이를 보충하기 위해 뜨거운 것을 찾는다고 설명한다. 다른 속설로 파전 굽는 소리와 비가 오는 소리가 비슷해서라는 감성적인 해석도 있다.[88] 비 오는 날 가족끼리, 친구끼리 둘러앉아 파전에 막걸리 한잔을 기울이면서 우리는 '힐링' 받는다.

대한민국에 문자 그대로 '멘토와 힐링' 열풍이 불고 있다. 2011년에 김난도 교수의 『아프니까 청춘이다』와 『천 번을 흔들려야 어른이 된다』가 베스트셀러로 대중의 인기를 끌면서 힐링 바람이 본격적으로 불기 시작했다. 이어 2012년 승려 혜민이 쓴 『멈추면, 비로소 보이는 것들』이 베스트셀러로 서점을 휩쓸었다. 이 책의 메시지는 '자신을 성찰하고 상처를 치유해서 새로운 힘을 얻자'는 내용이다.

출판에서 시작된 힐링은 TV까지 확산되었다. '멘토와 힐링'을 주제로 하는 프로그램들이 줄지어 방영을 시작을 했고 시청자들의 큰 호응을 얻었다. 공연계에서도, 음악계에도 삶에 지친 현대인들을 위한 힐링이 인기를 끌고 있다.

왜 사람들은 '멘토와 힐링'에 심취하고 있는가? 요즘은 몸뿐만 아니라 마음도 일을 하는 감정노동(Emotional Labor)의 시대이기 때문이다. 직장인들은 몸보다 감정이 더 피곤하다. 고객이나 상사에게 화나는 상황을 잘 견디면서 친절과 순응을 하는 게 감정 노동이다. 과거 '손발경제' 시대에는 농업적 근면성이 최고의 미덕이었고, 이를 통해 부를 축적했다. 그러나 손발경제를 거쳐 두뇌경제, 이제 디지털 시대에는 마음의 경제가 지배하고 있다. 따라서 사람들은 과거 육체노동에서 정신노동을 거쳐 감정노동으로 속성이 변화하고 있는 것이다.

우리는 과거의 '배고픈 사회(Hungry Society)'를 벗어나면서 오히려 빈부의 격차는 점점 벌어지게 되었다. 왜 1%의 사람이 99%의 부를 점유하고 있는 것일까? 오늘날은 대중들이 1%에게 화를 내는 분노의 사회(Angly Society)가 되었다. 실제로 뉴욕에서 벌어진 시위 '월가를 점령하라(Occupy Wall Street)'는 내 것을 빼앗은 1%가 99%의 부를 가지고 있다는 것에 대한 분노가 표출된 것이다.

이제 정치도 사회도 기업도 사람의 마음을 잡는 데 주력하는 시대가 되었다. 사람의 마음을 다치게 하는 사회, 그리고 이를 치유하는 것, 이것이 오늘날 한국에서 힐링 열풍이 일고 있는 이유가 되고 있다. 과거 기업은 마켓 쉐어(Market Share)가 기업 활동의 가장 중요한 목표였다. 이제는 고객의 마음을 잡는 마인드 쉐어(Mind Share)가 마켓 쉐어보다 더 중요해졌다. 아무리 마켓 쉐어가 높다하더라도 고객들이 마음을 돌리면 한 방에 날아가는 세상이 되었다.

2013년 대리점들에게 제품을 강제로 밀어내고, 또한 뒷돈을 받아 챙기는 등 갑의 횡포를 부려 국민적 지탄을 받았던 N유업은 매출이 80%나 떨어졌다. 한번 떠난 소비자의 마음을 되돌리기 위해 많은 시간과 노력, 그리고 비용이 필요할 것이다.

디지털 세상에서 속도는 인간을 소외시키는 또 하나의 주인공이 되고 있다. 우리는 과연 빛의 속도로 내달리고 있는 세상의 변화를 감당할 수 있을까. 일본의 신카이 마코토 감독이 연출한 3부작 애니메이션 영화 〈초속 5센티미터〉가 있다. 초등학교 4학년 때 비슷한 시기에 전학 와서 운명적으로 만난 타카키와 아카리의 이야기이다. 아직 어린 두 소년, 소녀지만 이들은 소위 말하는 소울메이트였다. 배경은 휴대폰이 보급되기 전인

1995년이다. 이들은 상급 학교로 진학하면서 자신들의 의지와 상관없이 헤어지게 된다. 2화에서 그들은 고등학교 졸업반이 되었고, 3화에서는 사회인이 되었다. 3화의 시대적 배경은 2006년, 타카키는 26살이다.

영화는 벚꽃이 떨어지는 멋진 장면으로 시작된다. 첫 대사는 벚꽃이 떨어지는 속도가 초속 5센티미터라는 대사다. 속도는 영화 전체에서 아주 중요한 테마로 사용된다. 기차의 속도, 바람의 속도, 로켓의 속도, 눈이 내리는 속도 등에 관객은 주목하게 된다. 시간의 속도와 마음의 속도에 대해서도 생각해보게 된다. 꿈과 이상에 다가가는 속도 혹은 멀어지는 속도 역시 느껴볼 수 있다. 그리고, 주인공들은 뭔가 다른 속도를 지닌 채 살아가고 있다. 그 다른 속도로 인해 세상에 어울릴 수 없고, 동화될 수 없다. 같은 속도로 뛰는 심장을 찾아 헤매지만, 그런 사람은 세상에 많을 수가 없다. 나와 같은 리듬을 지닌 소울메이트를 평생 그리워할 수밖에 없는 이유다.[89]

대기업의 임원이 되면 별을 달았다고 한다. 경총 조사를 보면, 대졸 신입사원이 대기업 임원이 될 평균 확률은 0.6%이며, 23.6년이라는 기나긴 세월이 걸린다. 어려운 만큼 임원 대우도 파격적이다. 대폭 인상된 급여는 물론 실적에 따른 두둑한 성과급, 골프 회원권과 업무용 자동차 제공, 출장 시 항공사의 비즈니스석 이용, 퇴직 후 일정 기간 예우를 해주는 등 파격적인 대우가 뒤따른다.

그러나 이 같은 대우만큼 책임이 커지고 실적이 부진하면 언제든지 사표를 내야 한다. 그래서 '임원은 곧 임시직원'이란 등식이 뒤따르며, 임원의 임기는 점점 짧아진다. 빠른 기간 가시적인 실적을 요구하는 조급증 문화 때문이다. 이로 인한 임원의 스트레스는 말로 표현하기 어렵다. 일반 사람들도 마찬가지이다. 주변과의 속도에서 뒤처지면서 마음의 상처를 입는다. 그래서 속도 문명의 디지털 시대에 힐링이 필요하다.

우리가 어디에 있든 수시로 울려대는 스마트폰, 하루에도 수없이 날라오는 문자 메시지와 이메일, 정보는 넘쳐나고 시간은 턱없이 부족한 정보 과잉의 시대를 우리는 살아가고 있다. 디지털과 인터넷, 소셜미디어 때문에 인간의 생활은 분명히 과거와 비교할 수 없을 정도로 편리해졌지만 우리는 정보의 홍수에 치여 살고 있다. 그것은 인간이 가지고 있는 고유한 사고 능력이 점차 퇴보하고 있다는 것을 의미한다.

디지털이 주는 편리함과 달콤함에 빠져 우리 사회와 개인이 지녀온 고유함을 잃어버린다면 분명 엄청난 불행이 될 수도 있을 것이다.

진화생물학적 관점에서 보자면 새로운 정보들을 처리하는 뇌가 진화하는데 수백만 년 이상의 시간이 걸린다고 한다. 오늘날 우리들의 뇌는 광속도의 세상 변화에 뒤처지지 않으려고 생물학적인 악전고투를 벌이고 있는 셈이다. 찬란한 문명을 자랑하던 마야 문명은 그 멸망의 최후에는 기후 변화와 식량 부족, 바이러스, 인구 증가 문제가 주된 원인으로 연구되고 있다. 그런데 흥미로운 사실은 당시 과학의 급격한 발전이 이루어지면서 이를 사회 시스템이 감당할 수 없을 만큼 복잡해졌기 때문에 멸망했을 것이라는 주장도 제기되고 있다.

앞으로 모바일 단말기는 훨씬 빨라지고, 강력해질 것이다. 그러면서 지금도 충분한 속도와 성능을 지닌 단말기들은 모두 사라지게 된다. 전문가의 판단보다 보통 인간들의 욕망이 시간이 갈수록 더 강해지는 '동굴인의 법칙(Caveman's Law)'이 작동하기 때문이다. 미치오 카쿠박사는 동굴인의 법칙을 주장하면서 인간이 설사 기술적 한계를 모두 극복한 첨단 기술을 가지고 있더라도 우리의 원시 조상 시절부터 가지고 있던 욕망과 부딪칠 때 인간은 항상 원시적 욕망에 굴복하게 된다고 주장한다.

현재 만 3세 이상의 한국인이 평균 2.1시간을 인터넷에서 보낸다는 통계 조사가 있다. 그렇다고 우리가 디지털과 인터넷 이전으로 돌아갈 수 없는 노릇이다. 문제는 현명하게 기술을 활용하는 것이 대안이다.『퓨처 마인드』의 작가인 미래학자 리처드 왓슨은 우리 사회를 지배하고 있는 디지털 문화의 위험성을 경고하는 동시에 인류의 발전을 위해 기술을 적절히 활용하는 방안을 제시하고 있다. 그는 인간을 인간답게 만드는 것은 '깊은 사고(Deep Thinking)'라고 말하며, 창의적이고 폭넓은 사고를 할 수 있도록 인터넷에 의해 갖가지 정보로 꽉 막힌 우리의 두뇌를 청소하는 '디지털 다이어트(Digital Diet)'를 주장한다. 이를 통해 인간의 뇌를 적당히 비우고 쉬게 해야 한다는 것이다.[90]

앞으로 우리 인류에게 지금보다 더 빠른 시간과 세상은 과연 필요한 일일까? 원시인의 욕망이 살아 꿈틀대고 있는 동굴인의 법칙이 살아 있는 한, 세상은 여전히 빨라지고 복잡해질 것은 자명한 일이다. 세상이 빠르게 변할수록 더 느리게, 더 깊이 사고하는 세상, 먼저 아는 사람보다 더 깊게 사고하고 깨닫는 사람이 우리의 '퓨처 마인드'가 되기를 기대해본다.

참고문헌

1) 강준만, 「한국인을 질식시키는 '속도 전쟁'」, 《한겨레》, 2010년 3월 28일.

2) 이병태, 『미래와 세상』, 세계미래포럼, 2013.

3) 송길영, 「송길영의 빅데이터 세상」, 《중앙일보》, 2014년 1월 7일.

4) EBS, 〈다윈 신과 다윈의 시대, 제1부 신의 과학, 진화를 묻다〉, 2009년 3월 9일.

5) Charles Darwin, 『The Descent of Man, and Selection in Relation to Sex』, Nabu Press, 2010.

6) 구글 게시판, 「동양의 진화론」, 2013.

7) 권삼윤, 『빵은 길을 만들고 밥은 마을을 만든다』, 이가서, 2007.

8) 리처드 니스벳, 『생각의 지도The geography of thought』, 김영사, 2004.

9) 이언 모리스, 『왜 서양이 지배하는가Why the West rules for now : the patterns of history and what they reveal about the future』, 글항아리, 2013.

10) 김영민, 《매일경제》, 2013년 4월 13일.

11) 삼성경제연구소 보고서, 2001.

12) 레비스트로스, 『야생의 사고La pansee sauvage』, 한길사, 1996.

13) 범상규, 〈생생경제〉, YTN FM 94.5, 2012.

14) 《디스커버리Discovery》, 1994년 6월.

15) 에른스트 슈마허, 『작은 것이 아름답다Small is beautiful』, 베리타스알파 편집국, 2013.

16) 레베카 코스타, 『지금, 경계선에서The Watchman's Rattle: Thinking Our Way Out of Extinction』, 쌤앤파커스, 2011.

17) 이규연, 「화성의 이과, 금성의 문과」, 중앙일보, 2013년 8월 30일.

18) 박웅현·강창래, 『인문학으로 광고하다』, 알마, 2009.

19) 류현경, 대한항공, 2013.

20) 문석, 「스토리 없는 미래도 없다」, 서울시북부병원 블로그, 2010.

21) 「SERI CEO 보고서」, 2010년 6월.

22) 에리히 프롬, 『사랑의 기술The Art of Loving』, 문예출판사, 2006.

23) 송연순, 「콜래보레이션」, 《대전일보》, 2012년 2월 3일.

24) 정창권, 『미래를 열어가는 창조사업가들』, 북코리아, 2011.

25) 정재승 칼럼 부분 인용, 《중앙일보》, 2013년 2월 1일.

26) 김영환, 《데일리안》, 2013년 3월 4일.

27) 로버트 서튼, 『역발상의 법칙Weird Ideas That Work』, 황금가지, 2003.

28) 주영하, 『한국인의 문화 유전자』, 아모르문디, 2012.

29) 니카무라 우사기, 『나는 명품이 좋다ショッピングの女王』, 사과나무, 2002.

30) 《중앙일보》, 2003년 1월 10일.

31) 《디지털타임스》, 2013년 2월 3일.

32) 로버트 P. 크리스, 『측정의 역사World in the Balance』 부분 인용, 에이도스, 2012.

33) Dentsu, "Digital Insight", 2012년 10월 30일.

34) 김신, 「미술광 예술」, 《중앙일보》, 2013년 6월 30일.

35) 《매일경제》, 2013년 8월 15일.

36) 블로그 생기원, 「과학과 기술의 설레는 만남 산업혁명 vs 정약용」, 2013.

37) 윌리엄 파워스, 『속도에서 깊이로Hamlet's Blackberry』, 21세기북스, 2011.

38) 니코 멜레, 『거대 권력의 종말The End of Big: How the Internet Makes David the New Goliath』, 알에이치코리아, 2013.

39) 송희영, 《중앙일보》, 2013년 2월 6일.

40) 《전자신문》, 2013년 3월 5일.

41) 윌리엄 파워스, 『속도에서 깊이로』, 21세기북스, 2011.

42) 마이클 샌델, 『돈으로 살 수 없는 것들What Money Can't Buy: The Moral Limits of Markets』, 와이즈베리, 2012; 이영탁, 미래전략포럼 포럼 발제 자료, 2013.

43) 송영대 칼럼, 《지식 큐레이션》, 2013년 6월.

44) 블로그 「침묵은 금」에서 인용, 2013년 1월 12일.

45) 마크 펜·키니 잴리슨, 『마이크로트렌드Microtrends』, 해냄, 2008.

46) 김태욱·노진화, 『브랜드 스토리 마케팅, 브랜드가 말하게 하라』, 커뮤니케이션북스, 2012.

47) 이성호, 『디지털 체험으로 유혹하라』, 삼성경제연구소, 2013.

48) 뤼디거 융블루트, 『이케아, 불편을 팔다Die 11 Geheimnisse des Ikea-Erfolgs』, 미래의 창,

2013.

49) 김중수, 「기술결정론, 기술의 발전이 삶의 형태를 바꾸다」, 2013.

50) 《매일경제》 기사 부분 인용, 2013년 5월 26일.

51) S.H. Steinberg, 『Five Hundred Years of Printing』, Penguin Books, 1974.

52) 필사이언 블로그 자료 인용, 2003년 6월 16일.

53) 김형자, 「꿈과 무의식에서 '신세계' 찾아내다」, 《시사저널》, 2010년 8월 13일.

54) 홍성태, 「모든 비즈니스는 브랜딩이다」, SERI CEO 강의 인용, 2013년 7월.

55) 안병익, 「IT 거품, 키우면 안 되나?」, 《조선일보》, 2013년 10월 16일.

56) 이선희 블로그, 「알고리즘과 작곡, 컴퓨터도 창작을 할 수 있다」 부분 인용, 2012년 2월 24일.

57) 최승현, 《조선일보》, 2013년 2월 5일.

58) 전승훈, 「미래와 세상」, 2013년 7월.

59) 권동준, 「융합을 말하다, 잡스가 워즈워드의 시를 읽는 이유는」, 《전자신문》, 2013년 6월 16일.

60) 노홍석, 「과학기술과 인문학, 어떻게 볼 것인가」, 《전북일보》, 2013년 8월 1일.

61) 《소년한국일보》, 2011년 7월 20일.

62) 빌렘 플루서, 『사진의 철학을 위하여Fur eine Philosophie der Fotografie』, 커뮤니케이션북스, 2012.

63) 이강은, 『미하일 바흐친과 폴리포니아』, 역락, 2003.

64) A. L. 바라바시, 『버스트BURSTS: The Hidden Pattern Behind Everything We Do』, 동아시아, 2010.

65) 다음 블로그 「미즈 한마당」, 2013년 6월 20일.

66) 조지프 슘페터, 『경제 발전의 이론Theorie der wirtschaftlichen Entwicklung』, 박영률출판사, 2005.

67) 데이비드 코드 머레이, 『바로잉Borrowing Brilliance』, 흐름출판, 2011.

68) 나심 니콜라스 탈레브, 『블랙 스완The Black Swan: the impact of the highly improbable』, 동녘사이언스, 2008.

69) 박웅현, 『여덟 단어』, 북하우스, 2013.

70) 「블로그 삶의 여유」, 네이버 블로그에서 인용, 2012년 12월 11일.

71) 유원준, 『뉴미디어 아트와 게임 예술』 서평 인용, 커뮤니케이션북스, 2013.

72) 박종하, 『틀을 깨라』, 해냄, 2011.

73) 삼성경제연구소, 〈경연 프로그램 열풍과 시사점〉, 뉴스와이어, 2011년 12월 22일.

74) 시네마노믹스, 「영화로 쓰는 경제학원론」, 《한국경제신문》, 2013년 8월 18일.

75) 미셸 리발, 『역사상 가장 위대한 발명 150Grandes inventions de l humanite』, 예담, 2013; 《한국경제신문》, 2013년 3월 14일.

76) 양성희, 《중앙일보》, 2013년 8월 17일.

77) 리처드 코치·그렉 록우드, 『낯선 사람 효과Superconnect: The Power of Networks and the Strength of Weak Links』, 흐름출판, 2012.

78) 이상훈, 「카지노, 음식을 통한 프리코노믹스 마케팅」, 《스포츠월드》, 2011년 7월 29일.

79) 서명덕, 「결국 한국 언론에서 핫뉴스 독트린 적용된다. 성과 있을까?」, 《ITViewpoint》, 2012년 2월 1일.

80) 필립 코틀러, 『마켓3.0Marketing 3.0』, 타임비즈, 2010.

81) 강유현, 「제일기획, 디지털 기기보다 중요한 것은 콘텐츠」, 《한국경제》, 2010년 12월 2일.

82) 홍기정, 《미디어다음》, 2013년 7월 18일 기사 일부 발췌 인용.

83) 홍성태, 『모든 비즈니스는 브랜딩이다』, 쌤앤파커스, 2012.

84) 명욱, 「일본정부, 사케 세계화를 위해 국주(國酒)로 지정, 그런데 우리는?」, 《조선일보》, 2012년 9월 4일.

85) 토머스 프리드먼, 『세계는 평평하다The World Is Flat』, 21세기북스, 2013.

86) 김혜미, 「잡스도 게이츠도 히피 문화가 키웠다」, 《이데일리》, 기사 일부 인용, 2013년 6월 19일.

87) 이현표 칼럼, 《국방일보》, 2012년 9월 28일.

88) 장주영, 「비 오면 왜 파전·막걸리가 생각날까」, 《중앙일보》, 2013년 7월 13일.

89) 이종민, 「거리와 속도를 들여다본 인생」, 부천영화제 리뷰, 2013년 7월.

90) 리처드 왓슨, 『퓨처 마인드Future Minds』, 청림출판, 2011.

KI신서 5515

딥씽킹 스마트 시대, 인간을 인간답게 하는 생각

1판 1쇄 발행 2014년 2월 24일
1판 2쇄 발행 2014년 7월 7일

지은이 성열홍
펴낸이 김영곤 **펴낸곳** (주)북이십일 21세기북스
부사장 임병주 **이사** 이유남
미디어콘텐츠기획실장 윤군석 **인문기획팀장** 정지은
책임편집 배상현 **디자인 표지** 윤인아 정란 **본문** 네오북
영업본부장 이희영 **영업** 권장규 정병철
마케팅1본부장 안형태 **마케팅** 최혜령 김홍선 강서영 이영인
출판등록 2000년 5월 6일 제10-1965호
주소 (우413- 120) 경기도 파주시 회동길 201(문발동)
대표전화 031- 955- 2100 **팩스** 031- 955- 2151 **이메일** book21@book21.co.kr
홈페이지 www.book21.com **블로그** b.book21.com
트위터 @21cbook **페이스북** facebook.com/21cbook

@ 성열홍, 2014

ISBN 978-89-509-5457-4 03300
책값은 뒤표지에 있습니다.